协同增效：
社会资本对高校治理绩效的影响研究

——以广东省公办高校为例

袁勇　著

中山大学出版社

·广州·

版权所有　翻印必究

图书在版编目（CIP）数据

协同增效：社会资本对高校治理绩效的影响研究：以广东省公办高校为例／袁勇著. -- 广州：中山大学出版社，2024.12. -- ISBN 978-7-306-08212-1

Ⅰ．G647

中国国家版本馆 CIP 数据核字第 2024874KE2 号

出 版 人：	王天琪
策划编辑：	杨文泉
责任编辑：	杨文泉
封面设计：	曾　婷
责任校对：	廖翠舒
责任技编：	靳晓虹

出版发行：中山大学出版社
电　　话：编辑部 020 - 84110283，84111996，84111997，84113349
　　　　　发行部 020 - 84111998，84111981，84111160
地　　址：广州市新港西路 135 号
邮　　编：510275　　传　真：020 - 84036565
网　　址：http://www.zsup.com.cn　E - mail：zdcbs@mail.sysu.edu.cn
印 刷 者：广东虎彩云印刷有限公司
规　　格：787mm×1092mm　1/16　17 印张　324 千字
版次印次：2024 年 12 月第 1 版　2024 年 12 月第 1 次印刷
定　　价：50.00 元

如发现本书因印装质量影响阅读，请与出版社发行部联系调换

致敬神圣的知识殿堂

感谢所有的亲人师友

内容提要

高等教育在国家和社会发展中占据十分重要的战略地位。它不仅是培养高素质人才的重要途径，也是推动科技进步和社会繁荣的关键力量。因此，高等学校的办学成效自然而然受到人们的普遍关注。在推进教育治理体系和教育治理现代化的政策背景下，从"高校办学成效"向"高校治理绩效"转变，不仅是一个新话语概念，而且也体现了一种有别于传统模式的新办学思路。以往人们把资金和物质的投入看成影响高校办学成效的主要因素，但随着时代的发展，人们逐渐意识到，高等学校的人才培养和科学研究，既是组织和个人参与的过程，也是多种因素共同作用的结果。因此，对高校治理绩效的探讨需要综合考虑非物质因素和非单一因素的影响作用。

社会资本理论是社会科学的一种新的解释范式。它强调通过外部联系和内部网络，在个体、群体和组织层面获得有形和无形资源，并促进集体行动，主要体现在以社会网络为载体形成的外部社会资本，以及由内部成员互动、互相信任和共同愿景等构成的内部社会资本。社会资本通过关系网络在个人、群体和组织之间建立互动联系，促进政策、信息、学术、人力等资源高效整合，提升集体行动效率，从而获取更好的社会效益或绩效。据此，本书采用社会资本理论，通过理论分析与实证研究，阐释社会资本与高校治理绩效间的内在逻辑，以及内外部社会资本各维度与治理绩效间的作用机制，从而为提升高校治理绩效提供借鉴。

本书选取广东省的公办高校为调查对象，参考阿德勒和柯旺，以及莉娜和菲尔的划分方法，即将高校社会资本划分为外部社会资本和内部社会资本，再根据奈哈皮特和戈沙尔的观点，将内部社会资本划分为结构、关系及认知三个维度，并将其与资源获取相关理论相结合来构建概念模型，分别从外部社会资本（外部联系）和内部社会资本：结构维度（成员互动）、关系维度（互相信任）、认知维度（共同愿景），以及资源获取进行测度与检验，包括解释变量（社会资本）、中介变量（资源获取）、被解释变量（高校治理绩效）等变量和相关假设关系。本书采用文献研究法，收集社会资本和高校治理绩效相关的理论文献；通过调研和访谈，进一步深入了解高校治理绩效的有关情况；并发放问卷，对调查数据进行整理统计分析，证实社会资本对公办高校治理绩效的影响及作用机制。

在上述研究的基础上，本书尝试给出对策性建议，包括公办高校应当通过加强内外联系、重视成员互动、优化组织结构、健全信任机制、强化行为规范、塑造共同愿景、坚持大学理念等多种措施来提升高校治理绩效。

本书的研究结论是：社会资本对高校治理绩效具有正向影响作用。主要体现在以下三点：一是外部社会资本对高校治理绩效具有正向影响作用，二是内部社会资本对高校治理绩效具有正向影响作用，三是资源获取在社会资本与高校治理绩效之间起到部分中介作用。

本书的创新之处在于：首先，采用社会资本视角来研究高校治理问题，反映了社会资本与高校治理之间内在的必然逻辑。其次，在讨论高校社会资本和治理绩效关系的过程中加入对资源获取范畴的讨论，恰当而敏锐地回应了高校治理实践的现实需求。总之，从社会资本理论的视角来研究高校治理问题，无疑具有独特的阐释力，必将具有广阔的研究前景。

目　　录

第一章　导论 ………………………………………………………… 1
　第一节　问题缘起 ………………………………………………… 1
　第二节　研究背景 ………………………………………………… 4
　　一、国家治理改革 ……………………………………………… 4
　　二、教育治理改革 ……………………………………………… 8
　第三节　研究意义 ………………………………………………… 11
　　一、理论意义 …………………………………………………… 11
　　二、实践意义 …………………………………………………… 12

第二章　文献综述 …………………………………………………… 14
　第一节　高校治理绩效影响因素有关研究 ……………………… 14
　　一、结构性影响因素 …………………………………………… 16
　　二、关系性影响因素 …………………………………………… 20
　　三、认知性影响因素 …………………………………………… 23
　第二节　社会资本对高校治理绩效影响有关研究 ……………… 26
　　一、社会资本相关研究 ………………………………………… 26
　　二、社会资本对高校治理绩效的影响研究 …………………… 36
　第三节　资源获取对高校治理绩效影响有关研究 ……………… 38
　　一、资源获取相关研究 ………………………………………… 38
　　二、资源获取对高校治理绩效的影响研究 …………………… 41
　第四节　社会资本对资源获取影响有关研究 …………………… 43
　第五节　主要概念界定 …………………………………………… 46
　　一、社会资本概念 ……………………………………………… 46

1

二、资源获取概念 ································· 48
　　三、高校治理绩效概念 ····························· 50

第三章　研究设计 ···································· 55
第一节　研究目的与对象 ···························· 55
　　一、研究目的 ····································· 55
　　二、研究对象 ····································· 56
第二节　研究方法 ·································· 56
　　一、文献研究法 ··································· 56
　　二、访谈法 ······································· 57
　　三、问卷调查法 ··································· 57
　　四、统计分析法 ··································· 58
第三节　研究内容与路线 ···························· 58
　　一、研究内容 ····································· 58
　　二、技术路线 ····································· 59

第四章　理论基础与模型构建 ························· 61
第一节　理论分析 ·································· 61
　　一、社会资本理论的分析框架 ······················· 61
　　二、社会资本与高校治理的内在联系 ················· 66
　　三、资源获取与社会资本和高校治理绩效的关联 ······· 69
第二节　研究假设 ·································· 71
　　一、外部社会资本与高校治理绩效的作用关系 ········· 71
　　二、内部社会资本与高校治理绩效的作用关系 ········· 73
　　三、资源获取的中介作用关系 ······················· 74
第三节　社会资本、资源获取与高校治理绩效关系的概念模型 ······· 78

第五章　问卷设计与问卷调查实施 ····················· 80
第一节　问卷设计 ·································· 80
　　一、问卷设计过程 ································· 80

二、避免偏差措施……………………………………………… 82
　　三、访谈过程及结果…………………………………………… 83
　　四、量表项目编制……………………………………………… 89
第二节　问卷预测试………………………………………………… 96
　　一、预测试调查样本…………………………………………… 96
　　二、预测试实施………………………………………………… 98
　　三、预测试分析结果…………………………………………… 99
　　四、正式问卷形成…………………………………………… 115
第三节　问卷正式施测…………………………………………… 116
　　一、正式施测的调查对象…………………………………… 116
　　二、调查样本背景特征的描述统计………………………… 117
　　三、正式问卷的信度分析…………………………………… 119
　　四、正式问卷的效度分析…………………………………… 124

第六章　社会资本、资源获取与高校治理绩效的现状分析…… 135
第一节　社会资本的现状分析…………………………………… 135
　　一、社会资本的描述性统计分析…………………………… 135
　　二、社会资本的人口学差异分析…………………………… 137
第二节　资源获取的现状分析…………………………………… 140
　　一、资源获取的描述性统计分析…………………………… 140
　　二、资源获取的人口学差异分析…………………………… 141
第三节　高校治理绩效的现状分析……………………………… 142
　　一、高校治理绩效的描述性统计分析……………………… 142
　　二、高校治理绩效的人口学差异分析……………………… 143
第四节　社会资本、资源获取与高校治理绩效的现状分析…… 145
　　一、社会资本、资源获取与高校治理绩效的总体情况…… 145
　　二、不同背景变量的社会资本、资源获取和高校治理绩效差异
　　　　……………………………………………………………… 147

第七章 社会资本、资源获取对高校治理绩效的作用机制分析……152
第一节 社会资本、资源获取与高校治理绩效的相关分析……152
一、社会资本与高校治理绩效的相关分析……153
二、社会资本与资源获取的相关分析……153
三、资源获取与高校治理绩效的相关分析……154

第二节 社会资本、资源获取与高校治理绩效关系的结构方程模型分析……155
一、外部社会资本对高校治理绩效的直接影响……162
二、内部社会资本对高校治理绩效的直接影响……163
三、外部社会资本对资源获取的直接影响……164
四、内部社会资本对资源获取的直接影响……164
五、资源获取对高校治理绩效的直接影响……165

第三节 资源获取的中介效应检验……165
一、资源获取在社会资本与高校治理绩效间的中介效应检验……166
二、资源获取在外部社会资本与高校治理绩效间的中介效应检验……167
三、资源获取在内部社会资本与高校治理绩效间的中介效应检验……170

第四节 研究假设检验汇总……179

第八章 结果与讨论……181
第一节 外部社会资本：拓展高校治理的外部空间……181
一、与政府加强联系，获取政策资金支持……182
二、与市场紧密联通，明确人才培养方向……183
三、与企业加强合作，提高科研创新能力……185
四、与其他院校交流，促进知识共创共享……186

第二节 内部社会资本：激发高校治理的内在动力……187
一、成员互动提高师生参与治理绩效……188
二、成员互动促进知识信息资源共享……190
三、互相信任增强师生知识传授效果……191

四、互相信任提升师生知识创新水平 192
　　五、共同愿景塑造师生集体共同行动 194
　　六、共同愿景提高学校成员合作效能 195
第三节　办学资源获取：助力高校治理的重要因素 197
　　一、外部资源是保障高校治理的重要基础 197
　　二、内部资源是推进高校治理的内在要素 198

第九章　提升高校治理绩效的对策性建议 201
第一节　综合内外因素，共同提高治理绩效 201
　　一、高度重视广泛外部联系 202
　　二、积极促进内部交流互动 204
第二节　重视成员互动，建立合作治理网络 206
　　一、高度重视治理节点作用 207
　　二、加强网络节点互动联系 207
　　三、形成互动网络整体环境 208
第三节　优化组织结构，推动管理重心下移 208
　　一、结构设计需"三个转向" 209
　　二、结构形式需"一个转变" 209
第四节　健全信任机制，营造和谐治理氛围 210
　　一、加强高校师生人际信任 210
　　二、完善高校组织系统信任 211
　　三、强化高校专家特殊信任 211
第五节　注重行为规范，构建有序信任环境 212
　　一、遵守教育者的行为规范 212
　　二、遵守研究者的行为规范 213
　　三、遵守学习者的行为规范 214
第六节　塑造共同愿景，引领治理集体行动 214
　　一、准确把握愿景的基本内涵 215
　　二、合理确定愿景的主要内容 215
　　三、建立达成愿景的良性机制 215

  第七节 坚持大学理念,恒守育人求知信仰 ································ 217
    一、应当崇尚知识、追求真理 ·· 217
    二、育人重在优化生命存在 ·· 218
    三、积极服务社会和国家 ·· 218

第十章 结语 ··· 220
  第一节 研究结论 ·· 220
  第二节 研究展望 ·· 221

参考文献 ·· 223

附 录 ·· 248
  附录一 访谈邀请函 ·· 248
  附录二 访谈提纲 ·· 249
  附录三 调查问卷(预测版) ·· 250
  附录四 调查问卷(正式版) ·· 255

后 记 ·· 260

第一章　导论

第一节　问题缘起

英国阿什比早有断言，随着时代发展和形势变化，高等教育日益占据社会中心位置。高等教育是国民教育体系的最高层次，也是人才培养和科技发展的关键力量。高等教育办学水平成为国家综合实力的核心因素之一。因此，政府和社会都非常重视高校发展，竭力提升人才培养质量和高校办学水平，以服务国家战略发展需要，满足人们对高质量高等教育的极大需求。

经过新中国70多年的不懈努力，我国高等教育事业取得了长足的进步。自1999年开始高校扩招以来，2001年毛入学率达到11%，2002年达到15%。我国正式进入国际上通常所认为的高等教育大众化阶段。截至2023年，全国共有高等学校3074所，各种形式的高等教育在学总规模4763.19万人，高等教育毛入学率60.2%。[①] 高等教育招生数量和在校生规模持续增加，使我国实现了由人口大国到人力资源大国的历史性转变。

虽然我国是人力资源大国，但并不意味着是人才强国。从整体来看，我国高等教育体量世界第一、高校数量世界第二，但在各类权威世界大学排名中，世界一流的大学屈指可数。在现实中，我国人才培养水平和科技创新能力与国外知名大学相比，仍有较大差距。这反映了我国高等教育以及高校发展仍然面临不少问题，如"学生创新精神、实践能力还不足，办学活力还不够，教育

---

① 教育部：《2023年全国教育事业发展统计公报》，http://www.moe.gov.cn/jyb_sjzl/sjzl_fztjgb/202410/t20241024_1159002.html。

与经济社会发展的联系还不紧,国际竞争能力还不强等"[①]。"钱学森之问"——"为什么我们的学校总是培养不出杰出人才?"无疑对这些问题进行了概括性的总结和归纳。一方面高校原创性科技发明创造成果不多,另一方面高校没有培养出优秀创新人才。换句话来说,高校原创性科研成果和科技创新人才培养方面远远不够。这些均是高校治理绩效不理想的具体表现。

对于制约高校治理绩效(简称为"治理绩效")的阻碍因素,无论是从实践角度,还是从理论角度,都各有说法,主要有两类影响因素,一类来自校外,另一类来自校内。

从高校外部来看,最主要判断是,高校面临最大的问题和困难就是经费紧张,这几乎成为困扰所有公办高校的共性问题。高校经过扩招之后,无论是高校数量,还是学生数量,都呈现急剧增长态势,但是资源支持和配置的速度与力度跟不上高校扩张的步伐,这极大地制约了高校发展。也有人从办学自主权的角度来进行归纳,认为高校没有自主权,没有办学活力,高校的积极性和主观能动性没能发挥出来,因此要从体制机制入手进行改革,激发高校办学的积极性。还有人认为市场经济对高校育人功能的过度侵蚀,影响了高校育人成效。也有人从文化的角度进行分析,认为传统的管理文化制约了师生参与高校治理的积极性,科层制管理文化不利于师生在日常互动中进行平等对话沟通,限制了师生的创新思维和创新能力的发展。

从高校内部来看,有人认为,大学定位不够明晰,没有给予大学发展很好的指引。也有人认为,因为现代大学制度不够完善,导致高校治理不规范,内部机制运行不切合现代大学发展要求,所以要从"行政管理"导向转向"知识管理"导向的管理制度改革,切实按照知识的规律来完善高校管理制度。还有人认为,高校内部行政部门权力过大,不利于激发教学部门和教师的工作积极性和自主性,不利于知识创新发展。从师生和科研单位的角度来看,一所高校的发展主要在于校长,校长的知识、视野、能力和水平,决定了一所高校的办学成效;如今高校教师面临巨大压力,部分教师受"非升即走"等一系列因素干扰,不能潜心教学,致使教学效果大打折扣;目前高校部分学生思维固化,无法较好地满足创新人才的需求。还有人从组织、学科、专业、课程、教材等诸多方面归纳导致高校办学成效不显著的影响因素。

[①] 袁贵仁:《深化教育领域综合改革加快推进教育治理体系和治理能力现代化——在2014年全国教育工作会议上的讲话(2014年1月15日)》,http://www.gov.cn/gzdt/2014-02/16/content_2605760.htm/。

上述归因分析，既有从管理学视角，也有从教育学视角来看待制约公办高校治理绩效的影响因素。但是存在两个方面的不足：一是过于重视物质因素，而忽视非物质因素，二是仅仅强调单一因素的作用，而忽视综合因素的影响。因此，这些归因对高校治理绩效来说并不具有完全解释力。高校的人才培养和科学研究应该是多种因素相互叠加、共同作用的结果。教育治理改革正视了这一现实情况，重视从协同合作、集体行动的视角来看待高校治理问题。政府强调要求多方面因素参与高校治理，特别是"社会"的广泛参与。教育领域围绕教育治理现代化的总目标，进行治理结构的完善和改革，尝试把"社会"因素纳入，从而形成政府、学校和社会三者新型关系，营造政府宏观管理、学校自主办学、社会广泛参与的格局。

在学术界也有此类观点。叶澜教授在纪念《中共中央关于教育体制改革的决定》颁布30周年之际，撰文讨论了教育与社会的关系，希望社会要承担起它应该承担的教育责任。她专门提出"社会教育力"[①]的概念，具体是指社会所具有的教育力量，由教育系统内正规和非正规的教育活动所生成的"教育作用力"，以及教育系统外其他各类社会系统进行的活动所内含的"教育影响力"两大部分构成。[②]显然，她已经深刻地认识到社会对教育的作用问题。总之，高校属于整个社会系统中的一个子系统，故而受到整个社会系统的影响。

基于上述观点，无论是政府政策实践，还是专家理论分析，都显示高校治理成效受多种社会因素的影响。从社会学角度出发，社会资本理论对高校集体行动的问题具有独特的阐释力。教育家和社会改革家汉尼芬（L. J. Hanifan）在1916年发表的《乡村学校社区中心》[③]一文中第一次提出"社会资本"的概念，用来说明社区参与对学校教育质量的重要影响。在美国社会学家科尔曼看来，社会资本是由社会结构某些方面构成的共同因素（两个）的不同实体构成，且有利于行动者（无论是个人还是法人）的特定行为。帕特南亦是如此，他强调社会资本所表征的组织的信任、规范和网络，通过推动协调的行动来提高社会效率。福山也强调社会资本是一种有助于两个或更多个体之间相互

---

① 叶澜：《教育改革浅析》，载《未来教育家》2015年第8期，第45页。
② 叶澜：《社会教育力：概念、现状与未来指向》，载《课程·教材·教法》2016年第10期，第3-10页。
③ Hanifan L J. "The Rural School Community Centre". *Annals of the American Academy of Political and Social Sciences*, 1916, 67: 130-138.

合作，以及扩大到群体内的相互合作。按照奈哈皮特和戈沙尔等人的观点，社会资本本身是一种嵌入在关系网络中的有形和无形资源，通常包括结构性、关系性和认知性社会资本，它们共同有助于集体行动。

从理论上来看，高校治理是一种集体行动，社会资本有助于集体行动。那么，在实践中，社会资本是否对高校治理绩效产生影响？社会资本如何对高校治理绩效产生影响？针对这些问题，本书将探究并实证社会资本影响公办高校治理绩效的作用机制，进而为提升公办高校治理绩效给出可行的理论指引和实践启示。

第二节 研究背景

在当前全球治理迅速发展的浪潮中，国际组织和国家政府都在围绕着"国家—市场—社会"三者之间的关系进行经济发展及政治改革等诸多领域的革新，旨在达到"善治"的总目标。无论是国内改革，还是教育变革，都属于现代化进程中为促进人类福祉所采取的集体行动，高校治理的勃兴亦处在这种背景之下。

一、国家治理改革

构建国家治理体系和建设国家治理能力总目标的提出，标志着我国迈入第五个现代化，即"治理现代化"的改革进程。从之前强调的政治改革到现今治理改革的话语兴起，并非意味着政治改革任务的完成，而是对政治改革的内涵和方式重新做了思考和调整。依照俞可平的观点，如果从通常意义上把政治分为"政权"和"治权"两个维度，那么，从1978年开启的政治改革属于治权改革的一部分内容。因为这种政治改革不涉及基本政治框架的变动，可以说，它在本质上可看作一种治理改革。因为其主要特征是：改革以政府治理或政府管理体制为重点内容，而行政管理体制则是政府治理改革的核心内容。如我国政治改革的主要提出者邓小平虽然没有明确提出过"行政体制改革"的概念，但是他论述的"政治体制改革""党和国家领导制度的改革"都是紧紧围绕行政改革尤其是行政体制改革来开展的。① 四十多年的改革，有其深刻的时代背景和现实因素。

（一）经济体制改革的必然要求

1978年以来，我国进行了多次经济体制改革。在上层建筑适应经济基础的理论指导下，我国政府先后进行了七次较大规模的行政改革。随之，政府在机构设置、管理方式等做了诸多方面的调整。通过政府权力不断下放或转移，政府职能因之改变，以适应经济体制改革的需要。政府的行政体制改革，不仅有理论的必然要求，也有实践的现实需要。

首先，政府改革基本遵循了马克思主义提出的历史唯物主义关于生产力与生产关系的理论逻辑。政府行政体制改革是推动上层建筑适应经济基础的必然要求。党的十八大指出，改革旨在促进生产关系与生产力、上层建筑与经济基础相协调，促进生产力和社会文明发展。应该说，行政体制改革的绝大部分内容，都直接反映经济体制改革和建立社会主义市场经济的要求。

其次，政府改革的目的主要是解决在经济体制改革过程中自身存在的问题。但一个不争的事实是，政府机构臃肿、效率低下等诸多问题非常严重。② 为了解决这些问题，1982年机构改革开始启动。1988年4月第七届全国人大一次会议通过的《关于国务院机构改革方案的说明》中指出，现有机构的弊端包括机构臃肿、层次过多和工作效率不高等。1988年下半年开始第二轮行政改革，但仍有机构臃肿、人浮于事、效率低下等方面的诸多问题。③ 1993年，第三轮行政改革完成后不久，机构臃肿、官僚主义严重等问题亟待解决。④ 针对这些现实中的问题，行政管理体制改革一直持续推进和调整。可以说，经过几十年的不懈努力，特别是从1978年至2003年，我国逐渐形成了与市场经济相契合的行政管理体制。当然，这类改革从未停止。

总之，解决政府本身问题既是行政体制改革的最初原因，也是后续一系列

---

① 彭国甫、陆小成：《公共治理视野中的邓小平行政体制改革思想解读》，载《毛泽东思想研究》2007年第3期，第93—96页。

② 邓小平：《邓小平文选》（第二卷），人民出版社1994年版，第327页。

③ 中央机构编制办公室地方组：《党政机关和事业单位机构改革指导》，人民日报出版社1993年版，第5页。

④ 江泽民：《江泽民论有中国特色社会主义（专题摘编）》，中央文献出版社2002年版，第318页。

行政体制改革的基本驱动力。因此，这一阶段改革主要围绕"国家—市场"的关系来进行。显然，传统的单一的政府处于绝对主导地位的关系模式，不仅容易引发诸多问题，而且也不利于激发市场的活力，更加不符合现代复杂的社会经济环境的需求，从根本上说，这与上层建筑和经济基础相适应的理论逻辑是相矛盾的。

（二）社会转型发展的现实需要

诸多社会问题进入大众视野，成为需要政府考量的政策议题。如果将2003年以前的行政体制改革主要看作经济体制改革的体现，那么这一阶段的主要特征是社会利益日益分化，社会问题日益凸显，社会矛盾与冲突频发。究其原因，主要是"管理主义"盛行，将政治与行政二分推向极致，使我国行政改革呈现出浓重的单一技术主义倾向，但是，行政管理体制改革受到多种因素影响，其改革在很大程度上取决于经济体制、政治体制改革的深度和广度。在GDP快速增长过程中，产生了诸多问题，如收入分配差距拉大、城乡贫困人口和低收入人口较多、就业社会保障收入分配、教育医疗住房等涉及群众切身利益的问题仍然比较突出。通常，不少人将其看作市场追求效率的副产品。这些问题都需要政府来解决。

以2003年"非典"危机带来的深刻反思为契机，政府职能转变"从之前偏重经济职能转变的单一维度，向重视社会管理和公共服务职能的全面履行政府职能的多元维度转变"[①]。可以说，行政改革开始进入全方位深化阶段，更多地偏向于社会民生。2006年党的十六届六中全会通过《中共中央关于构建社会主义和谐社会若干重大问题的决定》，2007年党的十七大提出"社会公平正义"。到了21世纪后，政府加快社会改革进程，在推进社会事业上实施了许多积极有效的措施。随着市民权利意识和法治建设的日益进步，这些社会问题仅仅依靠政府单一主体远远不够，它需要政府与非政府组织、社会团体共同承担。

总之，如果2003年之前的行政体制改革是主要基于经济动因所进行的一系列努力，那么，2003年之后，民生诉求则是改革的新动因，解决社会民生问题成为行政体制改革的主要动因。这一阶段主要围绕"国家—社会"的关系进行改革行动。由单纯依靠行政管理手段转变到依靠包括非强制、非官方和

---

① 黄小勇：《行政体制改革视野下的政府职能转变进程》，载《求实》2011年第2期，第52-54页。

非正式的方式在内,强调"社会协同"和"公众参与"等多种方式实现社会管理。

(三) 全球治理潮流的广泛影响

在全球化浪潮中,全球治理不仅加强了中国与国际社会的互动,帮助中国解决无力触及或因力量有限无法解决的问题,也让中国参与到全球的共同行动中。同时,全球治理对中国政府和社会产生广泛的影响,包括促进中国在政府治理变革过程中适应不断变化发展的全球规则与规范,以及促使市民更有意愿和更有效参与到社会事务中。全球治理的特征在于,强调多种方式、途径参与公共事务的管理,主张多种主体协调、对话、合作,呈现平等、协商和网络化管理的特征。① 这些特征对中国政府和社会也产生了重要影响,主要表现在:

首先,对政府改革的影响。一是加入世界贸易组织对中国政府治理改革的要求。全球化的浪潮为政府改革提供了重要的经验支持,行政体制的国际接轨要求我国行政管理体制需要参考国际行政体制。2001年加入世界贸易组织促使我国经济步入与世界经济深度接轨的新阶段,市场制度的普遍性特征在很大程度上影响了政府的管理理念和行为。② 二是新公共管理运动对中国政府机构改革的影响。新公共管理运动与中国行政体制改革处在同一时间节点上。20世纪70年代西方国家发生了严重的危机,特别是管理危机、财政危机和信任危机。在新公共管理运动的影响下,中国行政体制改革注重政府职能的转变,主张"把公共服务的生产和提供交由市场和社会力量来承担"③。无论如何,政府改革的总特征是转变政府与市场和企业的关系,规范政府管理方式,实现由"管理"向"治理"的转变。④

其次,对市民社会的影响。市民社会的兴起意味着,以前依赖或隐蔽在政府框架中的限制和约束逐渐被解除,市民群体力量逐渐展露在公共领域之中,市民开始广泛且自由地参与到各种公共生活中。与其说市民社会是市民在个人

---

① 蔡拓:《全球学与全球治理》,北京大学出版社2017年版,第78页。
② 何帆、冯维江、徐进:《全球治理机制面临的挑战及中国的对策》,载《世界经济与政治》2013年第4期,第19-39页。
③ 竺乾威:《行政体制改革的目标、指向与策略》,载《江苏行政学院学报》2014年第3期,第98-104页。
④ 王琛伟:《我国行政体制改革演进轨迹:从"管理"到"治理"》,载《改革》2014年第6期,第52-58页。

权利意识觉醒的基础上开展的自组织化运动的产物,还不如说市民社会的兴起是国家或政府转移权力的结果。[①] 治理的主要特征在于,许多非政府组织以多种方式、途径参与公共事务的管理,同政府分享公共权力和政治权威,从而实现公共利益。社会的过于政治化和国家对社会的全替代,不仅增加了国家治理的成本,也使国家因无法解决问题而产生合法性危机,而社会在一定程度上既有愿望也有为大众提供服务的能力与基础。因此,通过正确定位国家或政府角色,合理行使权力,并赋予社会一定自主性,能激发社会群体的积极性和创造性,共同应对日益复杂的社会问题。正因如此,在政府权力转移和政府职能转变的社会背景下,政府与市民、社会的关系发生了深刻变化。[②]

二、教育治理改革

中国教育体制改革从 1985 年开始至今已有近 40 年。在这近 40 年中,教育体制改革的重要内容是按照各级各类教育的不同特点,都在围绕"国家—市场—社会"关系来考虑如何提高学校的治理水平和人才的培养质量。

(一) 教育行政部门的职能转变

1985 年 5 月,中共中央做出《关于教育体制改革的决定》,主要反映的问题是政府的过度管理,致使学校缺乏应有的活力。因而,教育体制改革的重要方面,是要改革计划经济时期形成的国家统一包揽全部教育的模式。

在当时来说,党的十一届三中全会以后的教育工作,不适应社会主义现代化建设需要,特别是无法适应经济体制改革的需求和世界范围正在兴起的新技术革命,需要扩大高等学校的办学自主权,加强同社会其他各方面的联系,使高等学校具有积极性和能力。虽有一系列改革举措,"政府—市场—学校"之间关系仍不够明确。[③]

1993 年颁布的《中国教育改革与发展纲要》(以下简称《纲要》)同样需

---

① 蔡拓:《全球治理与中国公共事务管理的变革》,天津人民出版社 2005 年版,第 8 页。
② 宋全喜:《中国行政体制改革的理论定位》,载《理论与改革》2000 年第 5 期,第 5—9 页。
③ 苏君阳、曹大宏:《试析健全统筹有力、权责明确的教育管理体制》,载《中国教育学刊》2010 年第 10 期,第 9—11 页。

要正视这些问题。国家教委教育体制专题调研组于1993年6月起，利用半年时间在全国进行专题调研，得出结论：政府和学校的各自角色依然不够清晰。① 可以说，《中共中央关于构建社会主义和谐社会若干重大问题的决定》和《纲要》的改革目的在某种程度上具有一致性。但《纲要》具有不同的背景，如邓小平南方谈话和1992年党的十四大，对教育体制改革提出了新的要求，也显示出进行改革的紧迫性。教育体制开始从政府与学校之间的关系向政府、市场和学校之间的关系转变。此时，国家通过一系列市场化手段进行改革，简政放权和转变职能依然是《纲要》的重要使命。

与此同时，教育还面临着新的情况。20世纪90年代初，中国的理论界开始讨论教育和市场的关系问题。② 之后，在2003年11月29日举行的高等教育体制改革研讨会上，有学者指出，"在市场经济条件下，特别是在高等教育领域，教育产品正在向教育市场广泛而深入地渗透，日益具备商品性和消费性的特征。这引起了教育的公益性与资本的寻利性之间的矛盾"③。这也是教育体制改革在某一阶段需要面对的问题，在继续坚持先前改革目标的同时，着手解决教育的公平性问题，因而政府职能转变具有不同的内涵和要求。政府角色的定位转变为"有限"和"有为"。

（二）社会力量办学的多元诉求

市场经济体制改革引起的社会转型，日渐改变了社会组织结构，使之向多元、多维、动态的方向发展。众所周知，传统上我国对教育实行集权管理，政府统揽一切，导致我国高等教育内外部关系封闭，除了各级政府外，其他组织、群众基本被排除在外，更不用说参与利益分享的权利。另外，随着教育市场化的改革，问题频出。④ 对这一现象，人们的认知也逐渐清晰。由于市场经济的发展，在社会转型过程中，人们的法律意识、竞争意识、利益意识、效率观念被激活与强化，利益主体之间的冲突持续加剧，对参与社会办学、学校管

---

① 国家教委教育体制专题调研组：《社会主义市场经济与教育体制改革》，载《教育研究》1994年第1期，第3—12页。

② 劳凯声：《教育市场的可能性及其限度》，载《北京师范大学学报（社会科学版）》2005年第1期，第15—22页。

③ 《高等教育体制改革研讨会综述》，载《教育研究》2004年第4期，第92—93页。

④ 魏杰、王韧：《"二元化"困境与中国的教育体制改革》，载《学术月刊》2006年第8期，第22—27页。

理和分享教育改革成果的多元诉求日益强烈,亦即"重新政治化"过程。

2010年颁布的《国家中长期教育改革和发展规划纲要（2010—2020年）》体现了政府对社会力量参与办学诉求的回应。在社会转型时期,需要建立健全维护政府、社会组织和个人共享教育利益的合理机制。教育治理体系和治理能力现代化,就是以构建政府、社会、学校新型关系为核心,形成政府宏观管理、社会广泛参与、学校自主办学的格局,以更好地激发政府、学校和社会的作用。

在高等教育迈入大众化阶段后,治理便被赋予特殊的含义。具体而言,高等教育治理的内涵主要包括多样化的投资办学体制、高等教育政策制定过程、高校内部治理结构、社会化的高等教育问责体系等,其涉及高等教育全方位各层面的改革。[①]

(三) 解决人才问题的现实选择

解决人才问题是社会主义事业成败的关键。回顾教育体制改革近40年的历程,不禁让人赞叹当初政策决定者的远见和深虑。在进行市场经济体制改革后,教育的形式和内涵发生了明显的变化,教育事业的发展出现两极悖论。一方面,通过发展社会主义市场经济,解放生产力,为教育的发展提供了扎实的物质基础,在解决教育资源不足方面发挥了重要作用,在办学规模和人才数量方面取得了日新月异的成就;但是另一方面,过度市场化又导致高收费和乱收费、教育不公平,以及教育差距日益扩大化等问题,且在人才培养质量方面也没有取得突出的成果。于是,才有2005年的"钱学森之问"[②]。这是关于中国教育事业发展的一道艰深命题,需要整个教育界乃至社会各界共同破解。

如果说围绕着"培养人才"的教育体制改革,主要集中在人才培养改革、考试招生制度改革、现代学校制度办学改革等方面,那么,通过对现今这些改革的检视可以发现,改革依然任重道远,并且相关的教育改革政策似有逐渐背离初衷——"培养人才"之嫌。如随着高校"双一流"建设的启动,令人尤

[①] 别敦荣:《治理体系和治理能力现代化与高等教育现代化的关系》,载《中国高教研究》2015年第1期,第29-33页。

[②] 搜狐教育:《钱学森之问:为什么我们的学校总是培养不出杰出人才?》,https://learning.sohu.com/20110914/n319352954.shtml/2017-03-01。

为关注的高校挖人大战催生的"职业跳槽教授"①。这些教授的行为在于逐利、谋官,显然不符合教育规律。分析这些现象背后的深层原因,通常归结为"政府失灵论"和"市场失灵论"。单纯依赖政府或市场的单一要素,或者采用旧的"政府—市场—学校"关系模式,试图取得教育改革的成功,是十分困难的。

经过长期实践,政府逐步认识到教育改革是一个十分复杂的社会系统工程,不再依靠自身单一主体因素实施改革,着力构建"政府—学校—社会"三者新型关系,形成政府宏观管理、学校自主办学、社会广泛参与共同治理的局面。显然,社会角色和社会因素在学校治理中的作用进一步突显。

第三节 研究意义

在教育治理语境下,本书积极探索多方参与下的高校治理,分析在高校治理过程中社会资本的影响结果,并提出高校治理绩效的提升策略。从理论上来看,这有利于充实和丰富高等教育管理理论;从实践上来看,这有利于为高校治理实践提供借鉴和参考。具体如下:

一、理论意义

在所查阅的文献中,目前高校治理理论主要来源于经济学和公共管理学,研究集中于大学理念理论、交易费用理论、委托—代理理论、产权理论、绩效理论、管家理论、教育消费理论、利益相关者理论、法人治理理论、组织效能理论等方面。② 应用社会资本理论分析了个体的高等教育需求、大学生就业等方面,社会资本对大学生自主性的影响,社会资本对高校资源整合、办学绩效的影响,社会资本与大学组织发展研究,以及社会资本在大学的发展历程研究等。可见,以上多是从某个方面的因素来看待高校治理,而在治理语境下,从

---

① 中青在线:《高校挖人大战催生职业跳槽教授》,http://news.cyol.com/content/2017-04/01/content_15868661.htm。
② 李福华:《大学治理的理论基础与组织架构》,教育科学出版社2008年版,第22页;赵成:《高校治理的含义及理论渊源》,载《现代教育管理》2009年第4期,第35-38页。

社会资本理论视角来研究高校治理绩效较少,具体详细分析社会资本影响高校治理绩效的有关研究更少。因此,运用社会资本理论来系统研究高校治理绩效的影响因素显得尤为重要。

为此,从知识增长视角来看,在治理现代化的背景下,本书将从社会资本的视角研究高校治理绩效问题,以期为高校治理研究提供理论支持。同时,也有利于将高校管理理论从自上而下的单一的封闭的思维模式中解放出来,将自上而下和自下而上两种模式结合,以开放视角、多种层面来看待高校治理问题,拓展高校治理的研究视野。另外,不同于经济学或管理学的视角,社会资本是从社会学的视角来切入高校治理问题,无疑是对受社会环境影响而日益复杂的高校更加具有理论阐释力。

二、实践意义

在教育体制改革实践过程中,政府和高等学校的关系一直以来是改革的核心内容。自1985年《中共中央关于教育体制改革的决定》发布以来,"政府转变职能,扩大高校办学自主权"始终都是政策文本中强调和呼唤的命题。在推进教育治理现代化进程中,特别强调要构建政府、学校和社会的新型关系,即形成政府宏观管理、学校自主办学、社会广泛参与的格局。社会参与的方式是,教育质量、成果、决策都要接受社会的检验和监督,以最大限度吸引社会资源进入教育领域。[①] 在此新格局下,各级政府及其教育行政部门下放权力,社会各界、教育利益的相关主体参与教育决策的空间将会逐渐增大、机会也会明显增多。在这一背景下,本书将为国家围绕政府、学校和社会三者关系而制定有关高校治理政策提供现实参考。只有在了解高校治理中的社会要素如何发挥作用的前提下,才可能有的放矢地采取相应的举措,以确保政策的合法性和有效性。

高校不仅要培养人才,也要进行科学研究,同时还要提供社会服务。从现代大学的发展及其功能演进的过程来看,高校与社会存在诸多联系。在教育治理改革不断推进的背景下,政府对高校发展的间接管理和宏观调控,促使高校与社会享有更多的发展空间和日益紧密的诸多联系。但是高校也有其自身的发

---

① 袁贵仁:《深化教育领域综合改革加快推进教育治理体系和治理能力现代化——在2014年全国教育工作会议上的讲话(2014年1月15日)》,http://www.gov.cn/gzdt/2014-02/16/content_2605760.htm。

展逻辑，因而，高校既要与社会保持一定距离，又要"走出象牙塔"，承担高校应有的社会责任。本书的重要研究价值是，高校在遵循教育规律和不迷失自我的前提下，与高校内外的组织和个人开展良好合作，从而提高人才培养水平和科研创新水平。

第二章 文献综述

在第一章的问题缘起、研究背景和研究意义的基础上,本章旨在对高校治理绩效的影响因素研究分别从结构、关系和认知三个角度进行文献梳理,同时也对社会资本、资源获取分别对高校治理绩效的影响研究,以及社会资本对高校资本获取的影响研究进行文献综述。通过文献梳理发现,目前有关社会资本对高校治理绩效影响研究的有关文献较少,运用实证研究两者相关关系的文献较少,把资源获取纳入高校治理绩效讨论范畴的研究也较少,可见本书的研究具有独特意义。最后,在前面文献综述的基础上,对本书研究的三个核心概念"社会资本""资源获取""高校治理绩效"进行界定,为后续研究做好准备。

第一节 高校治理绩效影响因素有关研究

1976年,詹姆斯·马奇和约翰·奥尔森在《组织中的二重性与选择》一书中最早提到"高校治理",用来讨论高校决策问题研究。也有人说,是日本早稻田大学前校长奥岛孝康首次提出"高校治理"这一术语。高校治理概念脱胎于公共治理和公司治理,在高校治理的发展和运用过程中,明显具有公共治理和公司治理概念的内涵特征,同时也面临与官僚主义同样的行政困境。经过梳理发现,目前高校治理的由来主要有两条线索:一条是来源于20世纪60年代较早提出的学院和高校治理,另外一条是从治理理论演化出的高校治理。经过一系列研究证实,相较而言,后一条线索的发展对高校治理的影响更大。

治理通常主要关涉经济学中的公司治理和公共管理学中与政府有关的治

理。① 类似看法是,"治理"一词最早应用于企业经济学和政治政策分析的研究。②

首先,经济学中的公司治理。从广义角度来理解公司治理,是关于企业权力配置的科学;但是从狭义角度上来看,主要讨论的是关于企业所有权,以及如何授权给职业经理人,并对其履职情况进行监督的科学。③ 伯利和米恩斯 (Berle and Means) 于 1932 年在公司治理理论相关文章中,首先提出公司治理结构的概念。

其次,公共管理学中的治理。治理主要是讨论关于国家公共事务一系列的管理活动以及政治活动。把治理与统治的含义相对照使用,就成为治理新内涵。詹姆斯·N. 罗西瑙作为治理理论的创始人之一,他认为,治理有关制度安排,是制度冲突时和利益冲突时,进行协调的规则和程序。④ 在公司治理理论的影响下,治理概念逐渐扩展到非营利组织。全球治理委员会将个人或组织、公共部门或私有部门管理其一般事务的多种方式的总和归为治理。之后,新公共管理思潮兴起,治理主要用于各种公共部门改革方面。作为公共部门之一,大学从其产生和发展的整个历史来看,因其学术个性而具有了特殊的治理身份。⑤

高校治理的理论源头主要来自公司治理理论,其发展脉络是,由公司治理到公共组织治理,再到高校教育治理。⑥ 对于治理理论影响高校治理的具体路径,有待进一步考察,但是从治理理论对大学的影响结果来看,确凿无疑的是经济学的公司治理理论对高校治理产生非常大的影响,特别是利益相关者理论所蕴含的共同治理含义与 20 世纪 60 年代兴起的大学共同治理意见表达不谋而合。因此,在已有的高校治理的研究文献中,大部分都是关于此类的论述。

通常高校治理主要遵循经济学中的公司治理的发展内涵,来研究高校治理

---

① 赵成:《高校治理的含义及理论渊源》,载《现代教育管理》2009 年第 4 期,第 35 - 38 页。

② 赵玄:《罗马传统的高校治理结构研究——基于大学章程的考察》,载《理论月刊》2015 年第 2 期,第 72 - 76 页。

③ 朱长春:《公司治理标准》(第一集),清华大学出版社 2014 年版,第 12 - 13 页。

④ [美] 詹姆斯·N. 罗西瑙:《没有政府的治理》,张胜军、刘小林等译,江西人民出版社 2001 年版,第 9 页。

⑤ 蒋洪池:《21 世纪美国高校治理面临的挑战及其对中国的启示》,载《比较教育研究》2006 年第 1 期,第 5 - 11 页。

⑥ 龚怡祖:《漫说高校治理结构》,载《复旦教育论坛》2009 年第 3 期,第 47 - 53 页。

问题。可以说，公司治理理论对高校治理影响极大，但是高校毕竟是一种社会组织和公共组织，其性质和功能不同于公司和企业，因此，过多强调公司治理对高校的影响，或仅从经济角度来看待高校是不符合教育组织性质的，也容易误导高校的定位，对高校创造知识和培养人才的主要功能产生负面影响。因此，治理应当回到高校本身，也就是说，高校治理要遵从高校的公共属性和集体属性。自然而然，讨论高校的治理问题就无法回避公共管理学中治理理论的影响。

一、结构性影响因素

高校处在一个复杂的社会网络之中，也处于复杂结构当中。这种结构主要包括两个方面：正式结构和非正式结构。

（一）正式结构

对于高校治理来说，治理结构是其中的重要内容。在张维迎看来，高校治理其实就是高校治理结构。高校治理结构，一方面来自公共行政学的市民治理理论，另一方面来自制度经济学，强调产权结构与决策结构，也就是所谓的公司治理理论。对高校治理结构研究较早的龚怡祖认为，大学治理结构是现代大学制度的基石，其核心要义就是关于应对冲突和多元利益需要的决策权结构。[①] 于杨将高校治理结构分为"行政权力主导型高校治理结构、学术权力主导型高校治理结构和市场权力主导型高校治理结构"[②]。赵玄强调，国内高校治理结构主要包括：一是决策机构（多元治理模式、大学自治模式），二是执行机构（实权型校长负责制、荣誉型校长负责制），三是学术机构（咨询型学术机构、决策型学术机构）。[③] 上述观点主要是从高校内部角度，基于决策权力主体，权力类型行使范围、大小及其参与院校决策程度来考察治理结构。目前来说，绝大多数国内高校采用的是行政权力主导型高校治理结构。

---

① 龚怡祖：《高校治理结构：现代大学制度的基石》，载《教育研究》2009 年第 6 期，第 22－26 页。

② 于杨：《高校治理结构与教育质量保障机制关系探析》，载《江苏高教》2012 年第 1 期，第 76－78 页。

③ 赵玄：《英美传统高校治理结构研究——基于大学章程的考察》，载《现代教育管理》2014 年第 7 期，第 12－16 页。

另一类观点是从高校与外部关系来考察治理结构。张建初认为，外部关系包括大学与政府、社会之间的关系，内部治理结构包括党委书记与校长、教师和学生、学校与院系之间的关系。① 管仲军的理解视野更加宽泛，包括机构、权力和责任，如法人治理结构包括五类法人机构：权力、执行、监督、民主管理、社会合作；四种法人权力：政治、行政、学术、民主监督；四种法人责任：领导、管理、学术责任、民主监督。② 熊庆年和代林利通过对高校治理结构的历史演变的追踪，归纳出高校治理模式的五种类型：科层模式、专业模式、民主模式、共享模式、经营型治理模式。③

还有一类观点是从西方高校角度来考察治理结构。甘永涛通过对当代世界高校治理结构考察后认为，当代高校治理结构主要存在三种国际模式：以内部人监督为主的关系型治理结构模式（美国）、以国家监督为主的行政型治理结构模式（英国）、以中介机构（通常代表政府意志）监督为主的复合型治理结构模式（法国）。④ 张伟的看法与此类似，但是其采用了不同的概念来表达。他指出，美国是"政府—市场—学术"三角协调模式，英国是学院模式，德国是科层模式。⑤ 其中，英国大学的治理结构在不同的历史阶段，有不同的治理模式。如英国高校治理结构有五种模式："牛桥"模式（学术自治）、"城市大学"模式（学者主导）、"联合大学"模式（双重领导制下的"联邦制"）、"新大学"模式（共同治理）、"92后大学"模式（"两会制"的确立）。⑥ 姜晶研究了美国高校治理结构，认为通常美国高校治理结构由董事会、校长、评

---

① 张建初：《现代大学制度下的高校治理结构》，载《教育评论》2009年第5期，第20-22页。

② 管仲军：《高校推进法人治理结构完善的若干思考》，载《北京行政学院学报》2013年第4期，第6-9页。

③ 熊庆年、代林利：《高校治理结构的历史演进与文化变异》，载《高教探索》2006年第1期，第40-43页。

④ 甘永涛：《高校治理结构的三种国际模式》，载《高等工程教育研究》2007年第2期，第72-76页。

⑤ 张伟：《美国大学募款制度及其对高校治理结构的建构》，载《高等教育研究》2012年第12期，第96-103页。

⑥ 甘永涛：《英国高校治理结构的演变》，载《高等教育研究》2007年第9期，第88-92页。

议会制度、教师组成。① 屈潇潇考察了密歇根大学的治理结构后认为,董事会、校长管理团队、大学评议会三者相互独立又相互融合的关系构成了治理结构②,其中,美国大学的内部治理结构的核心是:董事会—校长关系。③ 由上述可知,西方国家因国情不同而采用了不同的高校治理结构模式,所以往往把治理结构和治理模式结合在一起共同讨论,并认为治理结构对治理模式起决定性作用。

高校治理结构自身也存在局限。其缺陷主要为:行政权力与政治权力重叠;学术权力日益式微,行政力量对学术力量的僭越;监督权弱化;国家控制模式下二者权力的不平衡等。对此,有人进一步解释道:"大学内部治理结构变迁的动力过于依赖外部强制性因素;大学内部相关权力关系未能有效配置,造成相互冲突和失衡;缺乏科学有效的内部治理的制度支持。"④ 除了内在的行政权力与学术权力界限在治理结构的不同层级之间不清不楚地纠缠外,大学外部政府与大学的博弈关系,是导致高校治理结构在实践过程中存在诸多矛盾与冲突的重要原因之一。因此,不少学者把高校治理结构分为内部和外部治理结构。通常讨论较多的是高校内部治理结构,但是对于解释高校治理其成效远远不够。

(二) 非正式结构

高校治理是一个复杂的领域,因此高校治理结构是对多元利益的结构安排。20 世纪 60 年代以来,随着现代高校治理理论的兴起,大学治理被认为是考虑高校内部不同岗位人员的分工和责任权力,体现了教师与管理人员不同的利益诉求。⑤ 哈佛大学的罗索夫斯基在《美国校园文化——学生·教授·管理》中,采用利益相关者分析框架,并列举出大学的四类群体:"教师、行政

---

① 姜晶:《美国高校治理的结构、特点及其启示》,载《当代教育科学》2010 年第 1 期,第 43 - 45 页。

② 屈潇潇:《世界一流高校治理结构的有效性分析——以美国密歇根大学为例》,载《云南师范大学学报(哲学社会科学版)》2015 年第 3 期,第 36 - 43 页。

③ 程北南:《美国高校治理结构的启示和借鉴》,载《高教探索》2011 年第 4 期,第 55 - 60 页。

④ 宋波:《我国高校治理结构的基本特点与问题矫治》,载《安徽师范大学学报(人文社会科学版)》2014 年第 3 期,第 358 - 363 页。

⑤ AAUP. Statement on Government of Colleges and Universities 1966, http://www.AAUP.org/AAUP/pubsres/policydocs/governancestatement.htm.

主管和学生；董事、校友和捐赠者；政府或议会；市民、社区、媒体等。"①国内较早提出"大学利益相关者"概念的张维迎指出，公立大学的利益相关者，应当包括投资人、教授、校长、院长、学生、校友以及纳税人等。② 还有学者的概括更为全面，认为高校利益相关者包括政府、行政管理人员、教学人员、校长及学生、家长、教育捐赠者、合作机构和用人单位、教育中介组织、社区代表、公众人士和社区名流等。③

对上述利益相关者研究进行分类。大学利益相关者应当包含四个层次：首先，主要是校内人员，如教师、学生、管理人员；其次，是校友和财政拨款者；再次，是与学校有契约关系的当事人，如供应商和校企合作等；最后，主要是社区和社会公众等。④ 罗索夫斯基采取同样的分类。⑤ 高校利益相关者的关系治理机制，包括：一是"政府—高校"关系治理，二是"行政—学术"关系治理，三是"高校—家长—社会"关系治理，四是"产—学—研"关系治理。高校治理结构除了从利益角度出发，还可以从权力视角进行分析。如刘向东和陈英霞从权力的视角出发，认为"高校治理结构是由权力类型和权力主体交织而成的权力系统，依赖权力理论和资本——权力理论共同构成大学的权力结构"⑥。以上两类定义是从政治和经济的角度来定义，也符合高校治理结构的概念来源。

高校治理不仅有正式结构，而且有非正式结构，其中蕴含的诸多利益、权力等因素把高校治理的参与者、行动者和利益者结合在一起。如果以高校组织内外部角度来划分，这种结构性影响因素又可以分为外部因素和内部因素。高校存在多种多样的联系，既有高校与外部的联系，也有高校与内部的关系，它们共同影响高校治理成效。虽然治理结构是推进治理成效的重要内容，但是，

---

① ［美］亨利·罗索夫斯基：《美国校园文化——学生·教授·管理》，谢宗仙、周灵芝、马宝兰译，山东人民出版社1996年版，第233－236页。

② 张维迎：《大学的逻辑》，北京大学出版社2004年版，第8页。

③ 方芳：《大学治理结构变迁中的权力重构——基于利益相关者视角》，载《现代教育科学（高教研究）》2012年第6期，第87－90页。

④ 李福华、尹增刚：《论高校治理的理论基础——国际视野中的多学科观点》，载《比较教育研究》2007年第9期，第51－56页。

⑤ ［美］亨利·罗索夫斯基：《美国校园文化——学生·教授·管理》，谢宗仙、周灵芝、马宝兰译，山东人民出版社1996年版，第5－6页。

⑥ 刘向东、陈英霞：《大学治理结构剖析》，载《中国软科学》2007年第7期，第97－104页。

治理结构也有其不足。对此,顾建民和刘爱生指出,治理结构不能很好地解释高校不同的绩效问题,治理结构有时不一定能体现高校和教师的核心价值,或者说改造治理结构并未产生预期效果。因此,他们从国外经验和研究成果出发,认为实现大学的有效治理,必须超越治理结构,也就是要重视组织文化建设、领导力提升等非结构性因素。① 总之,他们认为应该超越高校治理结构,而转向有效治理。

二、关系性影响因素

人类无不处在各种关系交织的网络之中,如家庭关系、血缘关系、社会关系、人际关系、组织关系、社团关系等。在这些或简单或复杂的关系网络中,信任是关系维持和发展的核心要素。泰勒很早以前就提出,在 21 世纪,信任是组织的核心要素。② 由此可见,信任对组织十分重要。拉罕和马龙威指出,组织内信任包括人与人之间的信任和人与组织的信任,即人际信任和系统信任。③据此,高校信任包括两个方面:人际信任和系统信任。

(一) 高校人际信任

人际信任包括学校领导、教师、学生、行政教辅人员等之间的信任。教育信任中最重要的关系是师生关系。在高校中师生关系主要以教学行动为载体,在此过程中,教师的课程设计、专题学习、知识水平、互动能力,以及学生的学习态度、理解能力、互动频率等共同构成师生的信任关系。这种信任关系影响着教师教授知识的效果和学生学到知识的程度,进而在一定程度上决定了学校教学成果和教育目标的实现。

对于人际信任的内容,众说纷纭。曹正善和熊川武将师生信任分为品格信任、能力信任、情感信任。④ 在上述基础上,有人还增加了知识维度。它是指

---

① 顾建民、刘爱生:《超越高校治理结构——关于大学实现有效治理的思考》,载《高等教育研究》2011 年第 9 期,第 25 – 29 页。

② [美] 艾尼尔·K. 米什拉:《组织对于危机的反应》,载罗德里克·M. 克雷默、泰勒编《组织中的信任》,管丘等译,中国城市出版社 2003 年版,第 383 页。

③ Nyhan R C, Marlowe H A. "The Psychometric Properties of the Organizational Trust Inventory". *Evaluation Review*, 1997 (21): 614 – 635.

④ 曹正善、熊川武:《教育信任:减负提质的智慧》,华东师范大学出版社 2012 年版,第 23 页。

相信对方有足够的知识来完成一件事。① 显然，此划分突出了教师所具有的知识和情感的特点。在上述四个维度的基础上，甄月桥等经过研究后，增加了形象、关系和认同维度。② 关系维度是指相信教师会关心学生，重视师生交往，与情感维度相近，而认同维度是指相信或认同教师的价值理念。西方学者刘易斯和韦杰特将信任划分为认知信任、情感信任。③ 这种划分可以被包含在上述维度之内。最具代表性的本土划分标准是我国学者彭泗清提出的：人们一般将人际信任分为能力信任和品质信任。

由上可知，虽然大多数人将信任视为一种人作为主体所具有的静态特质，但是他们强调信任的静态特质却忽视了信任的动态性和相互性。信任是师生两者之间的关系，是在教育行动过程中在两者的互动交往过程中形成的。甄月桥等在静态的经验和特质外，还给信任增加了"关系"和"认同"等动态性内容。他们把关系维度又细分为五个方面，分别是"主动沟通交流""倾听""情感分享""发自内心喜欢""相处自然"。这一概括，更加全面地把握了师生信任的本质含义。正如有人所言，信任是指向他人行动。④ 师生之间的双向信任也是对对方行动的期望，信任关系的建立是在教育行动的过程中互动和交往时所形成的。师生信任，主要通过双方主体之间的参与、对话以及合作得以生成和展开。对师生信任的研究常常聚焦于师生的过往经验和固定特质，而忽视动态的交往，容易导致师生信任危机。

除了教师之间、学生之间的信任，人际信任还有一个十分重要的方面是对高校管理者和领导者，特别是对高校校长的信任。在任何学校，校长在很多方面都是最重要、最有影响力的人。校长的领导是学校成功的关键。对内来说，校长是高校的法定代表人，受委托管理整个高校，带领管理团队对高校进行日常事务管理，并对管理团队日常行为和管理效果负最终责任。对外来讲，校长是高校形象的主要代表，校长的教育理念和日常言行，代表了高校的形象和办学指向。对校长的信任主要集中体现在校长领导力方面。只有有效发挥领导

---

① 孙五俊：《高校组织中师生信任研究》，广西师范大学2005年硕士学位论文，第12页。

② 甄月桥：《高校师生信任关系现状及差异分析——基于教师可信度视角》，载《浙江理工大学学报（社会科学版）》2016年第1期，第83-89页。

③ Lewis J D, Weigert A. "Trust as a Social Reality". *Social Forces*, 1985, 63 (4): 146.

④ ［波］彼得·什托姆普卡：《信任：一种社会学理论》，程胜利译，中华书局2005年版，第33页。

力，组织才能发挥其应有功能。因为领导力弥补了组织官方结构的不足，促使组织更有效地适应环境的变化，以及维持组织内部的协调，提高组织效果和效率。

对于校长领导力的构成要素，比较有影响力的是中国科学院"科技领导力"课题组提出的领导力五力模型。领导力五力模型包括前瞻力、感召力、影响力、决断力和控制力五种领导能力。如果直接照搬此框架来探讨高校治理过程中校长领导力模型，并不完全恰当。因为校长领导力主要是在教育领域中进行讨论，而教育领域有其自身规律、管理对象和文化场景，在这种特定情境中进行决策所展现出来的能力是独特且不同于科技领导力的。美国著名教育家托马斯·J. 萨乔万尼对校长领导力的教育特征进行了精辟的论述和归纳。他把校长领导力经典概括为教育领导力、技术领导力、人际领导力、象征领导力和文化领导力五个层次。

（二）高校系统信任

高校作为一个社会组织，发生在高校组织中的信任，具有明显的集体属性和组织属性。属性超越了高校情境中的人格信任和人际信任而成为高校信任内核。[①] 整体信任和集体信任都可看作一种系统信任。简单来说，系统信任就是对组织的整体信任。对高校来讲，系统信任是人们对高校教育系统的信任，也是对高校教育制度的信任。个人、组织、政府都信任这一框架秩序，并在其规定范围内行动。

叶澜教授对学校教育系统进行了系统论述。教育系统分为学校教育系统和非学校教育系统，学校教育系统处在全部教育系统的核心位置。参照此系统论述，高等教育系统是学校教育系统的子系统。高等教育系统也呈现四个层次阶梯形式。

第一层次教育系统，其行动在于把国家和社会对人才的要求内化为高等教育系统的要求，确定高等教育系统的总方案，并对人才培养等诸多方面进行监督。总方案的主要内容包括：确定教育目的（培养什么人的规定）、制定教育政策方针和大学发展战略规划、确定教育制度与现代大学制度、确定高等教育系统的发展规划等。主要行动承担者是国家教育部、省级教育行政部门及其工

---

① 高学德等：《大学信任：何为与为何》，载《当代教育科学》2019 年第 3 期，第 13 - 18 页。

作人员。他们都按照这一系统规范进行运作。第二层次教育系统，其行动是把上一层次制定的总方案细化为各高校的具体行动方案，包括发展目标、发展定位、发展规划、具体措施等。主要行动者是高校领导机构及其成员，如高校教师、其他工作人员、学生参与集体行动之中。第三层次教育系统，其行动是把高校发展的总方案划分为每个教师的工作方案、教育认识与行为。这一层次的行动者是教师。第四层次教育系统，其行动是把教育内容转化为学生个人身心的发展需求。其行动者是教师与学生复合主体，需要师生共同努力完成。在这一层次上，在教师的指导下，学生直接参加到教育实际行动中，将由外部的、社会存在的教育目标与内容，转化为学生内部的、个体的需求与成长。

如果按照校内和校外划分，那么第一层次系统属于校外系统，后面三个层次属于校内系统，也可视为校内治理体系，包括三大部门：行政治理体系、学术治理体系和学生治理体系。四个层次系统关系十分密切，相互制约，相对独立。每一层次的活动由统一转化为多样，由外部转化到内部，从而形成复杂的多层次系统结构。对高校整体信任，即对高校四个层次系统的信任。高校教育系统主要表现为教育制度和教育秩序，是影响高校信任的重要因素。高校教育的多层次和复杂系统的集体行动之所以能够有效开展，在于行动主体的信任和合作关系。这种多层次系统结构，保证和规范了高校内外围绕人才培养这一核心的集体行动。每一个层次的行动都有规定的行动主体、行动目标、行动内容。这种信任是学生（家长）、教师和社会对高等教育系统的信任，是一种系统信任，是对高校招生评价体系的信任和对高等教育水平的信任，也是对高校背后对政府权威和公权力的信任。总而言之，它是对国家教育制度和现代大学制度的信任。

三、认知性影响因素

认知，原本只是人类对事物的认识活动。随着这一专业术语的发展，认知从心理学的内涵不断拓展到文化和社会层面，特别是将认知活动范围拓展到判断、价值、信念、态度、意义等，从仅限于人的心理拓展到群体和社会层面的认知，其作用从个体的信息处理加工到影响人和群体的行动。对于高校而言，是在其治理的行动过程中，对共同愿景的认知。

"愿景"英文为 vision，意指描绘所要创造的未来图像、境界。彼得·圣吉认为，愿景是一种共同的愿望、理想、远景或目标。① 彼得·德鲁克认为，愿景是国家、组织和团队对未来图景的想象和描述。② 笔者非常认同彼得·德鲁克的看法，愿景是未来发展目标的描述。高校愿景是高校成员发自内心的共同意愿，是组织成员为之奋斗的未来目标，描述了高校"向何处去"的景象。在实际中，高校愿景经常与高校使命、价值观、目标、定位混同表述，共同构成信念的核心内容。

纽曼在《大学理念》一书中，对大学理念进行定义，即一切知识和科学、事实和原理、探索和发现、实验和思想的高级的保护力量。张维迎强调大学理念对高校治理非常重要。相对来说，大学理念具有很强的稳定性。大学理念是大学治理研究的理论来源之一。③ 在大学理念的理论指导下，大学作为社会法人机构，主要是强调学术事务应当由学校自主决定。④ 史静寰认为，大学理念发展的两个基本特征：一是大学理念对实践具有长久的指引作用；二是大学理念的内涵是在原有的基础上不断发展和前进的。⑤ 在王莉看来，我国大学的治理理念是在学术和行政群体的共同作用下形成的。⑥ 从信念系统的视角来看，支持联盟框架中认为在实际的直观利益以及科学教育政策行动背后，通常体现的是信念体系，即与决策相关的判断、主张和价值取向。⑦ 陶凤翔运用迪特玛·布劳恩的三角模型来分析新管理主义影响下的各国高校治理形态的变迁，强调了信念系统的重要性。⑧

除了上述高校愿景表达内容外，高校愿景与发展定位的概念内涵也是一致

---

① ［美］彼得·圣吉：《第五项修炼——学习型组织的艺术与实务》，郭进隆译，上海三联书店1998年版，第238页。
② ［美］彼得·德鲁克：《管理未来》，李亚等译，机械工业出版社2006年版，第37页。
③ 张维迎：《大学的逻辑》，北京大学出版社2004年版，第5页。
④ 李福华、尹增刚：《论大学治理的理论基础——国际视野中的多学科观点》，载《比较教育研究》2007年第9期，第51-56页。
⑤ 蔡文伯等：《高校治理与制度创新的反思与探索——"西部教育高层论坛"综述》，载《高等教育研究》2009年第11期，第107-109页。
⑥ 王莉：《两大共同体的融合与冲突对大学治理理念的影响》，载《理论前沿》2009年第17期，第20-21页。
⑦ ［美］保罗·A.萨巴蒂尔：《政策过程理论》，彭宗超译，生活·读书·新知三联书店2004年版，第186页。
⑧ 陶凤翔：《国外大学治理形态的变迁与其借鉴意义——以迪特玛·布劳恩的三角模型为视角》，载《大学教育科学》2011年第4期，第47-51页。

的。根据刘志民等定义，高校定位有两重含义：宏观群体定位和微观个体定位。宏观定位是指高校自身的职能属性定位，以及高校的责任和使命，回答"应该是什么或做什么"的问题。微观定位是指高校的类别、类型、特色、水平等发展目标，是对高校"是什么样的或将是什么样的"问题的回答。[①] 这一定义无疑回应了前面所提出的问题，一方面从宏观层面对社会制度环境出发，表明了大学在社会的责任和使命；另一方面从微观层面来看，具体指出了大学本身的办学类别、层次、特色等。朱桂兰认为，大学定位是指一所大学在某一阶段期望达到的预期位置，不同阶段有不同的预期位置。[②] 大学的责任和使命，以及大学发展目标正是大学愿景、使命所包含的内涵。潘懋元和吴玫在讨论高等学校的分类与定位问题时，并没有明确"定位"概念含义，而是直接将高等学校"分类"与"定位"等同。[③] 因此，高校定位主要包括办学类型、办学层次。冯向东指出，高等学校定位包含了学校的层次、类型以及规模等方面。[④] 王心如认为，大学定位是一个体系，它应当包括目标定位、类型定位、层次定位、学科定位及服务面向定位等。[⑤] 因此，从总体来看，高校愿景既要包含高校理念、使命、价值观，又要包含发展定位和办学目标。

综上所述，高校治理绩效的影响因素又可以分为外部联系因素和内部结构因素。外部联系以及内部的结构、关系和认知性因素都对高校治理产生重要影响，但它们常常共同对高校产生综合作用。

[①] 刘志民、龚怡祖、李昌新：《大学定位与农科院校的抉择》，载《高等农业教育》2003年第5期，第7-9页。

[②] 朱桂兰：《标杆管理：重新诠释大学办学定位》，载《清华大学教育研究》2006年第3期，第111-113页。

[③] 潘懋元、吴玫：《高等学校分类与定位问题》，载《黄河科技大学学报》2005年第3期，第1-5页。

[④] 冯向东：《高等学校定位：竞争中的抉择》，载《北京大学教育评论》2004年第4期，第15-17页。

[⑤] 王心如：《论大学办学定位与发展战略》，载《南京医科大学学报（社会科学版）》2004年第3期，第185-188页。

第二节　社会资本对高校治理绩效影响有关研究

一、社会资本相关研究

（一）社会资本的发展脉络

黑格尔曾这样表示："一个定义的意义和它的必然证明只在于它的发展里，这就是说，定义只是从发展过程里产生出来的结果。"[①] 社会资本经过持续发展，其内涵也在不断深化。1916 年，教育家和社会改革家汉尼芬（L. J. Hanifan）在《乡村学校社区中心》[②] 一文中第一次提出"社会资本"的概念，用来说明社区参与对学校教育质量的重要影响，让人们认识到社会资本的生产价值。作为一个实用主义者，汉尼芬特别关注如何发展该地区的社会资本，以用于改善其娱乐、智识、道德和经济状况。他对术语"社会资本"是这样表述的：善意、伙伴关系、同情心、个人间以及作为社会基本单元的家庭间建立起来的相互交往。[③] 伍考克认为，汉尼芬是最早独立使用"社会资本"概念的第一人。[④] 汉尼芬对社会资本的表述已经清晰地涵盖了其基本内容，但是，非常遗憾的是，这一概念在当时并没有引起社会科学家的广泛关注。20 世纪 60 年代，城市学家雅各布斯在《美国大城市的生与死》一书中也使用这一术语来强调现代都市中社会资本的重要性，"网络是一个城市不可替代的社会资本"[⑤]。之后则是格伦·卢瑞在 1977 年批判新古典经济学理论中提到社会资本概念，他认为在对待种族间收入不平等时，其过于强调个体主义，片面重视人

---

① ［德］黑格尔：《小逻辑》，贺麟译，商务印书馆1980年版，第 7 - 8 页。
② Hanifan L J. "The Rural School Community Centre". *Annals of the American Academy of Political and Social Sciences*, 1916, 67: 130 - 138.
③ ［美］罗伯特·帕特南：《流动中的民主政体——当代社会中社会资本的演变》，李筠等译，社会科学文献出版社2014年版，第 2 页。
④ Woolcock M. "Social Capital and Economic Development: Toward a Theoretical Synthesis and Policy Framework". *Theory and Society*, 1998, 27: 151 - 208.
⑤ Knowles S. "Is Social Capital Part of the Institutions Continuum and Is It a Deep Determinant of Development". *Research Paper*, 2006, 25: 58.

力资本的作用,从而难以达成广泛的社会联系。① 虽然他对此概念略有提及,但遗憾的是没有展开系统的研究。总之,这些均对确定现代意义上的社会资本做出了贡献。

布迪厄是当代第一个对社会资本做出系统分析的学者。1980年其在《社会科学研究》杂志上发表的短文《临时笔记》中正式提到"社会资本"②概念,将其界定为实际或潜在资源的集合,是一种制度化的关系网络。需要注意到集体性拥有网络,并为每个成员提供支持。他还提出资本的三种形态,分别是经济资本、文化资本和社会资本。应该说这一定义对社会资本的概念把握得十分准确,但其一直被人忽视是非常惋惜的事情。直到科尔曼,他将社会资本定义为:"由社会结构某些方面构成的共同要素(两个)的不同实体构成,且有利于行动者(无论是个人或法人)的特定行为。"③ 在《社会理论的基础》一书中,科尔曼用整个章节系统而深入地论述了社会资本。

帕特南与同仁一道在1970年到1990年的20年时间里,考察了意大利的一场制度变革实验,旨在回答"为什么有些民主政府获得了成功而有些却失败了"的古老问题。他在这一基础上写成《让民主运转起来》一书,论述了意大利北部如何利用深厚的社会资本资源,以及是如何建立起一套有效的民主和治理机制。这在当时的社会上引起了广泛影响,社会资本概念也因此引起人们的广泛关注。后来他还在一系列著作中,如《独自打保龄——美国下降的社会资本》《繁荣的社群——社会资本与公共生活》等,不断强调和传播社会资本的观点。此后,社会资本理论在美国产生了广泛的影响,引起了激烈的争议和讨论。林南、奥斯特罗姆和福山等诸多知名学者都参与了对社会资本的讨论。社会资本开始变成社会发展的关键词,相继被国际组织、一些政府和非政府组织广泛采用。可以说,它已经成为国际机构的流行概念之一。社会资本由最初讨论教育领域问题,逐渐延伸至社会学、经济学、政治学、人类学、行为科学等领域。

---

① 梁莹:《社会资本与市民文化的成长》,中国社会科学出版社2011年版,第40页。
② [美]亚历山德罗·波茨:《社会资本:在现代社会学中的缘起和应用》,载李慧斌、杨雪冬《社会资本与社会发展》,社会科学文献出版社2000年版,第121页。
③ [美]詹姆斯·S.科尔曼:《社会理论的基础》,邓方译,社会科学文献出版社2008年版,第282-289页。

(二) 社会资本的几种界说

根据已有文献资料，可将社会资本大致梳理成三类：社会关系类、社会资源类和社会行动类。

首先，将社会资本主要视为社会关系。将社会资本视为社会关系，并不意味着两者是等同的，而是因为类型分析的需要，采用关键词汇进行区分，下文依此处理，不再赘述。此处的社会关系是一种广义的社会关系，包括关系网络与结构，以及建立和维持复杂社会关系需要的社会规范、信任、义务和期望等。因此，把社会资本看作社会关系，可以从以下两个方面来理解：

一方面，社会资本主要指社会关系网络。最早提出社会资本概念的汉尼芬也持这种观点。他所谓的社会资本是指人们出于日常生活中的善意、伙伴关系、同情心、个人间建立起来的相互交往关系。帕特南将社会资本定义为，相互关系网络，及在此基础上产生的互惠互利规范。① 可见，社会资本的首要因素在于建立社会联系。伯特认为社会资本是指朋友、同事和更普遍的联系。② 他提出结构洞理论来分析社会网络。撒拉格尔丁和格鲁特厄特从更大范围上把社会资本视为将社会群体黏在一起的胶合剂。③ 张其仔则将社会资本定义为社会网络，而他又称社会资本为社会关系，即称之为社会网络（或关系网络）。④

另一方面，社会资本是指建立和维持复杂社会关系需要的规范、信任、义务和期望等。伯勒斯和基提斯认为社会资本通常指的是信任，对团体关系、社区规则以及惩罚的意愿。⑤ 福山认为社会资本是一种有助于两个或更多个体之间相

---

① ［美］罗伯特·D. 帕特南：《独自打保龄》，刘波等译，北京大学出版社 2011 年版，第 7 页。

② ［美］罗纳德·S. 伯特：《结构洞：竞争的社会结构》，任敏、李璐等译，格致出版社 2017 年版，第 9 页。

③ ［美］伊斯梅尔·撒拉格尔丁、克里斯琴·格鲁特厄特：《定义社会资本：一个综合的观点》，载帕萨·达斯古普特、伊斯梅尔·撒拉格尔丁编《社会资本——一个多角度的观点》，张慧东等译，中国人民大学出版社 2005 年版，第 54 页。

④ 张其仔：《社会资本论——社会资本与经济增长》，社会科学文献出版社 1999 年版，第 32 页。

⑤ ［美］萨缪尔·伯勒斯、赫尔伯特·基提斯：《社会资本与社区治理》，载曹荣湘编选《走出囚徒困境——社会资本与制度分析》，上海三联书店 2003 年版，第 129 页。

互合作。① 斯蒂格利茨从组织的角度来理解社会资本。他认为社会资本包括达成的共识、关系集合、声誉的聚集及组织资源，并进一步解释了它们的具体含义。②

其次，将社会资本看作社会资源。在社会资本的论述中，有的定义采用资源，有的概念采用资产、财产，但无论如何都表达了相似的含义。最早将社会资本看作社会资源的是布迪厄，其解释精炼准确。布迪厄认为，社会资本是"实际的或潜在的资源的集合体"③。这无疑概括了现实存在的和以后产生的资源。他将社会资本分为两个方面：社会关系本身，凭此进入社团资格；以及所拥有资源的数量和质量。林南坚持社会资本概念采用资源论观点，并在《社会资本——关于社会结构与行动的理论》一书中进行了系统的阐述。他认为，社会资本可操作化地定义为行动者在行动获取和使用中嵌入社会网络中的资源。④ 燕继荣也把社会资本定义为广泛存在于社会网络关系之中，并能够被行动者投资，以便实现自身目标的社会资源。⑤ 他进一步表述，社会资本是来自社会关系网络的资源，有助于实现行为目标的社会资源，这种网络包括个人、团体和社会的社会网络关系。

那么，社会资源到底指什么？科尔曼认为是指个人拥有的社会结构资源。⑥ 贝克强调，是行为者可以从持续社会结构中获得的资源。⑦ 他们所谓的资源是指社会结构和行为者间的关系。后续研究扩大了资源的范畴，不再仅仅局限在社会关系和社会结构方面。厄普霍夫认为，社会资本是各类资产的一种

---

① [美] 弗朗西斯·福山：《市民社会与发展》，俞弘强译，载曹荣湘编选《走出囚徒困境——社会资本与制度分析》，上海三联书店2003年版，第115页。

② [美] 约瑟夫·斯蒂格利茨：《正式和非正式的制度》，武锡申译，载曹荣湘编选《走出囚徒困境——社会资本与制度分析》，上海三联书店2003年版，第76-77页。

③ 包亚明：《文化资本与社会炼金术——布尔迪厄访谈录》，上海人民出版社1997年版，第202页。

④ [美] 林南：《社会资本——关于社会结构与行动的理论》，张磊译，上海人民出版社2005年版，第24页。

⑤ 燕继荣：《投资社会资本——政治发展的一种新维度》，北京大学出版社2006年版，第99页。

⑥ [美] 科尔曼：《社会理论的基础》，邓方译，社会科学文献出版社1999年版，第354页。

⑦ [美] 韦恩·贝克：《新型社会资本及其投资》，罗雪群译，载曹荣湘编选《走出囚徒困境——社会资本与制度分析》，上海三联书店2003年版，第125页。

累积,包括社会的、心理的、文化的、认知的、制度的以及与增加互利合作行为数量相关资产。① 马得勇认为社会资本是能够促进社会经济政治效率的观念性和文化资源。② 上述资源可归为同一类。下述资源可视为两类,即软资源和硬资源。库托认为,社会资本是指人类在生产中投资的各种资源,把社会资本理解为道德资源和人们投资于社区建设和娱乐的公共财产。在此,库托明确提出了道德资源和公共财产,正式明确了资源的具体内容。阿尔弗雷德·赫希曼把信任视为道德资源。③ 布伦和奥尼克丝在对社会资本文献的总结当中提到了公共财产,"信任、网络、规范、互惠等会创造出很强的社区,在这个社区中,大家对资源拥有共同所有权,也就是创造了公共财产"④。其实,布迪厄早就对具体社会资源有所指向,他在俱乐部会员制所获得的收益是这样论述的,"俱乐部会员从集体社会资本中获得全方位益处,包括物资利润和象征利润"⑤。显然,社会资本包括物质资源和象征资源。其观点不仅涵盖了上述学者的观点,而且更加全面。由此可见,布迪厄对社会资本问题的见解独到。

最后,将社会资本看作社会行动。还有一类观点,主要是从社会行动或集体行动的角度来定义社会资本。此类观点凸显了社会资本的存在目的,是为了促进社会交往、共同合作,以及有利于集体行动。波茨和赛森布雷纳认为社会资本就是为了集体行为,他们称社会资本是在一个集体内对行为的期望,它影响着经济目标及其成员行为,即使这些期望不是面向经济领域而定位的。⑥ 科尔曼从功能的角度对社会资本进行定义,认为其是为了"促进行动的特定行动"。帕特南亦是如此,他强调"社会组织依靠信任、规范和网络,来进行协

---

① [美] 诺曼·厄普霍夫:《理解社会资本:学习参与分析及参与经验》,载帕萨·达斯古普特、伊斯梅尔·撒拉格尔丁编《社会资本——一个多角度的观点》,张慧东等译,中国人民大学出版社2005年版,第275-284页。

② 马得勇:《社会资本:对若干理论争议的批判分析》,载《政治学研究》2008年第5期,第74-81页。

③ [美] 罗伯特·D. 帕特南:《使民主运转起来:现代意大利的公民传统》,王列、赖海榕译,江西人民出版社2001年版,第199页。

④ Bullen P, Onyx J. "Measuring Social Capital in Five Communities". *The Journal of Applied Behavioral Science*, 2000, 36 (1): 23-42.

⑤ 包亚明:《文化资本与社会炼金术——布迪厄访谈录》,上海人民出版社1997年版,第203页。

⑥ 李惠斌、杨雪冬:《社会资本与社会发展》,社会科学文献出版社2000年版,第260页。

调行动,从而提高社会效率"。格兰诺维特指出,社会资本是一种有助于实现宏观经济目标的共有资源。① 林南所定义的社会资源也是"行动者在行动中获取和使用的"。同时,燕继荣的社会资本概念也是有助于实现行为目标的社会资源。库利定义的作为社会资本的资源是为人类的生产而投资的。社会资本为互惠合作的集体行动以及创造经济繁荣提供了基础。福山就指出,社会规范必须能够促进群体内合作。张克中认为,社会资本是有利于促进集体行动的规范与信任网络。② 总之,以上概念主要分为两种:一种是直接定义社会资本为集体行动,另一种是间接强调社会资本的目的是促进社会发展或集体行动。特别是一些大学者无不是持同样的看法,都认为社会资本是社会或集体行动的重要影响因素。

总而言之,社会资本的讨论可以归纳为三点:首先,大多数学者把社会资本定义为社会关系,然后才将其看作社会资源,而将其看作社会行动的则更少。其次,三种类型的社会资本往往是互有交叉,并不截然分开,如在社会关系类型中,其目的是实现集体行动;而有的社会资源类型的定义中包含了社会关系,如规范、信任和网络;而在社会行动类型中,也有社会关系和社会资源的因素。如格兰诺维特认为社会资本包括社会网络,人们之间借此分享信息、降低交易成本和减少不确定性。③ 所以,三种类型是应分析需要的理想类型,完全把它们分开是徒劳的。最后,社会资本或多或少都与社会关系、社会资源和社会行动有关联,应当结合起来讨论。

(三)社会资本的类型层次

对于社会资本的主要内容,诸多学者做了不少研究和讨论,主要在类型和层次上进行了划分:

1. 资本类型划分

在社会资本的诸多类型中,厄普霍夫的分类被广泛应用。他把社会资本分

---

① [美]马克·格兰诺维特:《镶嵌:社会网与经济行动》,罗家德译,社会科学文献出版社 2015 年版,第 1—27 页。

② 张克中:《社会资本——中国经济转型与发展的新视角》,人民出版社 2010 年版,第 55 页。

③ Granovetter M. "The Strength of Weak Ties". *American Journal of Sociology*, 1973, 78: 136-138.

为结构性社会资本和认知性社会资本两大类,具体如下:"结构性社会资本,主要是指作用、角色、规则、先例和程序以及大量有助于合作的网络,特别是推动互利集体行动,通过相互作用,可以预测有利的结果、进行更多的合作和产生创造性结果。认知性社会资本,是一种思想的、文化的和意识形态的,且有助于共同合作的标准、价值、态度和信仰。"[①] 两类社会资本的比较差异见表2-1:

表2-1 社会资本的补充分类

	结构型	认知型
来源及表现	任务和规则 网络和其他人际关系 程序和先例	规范 价值 态度
领域	社会组织	信仰 公民文化
动力因素	水平连接 垂直连接	信任、团结 合作、大方
一般要素	导致合作行为的期望	产生互利的期望

如果说,结构性社会资本是直接推动集体行动,那么认知性社会资本使人们倾向于互利集体行动,使人们的合作机会增大。两类社会资本需要通过主观行为想象内在地联结起来,共同使用。这一理论框架被广为借用。

在厄普霍夫的结构型和认知型社会资本的分类基础上,纳哈皮特和沙尔把社会资本分为三个维度:结构维度,主要是行动者之间联系的整体模式,其重点在于网络联系、网络强度、网络密度、中心与边缘、连接性等;关系维度,主要是指通过创造关系,以及通过关系手段获得的资产,如信任与可信度、规范与惩罚、义务和期望以及可辨识的身份等,它表现为现实中的人际关系;认知维度,主要指主体间对意义的共同理解所呈现的资源,如语言、符号、文化

---

① [美]诺曼·厄普霍夫:《理解社会资本:学习参与分析及参与经验》,载帕萨·达斯古普特、伊斯梅尔·撒拉格尔丁编《社会资本——一个多角度的观点》,张慧东等译,中国人民大学出版社2005年版,第277-278页。

习惯和默会知识等。① 应该说这一划分比厄普霍夫的划分更加详尽。当然,根据应用情境的变化,它也会进行调整。如蔡和戈沙尔对一家大型跨国电子公司所有业务单元的多名员工进行调查,考察了结构、关系和认知社会资本之间的关系,以及它们对公司资源交换类型和产品创新的影响。其中,他们用外部联系代表结构维度,用共同愿景代表认知维度,用信任来代表关系维度。②

吉特尔、维达尔③和库克④认为社会资本存在两种类型:结合型社会资本与沟通型社会资本,也被称作连接性社会资本与黏合性社会资本,又被认为是兼容性社会资本和排他性社会资本。帕特南在《独自打保龄》一书中借用了此分类。⑤ 具体来说,结合型社会资本,是指与行为人有较为紧密联系的人群之间的关系,例如家庭成员之间的关系等;沟通型社会资本,则指处于不同层级的人之间的关系,例如不同地位、种族和民族的人们之间的关系。帕特南则把社会资本分为:网状社会资本和柱状社会资本,又被称为横向结构与垂直结构的社会资本。⑥

后来,帕特南和高斯又对社会资本的类型进行了归纳,共有四种划分⑦:一是正式与非正式的社会资本。一方面,社会资本形式,例如家长组织或工会就是正式组织起来的,具备固定职员、设定成员资格以及定期会面等。另一方面,像篮球赛或酒吧碰面,这是非正式的。两种形式的社会资本组成的网络都可能产生互惠,从中也可以获得私人利益和公共利益。二是深度社会资本和浅度社会资本。一些资本形式紧密交织且千丝万缕,如钢铁工人团体,每天在工

---

① Nahapiet J, Ghoshal S. "Social Capital, Intellectual Capital, and the Organizational Advantage". *Academy of Management Review*, 1998, 23 (2): 242 – 266.

② Tsai W, Ghoshal S. "Social Capital and Value Creation: The Role of Intrafirm Networks". *The Academy of Management Journal*, 1998, 41 (4): 464 – 476.

③ Gittell R J, Vidal A. Community Organizing: Building Social Capital as a Development Strategy. *Contemporary Sociology*, 2000, 29 (2): 78.

④ Woolcock M. "Social Capital and Economic Development: Towards a Theoretical Synthesis and Policy Framework". *Theory and Society*, 1998, 27: 151 – 208.

⑤ [美] 罗伯特·D. 帕特南:《独自打保龄——美国社会资本的衰落与复兴》,刘波等译,北京大学出版社 2011 年版,第 11 – 12 页。

⑥ [西] 雅森特·佛丹纳:《集体行为理论的比较分析框架》,李智译,载曹荣湘编选《走出囚徒困境——社会资本与制度分析》,上海三联书店 2003 年版,第 216 页。

⑦ [美] 罗伯特·D. 帕特南:《流动中的民主政体——当代社会中社会资本的演变》,李筠、王路遥、张会芸译,社会科学文献出版社 2014 年版,第 8 – 9 页。

厂一起劳作，周六去喝酒，周日去教堂；还有直系亲属关系。这些属于深度社会资本。另有一些非常薄弱的社会资本，如在超市排队时偶然碰到的点头之交，甚至在电梯里不期而遇的另一个人，这种是浅度社会资本。三是内向型社会资本与外向型社会资本。内向型社会资本侧重于满足自己成员的物质利益、社会利益或政治利益。外向型社会资本则倾向于维护和增进社会公共利益的实现。四是桥联性社会资本与黏合性社会资本。桥联性社会资本把在重要方面彼此相似的人聚在一起（如种族、年龄、性别和社会阶级等），黏合性社会资本则关涉将彼此相异的人聚在一起的社会网络。

以福山、英格利哈特和帕特南为代表的研究将社会资本视作文化现象，认为社会资本反映的是长久以来形成的根深蒂固的文化价值。这一派学者在研究中通常把社会资本当自变量使用，分析其作为外生因素对社会、政治、经济所产生的影响。另一派学者，如科尔曼、奈克（Knack）、施奈德（Schneider）等认为社会资本水平的高低来源于制度的变化。总之，以根源为标准分成的两种社会资本类型有一个共通点，无论主张文化根源说，还是制度根源说，都认为社会资本的水平可受到政策干预的影响，制度的改善可以提高社会资本水平。从这一角度出发，有人将制度型社会资本和文化型社会资本归类为宏观层面和微观层面。①

克里希娜把社会资本分为两种类型：制度资本与关系资本。② 她还认为，制度资本和关系资本无法在它们的纯粹类型中被经验性地发现，兼而有之的表现形式最有可能，社会资本的每一类型都需要与另一类型互为补充。社会资本两种类型的具体区分见表 2-2：

表 2-2　社会资本的两种类型

	制度资本	关系资本
集体行动的基础	交易	关系

---

① 方然：《"社会资本"的中国本土化定量测量研究》，社会科学文献出版社 2014 年版，第 29 页。
② ［美］安妮鲁德·克里希娜：《创造与利用社会资本》，载帕萨·达斯古普特、伊斯梅尔·撒拉格尔丁编《社会资本——一个多角度的观点》，张慧东等译，中国人民大学出版社 2005 年版，第 97-99 页。

续表

	制度资本	关系资本
动机来源	任务 规则和步骤 制裁	信念 价值 意识形态
动机性质	最佳行为	合适行为
例子	各类市场、法律框架	家庭、伦理、宗教

2. 资本层面分析

布朗从系统主义一般理论出发，把社会资本划分为：微观、中观、宏观三个层次①，相对应的是：微观层面个体自我，中观层面社会结构网络，宏观层面政治、经济和文化体系。方然对微观、中观和宏观社会资本进行详细阐述。微观社会资本对应人际关系，关注个体拥有的及可以作为资本个体拥有的社会结构资源，包括人际关系、某团体会员资格、个体拥有的优势人际资源等。中观社会资本对应一个组织、团体、社区方面，对集体社会资本主要考察组织、团体、区域、社会、国家层面，包括信任、规范和网络等。宏观社会资本对应一个地区、社会和国家研究，关注参与度和投票率、政策绩效、社会发展等问题。②

仁柯、奥迪奥和通迪把社会资本划分为内部社会资本与外部社会资本。③阿德勒和柯旺将组织社会资本分为外部社会资本和内部社会资本。④ 其中，外部社会资本是组织嵌入外部网络而拥有的资源，产生于组织的外部社会关系；而内部社会资本形成于组织内部的连带，其主要目的在于提升组织的集体行动

---

① [美] 托马斯·福特·布朗：《社会资本理论综述》，载李惠斌、杨雪冬主编《社会资本与社会发展》，社会科学文献出版社2000年版，第78-79页。

② 方然：《"社会资本"的中国本土化定量测量研究》，社会科学文献出版社2014年版，第28页。

③ Yli-Renko H, Autio E, Tontti V. "Social Capital, Knowledge and the International Growth of Technology-Based New Firms". *International Business Review*, 2002: 279-304.

④ Adler P S, Kwon S W. "Social Capital: Prospects for a New Concept". *Academy of Management Review*, 2002 (1): 17-40.

水平。莉娜和菲尔也认为社会资本应该包括内部社会资本和外部社会资本。[1]

林南把社会资本分为个人社会资本和团体社会资本。[2] 在此基础上,有学者又进一步将它分解为四个不同层面的社会资本:个人和家庭层面、邻里或社区层面、区域层面、国家层面。[3] 武考克借用镶嵌和自我的概念,把微观和宏观结合起来讨论社会资本,主要包括四种类型:网络内部整合性的社会资本、网络之间链合性的社会资本、国家与社会之间协作性的社会资本、正式组织内部整合性的社会资本。此外,镶嵌和自主在微观与宏观之间的动态结合表现为两种:微观层次上整合和链合、宏观层次上整合和协作。[4]

二、社会资本对高校治理绩效的影响研究

最早的相关研究文献是 2005 年郭卉的《大学治理中教师与行政人员的关系:基于社会资本的研究》。[5] 她认为,社会资本的引入为解决教师与行政人员因职业文化差异而产生的障碍提供了新的分析视角,而大学治理中重要的社会资本就是参与网络、组织信任,故而中国大学要加速教师参与决策的制度化,从而增加治理中的社会资本。2008 年胡钦晓在《大学社会资本论》一书中从历史的视角,讨论了大学社会资本的演进、功用以及累积等。她将大学网络关系看作构成大学社会资本的客观因素,和大学社会资本的躯体。[6] 高校网络关系分为外部网络关系和内部网络关系。网络关系分为垂直和水平网络关系。如高校与上级政府部门,也包括与其附属单位之间的隶属关系,为垂直网络关系。内部网络关系的垂直关系主要是指从学校到学院,乃至系所的关系,

---

[1] Leana C R, Frits K Pil. "Social Capital and Organizational Performance: Evidence from Urban Public Schools". *Organization Science*, 2006 (3): 353 - 366.

[2] Lin N. *Building a Network Theory of Social Capital*. In: Lin N, Cook K, Burt R S. *Social Capital: Theory and Research*. New York: Aldine De Gruyter: 2001: 8.

[3] Krishna A. *Active Social Capital: Tracing the Roots of Development and Democracy*. New York: Columbia University Press, 2002: 57 - 62.

[4] [美] 迈克尔·武考克:《社会资本与经济发展:一种理论综合与政策构架》,载李惠斌、杨雪冬主编《社会资本与社会发展》,社会科学文献出版社 2000 年版,第 261 - 292 页;卜长莉:《社会资本与社会和谐》,社会科学文献出版社 2005 年版,第 260 - 267 页。

[5] 郭卉:《大学治理中教师与行政人员的关系:基于社会资本的研究》,载《现代大学教育》2005 年第 3 期,第 48 - 52 页。

[6] 胡钦晓:《大学社会资本论》,南京师范大学出版社 2008 年版,第 42 - 44 页。

体现为组织结构。对于高校治理来说,高校与政治、经济、文化、社会等有诸多联系。社会结构对高校组织的发展起到一种框架性作用。

2009年刘艳在《高校社会资本对办学绩效的影响》一书中,全面研究了内嵌于高校内、外社会关系网络中的结构维度、关系维度和认知维度社会资本影响高校办学绩效的机理,并且分析了组织创新、信息沟通和社会融资三个变量在此关系中的中介作用。她认为,与高校的物质资本和人力资本一样,高校的社会资本也是影响高校办学绩效的一个非常重要的关键因素。[①] 但是她并没有详细阐述社会结构网络视角,也没有把资源获取这个重要的要素纳入进来,仅仅把信息沟通和社会融资作为中介,从而忽略了高校资源获取的丰富类型。2012年侯志军在《社会资本与大学发展研究》中,明确提出了大学社会资本的内涵及归纳了其特征,并从大学发展的结构约束、大学发展的行动拓展与大学发展的信任基础等三个方面揭示了社会资本对大学发展的影响,建立了大学社会资本研究的逻辑框架。[②] 2012年叶通贤在《国际视野下高等学校社会资本研究》中采用案例分析法,对美国、英国和跨国高校社会资本特征进行了详细阐述,并指出了高等学校社会资本生成的多重路径,认为我国高校必须努力赢取社会的信任、加强对社会捐赠的吸纳、扩大中外合作办学的范围及积极向创业型大学转型,不断拓宽外围发展空间,借此促进高校的良性发展与持续繁荣。[③]

2008年孙涛和董双慧发表了《高校慈善捐赠的重要性、可能性及其路径选择》一文。[④] 该文认为高校慈善捐赠在增加高校经费供给、弥补政府投入不足的同时,进一步推动了大学治理结构的优化以及社会资本的形成。随后,2012年何晓芳的《大学治理场域中的资本、惯习与关系》[⑤],基于布迪厄的分析框架,将大学治理场域资本类型分为经济资本、文化资本、社会资本和象征性资本,并构成多元化的关系网络,围绕自治、控制、效率、公平、理念、效益等关系形成既相互作用又相互斗争的竞技场域。2015年周进和吴文刚在

[①] 刘艳:《高校社会资本对办学绩效的影响》,经济科学出版社2009年版,第183页。
[②] 侯志军:《社会资本与大学发展研究》,现代教育出版社2012年版,第8页。
[③] 叶通贤:《国际视野下高等学校社会资本研究》,上海交通大学出版社2012年版,第8页。
[④] 孙涛、董双慧:《高校慈善捐赠的重要性、可能性及其路径选择》,载《教育学术月刊》2008年第5期,第50—56页。
[⑤] 何晓芳:《大学治理场域中的资本、惯习与关系》,载《大连理工学报(社会学科学版)》2012年第3期,第112—116页。

《高等学校资源转化：内涵、意义与路径》[①] 中指出，高等学校资源转化是大学与社会、市场之间联系的核心。

由此可见，探讨社会资本与高校治理之间的关系，以及社会资本对高校治理绩效影响研究的文献仍比较少，同时采用量化研究方法的更少，社会资本对高校治理绩效的系统研究还不够深入，因此，开展该研究具有重要的价值和意义。

第三节 资源获取对高校治理绩效影响有关研究

在组织中，正式地位和正式结构赋予单位成员一定的资源，其通过各种人际关系等方式也可以获得各种社会资源。[②] 无论是组织中的正式结构，还是非正式结构，其重要目的均在于获取资源，高校组织亦是如此。关于资源获取的相关研究，在管理学和组织社会学领域已经有了诸多研究成果。

一、资源获取相关研究

资源获取是企业或个人通过一定方式获得创业活动所需关键性资源的重要途径。关于资源获取的研究较多，主要有两大类：一是资源获取途径，或者说是资源获取方式；二是资源获取类型，也是资源所包含的内容。

（1）资源获取途径。组织可以通过内部开发和外部获取两种方式进行资源获取。[③] 从资源依赖理论的观点来看，资源主要从组织外部获取，但是并不意味着应当忽视组织内部资源的整合和配置。德里克和库尔[④]认为，有些资源无法从组织外部获取，组织内部积累资源受到广泛认同。通常来看，资源获取

[①] 周进、吴文刚：《高等学校资源转化：内涵、意义与路径》，载《中国高等教育研究》2015 年第 8 期，第 45 - 49 页。

[②] 李路路、李汉林：《单位组织中的资源获得》，载《中国社会科学》1999 年第 6 期，第 90 - 105 页。

[③] Maritan C A, Peteraf M A. "Invited Editorial: Building a Bridge Between Resource Acquisition and Resource Accumulation". *Journal of Management*, 2011, 7 (5): 1374 - 1389.

[④] Dierickx I, Cool K. "Asset Stock Accumulation and the Sustainability of Competitive Advantage: Reply". *Management Science*, 1989, 35 (12): 1514.

主要包括从组织外部获取和从内部积累。有人结合企业的实际情况对外部获取和内部积累进行了具体阐释。第一种为资源的外部获取,包括如购买土地、机器、设备等运用资金资源购买外部资源,和利用人才技术等无形资源通过交换来获取外部资源。第二种为资源的内部积累,包括企业内部培育员工创新能力的提升及企业开发的新技术、获取新的专利等在内的资源,可以归纳为资源的内部积累。可见,这种分类为一种宽泛意义上的资源获取,从组织的外部和内部资源进行吸收。也有人认为资源获取包括获取积累资源和构建组合资源,对于企业来说,获取积累资源、构建组合资源是非常有必要的。[1] 这一观点与资源的动态管理的观点是一致的。也有人将组织资源获取分为三个阶段:资源识别、资源外部获取与资源内部积累。还有人将资源获取分为市场和社会网络获取。[2] 实际上,组织仅仅具有资源并不一定能创造价值,在拥有资源本身的基础上,动态管理资源的过程对于组织的价值创造同样重要。[3] 特别是西蒙等人将资源管理的动态过程细分为资源构建、整合和利用三个子过程。[4]

(2) 资源获取类型。巴雷将企业资源分为三类,即物质、人力和组织资本资源。其中组织资源,包括组织的正式和非正式的运行系统资源和内部群体之间以及和外部环境中群体之间的关系。[5] 格兰特将资源分为物质、人力、财务、技术、声望和组织等六类资源。也有人将资源分为知识类和资产类。[6] 如市场、运营、管理等资源为知识类资产,而物质、资金等则为有形资产类资

---

[1] Lee R, Tüselmann H, Jayawarna D, et al. "Investigating the Social Capital and Resource Acquisition of Entrepreneurs Residing in Deprived Areas of England". *Environment and Planning C: Government and Policy*, 2011, 29 (6): 1054-1072.

[2] 朱秀梅、姜洋、杜政委等:《知识管理过程对新产品开发绩效的影响研究》,载《管理工程学报》2011年第4期,第113-122页。

[3] Helfat C, Peteraf M. "The Dynamic Resource-based View: Capability Lifestyles". *Strategic Management Journal*, 2003, 24 (10): 997-1010.

[4] Sirmon D G, Hitt M A, Irelrd. "Managing Firm Resources in Dynamic Environments to Create Value: Looking Inside the Black Box". *The Academy of Management Review*, 2007, 32 (1): 273-292.

[5] Barney J. "Firm Resources and Sustained Competitive Advantage". *Journal of Management*, 1991, 17 (1): 99-120.

[6] 朱秀梅、李明芳:《创业网络特征对资源获取的动态影响——基于中国转型经济的证据》,载《管理世界》2011年第6期,第105-115页。

源。刘芳等①认为，企业资源包含知识性资源、政策性资源和运营性资源三个维度。在高校中，胡洪彬认为，资源应当包含历史、理论、社会、制度、文化、物质、权力、人力等资源。② 这一资源分类覆盖面较广。霍伊和米斯克尔提出四种典型的环境资源：财政、人力（如学生、教师、管理人员、学校志愿者和董事会成员等）、信息和知识（如研发成果和评估方案）以及产品和服务（如教材和分数测验服务）。③ 总之，资源获取主要通过外部和内部两种途径，具体包括资源整合、资源动员和资源利用等。而资源获取的类型包括有形资源和无形资源。

在管理学领域，有不少有关资源获取的应用研究。诸多研究表明④，资源获取是新创企业解决资源不足的重要途径。有学者研究指出资源获取对新创企业的绩效有正向影响作用。纽伯特等通过分析后，认为新企业创业者需要通过获取必要资源的方式来积极创建组织。⑤ 朱秀梅和陈琛等通过研究后发现，资源获取会对新企业绩效产生积极影响作用，而其中产业资源是关键性资源。⑥ 如耿紫珍等认为从外部获取技术和市场知识对新企业创造力发展特别重要，可以促进竞争优势和创业绩效。⑦ 相关研究还讨论了资源基础与创业绩效之间的关系，然而资源本身无法产生高水平的绩效，因此需要获取和利用资源，才能提高组织绩效。已有的研究证实，信息获取能力对提升企业创新绩效具有推动

---

① 刘芳、吴欢伟、刘卓：《国内人力资源管理研究综述》，载《科学管理研究》2006年第8期，第85–89页。

② 胡洪彬：《大学资源的系统建构与大学治理现代化：一个新的分析框架》，载《现代教育管理》2017年第1期，第42–47页。

③ ［美］韦恩·K. 霍伊、塞西尔·G. 米斯克尔：《教育管理学：理论·研究·实践（第7版）》，范国睿主译，教育科学出版社2007年版，第238页。

④ Premaratne S P. "Networks, Resources, and Small Business Growth: The Experience in Srilanka". *Journal of Small Business Management*, 2001, 39: 363–371.

⑤ Newbert S L, Tornikoski E T. "Resource Acquisition in the Emergence Phase: Considering the Effects of Embedded and Resource Dependence". *Entrepreneurship Theory and Practice*, 2013, 37: 249–280.

⑥ 朱秀梅、陈琛等：《网络能力、资源获取与新企业绩效关系实证研究》，载《管理科学学报》2010年第4期，第44–55页。

⑦ 耿紫珍、刘新梅、杨晨辉：《战略导向、外部知识获取对组织创造力的影响》，载《南开管理评论》2012年第4期，第15–27页。

作用，创新企业对市场、技术和政策等信息的获取显著地正向影响其创新绩效。① 知识作为最重要资源及提升企业竞争力的关键因素，对企业创新有着显著的推动作用，有助于提高创新绩效。② 也有学者从不同视角研究企业如何利用资源来产生高水平绩效的过程机制。朱晓红和陈寒松等指出企业需识别有价值的创业机会来提升绩效。③ 柯林戈贝尔和雷默通过实证研究发现，企业只有对资源的有效利用，才能创造高水平绩效。④

总之，企业的成功需要内外部资源共同作用，这对企业来说非常重要。

二、资源获取对高校治理绩效的影响研究

毋庸置疑，资源是对高校治理和高校发展十分重要的因素。特别是在资源稀缺的形势下，高校面临激烈的竞争，高校需要利用获取资源来提升学校治理绩效。

胡洪彬认为，现代高校要建构科学的治理结构，推进大学资源系统实现科学化，才能在教学、科研和社会服务中形成巨大能量和优势。同时，他还提出国家、社会和大学资源的三大配置主体要协同发展，共同构成大学资源的结构功能系统，挖掘、整合有助于推进大学治理和大学发展的各类潜在和现实资源，提升大学治理绩效。⑤ 迟景明经过考察后判断，高校在资源获取过程中与外部环境的交互作用中形成的组织趋同性，是构成高校组织创新阻力的根本原因。⑥ 汤姆·克里斯藤森在新公共管理理论的基础上提出，高校治理很大程度

---

① Kogut B, Zander U. "Knowledge of the Firm, Combi Native Capabilities and the Replication Technology". *Organization Studies*, 1992（3）：383 - 397.

② Lynn G S, Reilly R R, Akgun A E. "Knowledge Management in New Product Teams: Practices and Outcomes". *IEEE Transactions on Engineering and Management*, 2000, 47（2）：55 - 65.

③ 朱晓红、陈寒松等：《异质性资源、创业机会与创业绩效关系研究》，载《管理学报》2014 年第 9 期，第 1358 - 1365 页。

④ Klingebiel R, Rammer C. "Resource Allocation Strategy for Innovation Portfolio Management". *Strategic Management Journal*, 2014, 35（2）：246 - 268.

⑤ 胡洪彬：《大学资源的系统建构与大学治理现代化：一个新的分析框架》，载《现代教育管理》2017 年第 1 期，第 36 - 41 页。

⑥ 迟景明：《资源与能力视角下的大学组织创新模式研究》，大连理工大学 2012 年博士学位论文，第 110 页。

上是为了提高公共组织的效率，高校本应在财务、管理和决策事物上有更大的自主权，但实际上高校通过改革虽可以从政府以外其他来源获取资源，同时也更容易受到政府部门监督和控制的压力。他把大学改革与获取资源以及提高组织效率结合在一起。这一观点与资源依赖理论是一致的。① 正如霍伊和米斯克尔所言，学校通过向外部环境提供专门的产品和服务来交换其所需的组织运作资源。在这一过程中，学校更加依赖环境，结果学校的内部控制逐渐减弱，而外部控制却不断强化。② 实际上任何高校都是一个高度依赖外部资源的机构，要依赖外部的支持和资源投入，才能谋求高校自身的发展。③

从已有的研究来看，直接讨论资源获取对高校治理绩效影响的有关研究比较少，但是资源获取在高校发展的长期实践中是无法回避的现实问题，因为资源紧张和资源稀缺是高校发展实践中长期存在的共性问题。政府的政策导向，尤其重要。政府对"985工程""211工程""双一流工程"高校的投入就是明显体现。高校进入的层次越高，受到政府的投资就越多。优秀生源也向层次高的大学集中。而投资越多，生源越好，进入更高层次的机会越大。也就是说政府主要按照评估入围结果进行投入。这就会出现所谓的"马太效应"。因此，处于低层次的高校纷纷效仿，力求层次上升，使自己变成本科、研究型高校，进入"211工程"大学，甚至是"985工程"大学的圈子。到目前为止，办学定位的趋同和攀升情况依然存在。对此，卢晓中教授对政府资源"双配置"方式进行了归纳④：一是任务需求导向型，通过承担任务，政府配置相应资源；二是业绩激励导向型，高校取得好的业绩从而获得政府的奖励性资源配置。因为政府资源配置具有引导性，非政府资源通常会根据政府配置资源进行同向流动。

综上所述，传统上常常把高校治理与资源配置相联系，也就是说，站在资源提供者——政府立场上来讨论如何给高校配置资源。这是在已有资源的基础上讨论资源配置问题，但是现在需要考虑的是在没有资源的情况下，如何发挥

---

① Christensen T. "University Governance Reforms: Potential Problem of More Autonomy?". *Higher Education*, 2011, 62 (4): 503–517.

② [美] 韦恩·K. 霍伊、塞西尔·G. 米斯克尔：《教育管理学：理论·研究·实践（第7版）》，范国睿主译，教育科学出版社2007年版，第238页。

③ 李立国：《什么是好的大学治理：治理的"实然"与"应然"分析》，载《华东师范大学学报（教育科学版）》2019年第5期，第1–16页。

④ 卢晓中：《高等教育发展目标的定位视角与大学发展的分层定位——从战略规划的角度》，载《华南师范大学学报（社会科学版）》2010年第5期，第75–76页。

高校自身的积极性和主动性去获取资源。特别是在高校自主权扩大和政府资源紧张相矛盾的背景下，高校获取资源的能力极其重要，这不仅包括从外部的政府获取单一资源，也包括将开发外部资源和积累内部资源相结合，拓展资源获取的途径。高校发展，在宏观层面上，从政府主要获得政策资源和资金资源，从社会和企业主要获得资金资源和信息资源、人力资源、声誉，从其他高校和科研机构主要获得学术资源和信息资源；在微观层面上，从高校内部主要获得信息资源、情感资源和信任资源等，获取这些资源对实现高校的人才培养、科学研究均产生重要影响。因此，本研究将从这一角度出发，考察资源获取在社会资本和高校治理绩效的中介作用，这无疑对高校治理实践和理论发展来说都是十分重要的课题。

第四节 社会资本对资源获取影响有关研究

已有文献通常将社会资本对资本获取的影响归纳为个人、群体、组织和社会层面。贝克阐述了社会资本对资源获取的现实益处：一是吸引和留住人才。大部分求职者都通过自己的朋友、家庭、邻居、同事和熟人等非正式圈子来找到最好的工作。二是创造价值并使价值创造者获得回报。拥有丰富社会资本的人会得到更多的报酬、更快的提升以及更好的评价。三是打破隔阂、增加协作。通过构建社会资本，就有可能打破隔阂、增加合作以及获得商业上的收益——更多的销售额、更多的创新、更快的开拓市场等。四是改善知识管理。一个组织内的大部分知识都是隐含的，只有在社会交往、故事讲述、指示、示范和观察中才能体现出来。五是口头交易。除了新兴的电子商务和可能从事的非个人交易，大部分人还是以从其信任的人那里获得的意见和推荐作为自己是否决定购买产品和服务的基础。六是与竞争者在合作中竞赛。现今很多公司都将注意力集中在他们能够做得最好的事情上，并与竞争者合作提供服务，大家都被纳入一个互助互利的网络当中。七是超越商业领域：幸福、健康、安宁。一个拥有良好社会网络的人在精神和身体上更健康。①

撒拉格尔丁和格鲁特厄特认为，社会资本对资源获取的影响：一是共享信

---

① [美]韦恩·贝克：《新型社会资本及其投资》，罗雪群译，载曹荣湘编选《走出囚徒困境——社会资本与制度分析》，上海三联书店2003年版，第16-18页。

息;二是协调行动;三是集体决策。① 它是政府概念的理论基础之一。在管理有效、法律完善和言论自由的地方,地方协会蓬勃发展,与宏观机构的作用相辅相成。帕特南认为,社会资本有益于个人、社区,甚至是整个国家获取资源:一是社会资本拓宽了本人与命运息息相关的诸多认知途径;二是社会资本网络有利于信息的传输,可以帮助达到目标;三是社会资本还通过心理和生理过程来提高人们的生活。② 卜长莉在讨论社会资本与资源获取关系时强调,一是社会资本是资源配置,是除政府和市场配置方式外的第三种配置方式。因为社会资本作为一种社会关系网络具有资源配置的功能。二是社会资本在人的地位获得过程中有重要作用,如社会资本的拥有本身构成网络内成员身份地位的标志、社会资本可以转换为其他地位性的资源、社会资本的作用不可代替等。三是社会资本可以影响人力资本投资与效果、对人力资本的合理配置具有重要影响。③

从实证研究来看,社会资本对资源获取具有影响作用。阿德勒和柯旺通过研究后发现,企业通过外部联结可获得关键性资源以增加其竞争实力;而企业内在社会关系可以融合组织内部的行动者,以实现其组织目标。④ 赵付春归纳了社会资本对组织资源获取的作用:一是社会资本有助于知识的创造、共享和转移;二是社会资本影响着人力资源管理和配置。⑤ 车响午讨论了网络关系是资源获取的重要方式。⑥ 企业通过网络联系不仅能够获取大量资源,而且能够将资源整合,增强企业绩效。也有研究显示,广泛的社会资本和网络关系能够

---

① [美] 伊斯梅尔·撒拉格尔丁、克里斯琴·格鲁特厄特:《定义社会资本:一个综合的观点》,载帕萨·达斯古普特、伊斯梅尔·撒拉格尔丁编《社会资本——一个多角度的观点》,张慧东等译,中国人民大学出版社 2005 年版,第 59 - 61 页。

② [美] 罗伯特·D. 帕特南:《独自打保龄——美国社区的衰落与复兴》,刘波等译,北京大学出版社 2011 年版,第 333 - 336 页。

③ 卜长莉:《社会资本与社会和谐》,社会科学文献出版社 2005 年版,第 326 - 380 页。

④ Adler P S, Kwon S W. "Social Capital: The Good, the Bad, and the Ugly". In: Lesser EL. *Knowledge and Social Capital*. Oxford: Butter Worth-Heinemann, 2000: 89 - 115.

⑤ 赵付春:《社会资本论理在管理学领域的应用》,载上海哲学社会科学规划办公室、上海社会科学院信息研究所编《国外社会科学前沿 (2012)》(第 16 辑),上海人民出版社 2013 年版,第 329 - 338 页。

⑥ 车响午:《关系嵌入、资源获取与网络组织演化路径研究》,天津财经大学 2018 年博士学位论文,第 168 - 169 页。

提升新创企业获取外部资源的能力。① 秦剑等认为,创业者社会资本与创业资源成正比。② 吴本健等指出,社会关系网络和社会资本有助于创业资金的积累。③ 庄晋财等的实证结果表明,社会网络与产业网络,有助于农民工获得创业所需的知识资源和运营资源。④ 仁柯、奥迪奥和萨丕恩札经过实证研究得出结论,社会资本通过知识获取进而增加创业企业的新产品开发绩效。⑤ 伯顿、索任森和贝克曼通过对硅谷的新创企业进行研究后发现,创业者的社会资本对新技术发明的商业化成功有帮助。⑥ 因此,无论是在理论上,还是在实践上,社会资本对资源获取都有重要影响。

综上所述,通过对高校治理绩效影响因素、社会资本对高校治理绩效的影响、资源获取对高校治理绩效的影响,以及社会资本对资源获取的影响四个方面进行文献梳理和归纳后发现,关于社会资本、资源获取和高校治理绩效关系的研究,存在以下四个方面的问题:其一,已有研究对影响高校治理绩效因素的讨论较多,且对结构性因素探讨较多,而对关系性因素和认知性因素的讨论还不够。其二,有关社会资本对高校治理绩效影响因素的研究较少,而且从内外部社会资本来探讨高校治理绩效的研究更少。其三,在研究方法上,关于高校治理的研究,大部分文献资料显示理论分析和定性研究较多,而采用定量研究方法的文献资料比较少。其四,通过梳理资源获取对高校治理绩效的影响研究,从收集到的相关文献中可以得知,资源对高校治理非常重要,但是通常讨论较多的是资源配置和资源分配。这是在已有资源的前提下进行配置,但目前

---

① Lubatkin M, Florin J, Schulze W S. "A Social Capital Model of High Growth Ventures". *Academy of Management Journal*, 2003 (6): 374 – 384.

② 秦剑、张玉利:《社会资本对创业企业资源获取的影响效应研究》,载《当代经济科学》2013 年第 2 期,第 96 – 106 页。

③ 吴本健、胡历芳、马九杰:《社会网络、信息获取与农户自营工商业创办行为关系的实证分析》,载《经济经纬》2014 年第 5 期,第 32 – 37 页。

④ 庄晋财、芮正云、曾纪芬:《双重网络嵌入、创业资源获取对农民工创业能力的影响——基于赣、皖、苏 183 个农民工创业样本的实证分析》,载《中国农村观察》2014 年第 3 期,第 29 – 41 页。

⑤ Yli-Renko H, Autio E, Sapienza H. "Social Capital, Knowledge Acquisition, and Knowledge Exploitation in Young Technology-based Firms". *Strategic Management Journal*, 2001, 22: 587 – 613.

⑥ Burton D, Sorensen J, Beckman C. "Coming from Good Stock: Career Histories and New Venture Formation". *Research in the Sociology of Organizations*, 2002, 19 (1): 229 – 262.

高校面临的是资源有限、资源紧缺、资源不足,甚至没有资源的情形下,如何去获取资源。目前讨论资源获取对高校治理绩效的影响文献非常少,不少人只是从某一种资源出发,或者资源对高校治理的某一个方面影响进行研究,但是从整体上探讨资源获取对高校治理绩效的研究比较少。因此,结合已有研究存在的问题,本书主要运用定量研究方法,探究社会资本对高校治理绩效的影响,以及资源获取在其中间的关系。

第五节 主要概念界定

概念反映了所研究对象的特有属性,是认知的最基本单位,也构成了本书后续研究的基础。现对本书的主要概念进行梳理。

一、社会资本概念

布迪厄明确指出,社会资本是有形和无形的资源的集合体。[①] 这些资源与体制化关系网络密不可分。

布迪厄实际上把社会资本的本质看作社会资源,而这些资源又与社会关系网络是紧紧相连的。他还详细解释了什么样的关系网络以及关系网络带给集体成员何种资源和利益。可见他深刻掌握了社会资本的实质,但是当时他是用法文进行论述的,由于语言的不同,其观点没有在英语世界产生较大反响。从科尔曼、帕特南到波茨、奥斯特罗姆以及福山对社会资本的阐述,回顾社会资本概念发展的历程,可以深刻地认识到,其实他们虽拓展了概念的深度和广度,但是大体上都没有脱离布迪厄对社会资本概念中社会关系和社会资源两种要素论述的范畴,这也证明了布迪厄对社会资本概念深邃的洞察力和把握的精准度。随着研究的推进,布迪厄关于社会资本的论述逐渐广为人知,被越来越多的学者和研究人员借鉴、引用和研究。纳哈皮特和戈沙尔借鉴布迪厄的观点来定义社会资本:社会资本是关系网络中的显性和隐性资源集合体,包含了关系网络和由网络产生的资源两个方面。无疑,这一定义非常精辟,是对布迪厄论

---

① 包亚明:《文化资本与社会炼金术——布迪厄访谈录》,上海人民出版社1997年版,第202页。

述的继承和发扬。但同时也应认识到，关系网络背后所体现的是个人和群体之间的交往互动，否则这种关系和网络根本无法建立。因此，在关系网络和社会资源两者存在的基础上，应当加上社会或集体行动。社会资本应用在经济增长、社区建设、政治民主、社会发展、学校教育和企业创新等方面强调社会资本的集体行动是最好证明，因此，应当把集体行动纳入社会资本的概念当中。在本书的研究中，社会资本被定义为：

社会资本是嵌入高校内外部的个体或集体所拥有的关系网络，有助于为实现高校治理目标而采取的集体行动。社会资本具体可以分为高校外部社会资本和内部社会资本。

对这一概念，需要从以下三个方面进行具体说明：

一是社会资本和人情关系区分。个人社会资本与人情关系的区分，是非常重要的问题。从已知的文献来看，目前还没有定论。简单地把关系等同于社会资本是非常片面的[1]，特别是在我国，此点尤其需要注意。首先，必须从总体意义上来把握社会资本概念。例如社会资本可以从微观、中观和宏观层次进行分析，从总体上更好地把握个人社会资本与通常所说关系的区别。其次，社会资本定义已经对此进行了限定，这种社会资本是为了共同目标和集体行动，也就是说无论是个人还是集体的社会资本，都是服务于集体目标的。如帕特南从意大利政府制度改革绩效的角度来讨论社会资本。而个人的人情关系则不然，仅是为了满足个人的利益需要。因此，从某种程度上讲，"公共"才是社会资本论证的核心。当然，对个人社会资本和人情关系的区分，因其复杂性，还需进一步进行研究。

二是社会资本与其他资本的关系。首先，它们之间存在差异。通常人们最容易混淆人力资本与社会资本，人力资本是个人教育培训获得的知识与技能。人力资本在本质上的确属于个人，因此当人们进出各种社会环境时，他们的人力资本都伴随着个人来去，而不是继续嵌入环境当中。[2] 人力资本和社会资本之间关键的经验性差别在于社会资本存在于个人与团体的关系而不属于个人本

---

[1] 李惠斌、杨雪冬：《社会资本与社会发展》，社会科学文献出版社2000年版，第18页。

[2] ［美］鲍伯·爱德华、米切尔·W. 弗雷：《超越帕特南的市民社会与社会资本》，褚松燕译，载李惠斌、杨雪冬主编《社会资本与社会发展》，社会科学文献出版社2000年版，第365页。

身。文化资本是以作品、文凭、学衔为符号来体现的。[①] 而社会资本是一种制度化关系网络。物质资本是人类创造的物质资源的总和。与社会资本恰恰相反,物质资本具有客观性,具有明显可见的物质结构,是容易观察和度量的。其次,它们之间存在联系。它们都具有资本的相同特点,包括需要投资(或金钱或时间或精力),通过积累而成,有规模效应,需要不断更新,具有生产性等。同时,社会资本不是独立存在的,而是依附于其他资本存在的,也可以说是其他资本的副产品。另外,社会资本是其他资本的必要补充,对其他资本有促进作用,但也有人声称社会资本比其他资本具有更大的价值。在高信任度的社会,组织创新的可能性更大。在布迪厄看来,在一定条件下,社会资本可与其他资本进行转换,或换成经济资本,即财产形式。

三是社会资本的应用层次范围。林南把社会资本分为个人和集体社会资本两个层面。在此基础上,有学者把社会进一步分解为四个层面:个人和家庭、邻里或社区、区域、国家。奥斯特罗姆认为有狭义的、过渡的、扩展的社会资本观。这些相当于微观的社会资本观、中观的社会资本观和宏观的社会资本观。特纳认为社会资本在宏观、中观、微观三个层次发挥作用。布朗和特纳把社会资本划分为微观、中观、宏观三个层次。方然对微观、中观和宏观的社会资本进行了具体解释:微观社会资本主要是指人际关系,关注个体拥有的可以作为资本个体拥有的社会结构资源;中观社会资本主要是一个组织、团体、社区方面,对集体的社会资本主要考察组织、社区的特征,包括信任、规范和网络等;宏观社会资本是对一个地区、社会和国家的研究,关注参与和投票率、政策绩效、市民社会的发展等问题。[②] 因此,本书主要针对为高校组织中的治理问题,涉及的社会资本概念,主要属于中观层面的社会资本,而个体或宏观社会资本仅略有涉及。

二、资源获取概念

在讨论资源获取概念之前,先来考察下资源的概念。通常来说,对于人类活动有价值的物质和能量皆可称为资源。沃纳菲尔特认为,资源可以被看成增

[①] 包亚明:《文化资本与社会炼金术——布迪厄访谈录》,上海人民出版社1997年版,第192-193页。

[②] 方然:《"社会资本"的中国本土化定量测量研究》,社会科学文献出版社2014年版,第28页。

第二章 文献综述

加企业优势或劣势的有形和无形资产。巴雷将资源定义为能提高组织效率和效益的所有资产、能力、组织过程、企业特性、信息、知识等。格兰特将企业资源定义为生产过程中的投入物,包括资产设备、员工技能、专利、品牌、资金等。阿密特和休马克认为,组织资源具体表现为财务或者物质资产、人力资本、可交易的专有技术等。① 上述关于资源的定义不仅描述了资源的特征、目的和用处,还列举了资源的具体内容。本书认为,相较而言,巴雷关于资源的定义更好地反映了资源的目的,因此采用其概念。对高校而言,资源是指有助于集体行动和提高组织绩效的政策、资金、物质、信息、学术、技术、人力、情感、信任和声誉等有形和无形资源。

关于资源获取的概念主要在于两个方面,一个方面是把资源获取看作一种能力。它指拥有内部独特性资源和外部资源获取的能力。金蕾则详细描述了从外部获得具体资源的能力,她认为资源获取能力的核心内容主要包括组织从政府、居民以及其他组织获取资金、技术、信息方面的能力。② 还有一种观点认为资源获取不仅包括资源获取能力,还包括资源获取产出,两者分别对应企业获取有价值资源的能力,以及获取的资源所能带来产出的程度,如能否为企业带来竞争优势。③ 显然,这是把产出也视为一种能力。彭少峰等把资源获取分为资源获取效率和效果两个维度。④ 如果从产出来看,这一定义可以归纳为能力方面,因为能力通常是通过某种结果来反映的。

另一方面是把资源获取看作过程。蔡、胡夫斯和殷从行为视角将资源获取归为组织获取有价值的有形或无形资产的过程。⑤ 马丁和皮特拉夫认为,新企

---

① Amit R, Schoemaker P J H. "Strategic Assets and Organizational Rent". *Strategic Management Journal*, 1993, 14 (1): 33 – 46.

② 金蕾:《制度环境、社会资本对社区社会组织有效性的影响及其作用机制》,浙江大学 2017 年博士学位论文,第 37 页。

③ Ge B, Hisrich R D, Dong B. "Networking, Resource Acquisition, and the Performance of Small and Medium – Sized Enterprises: An Empirical Study of Three Major Cities in China". *Managing Global Transitions: International Research Journal*, 2009, 7 (3): 221 – 239.

④ 彭少峰、赵奕钧、汪禹同:《社会资本、资源获取与返乡农民工创业绩效——基于长三角地区的实证》,载《统计与决策》2021 年第 22 期,第 81 – 84 页。

⑤ Cai L, Hughes M, Yin M. "The Relationship between Resource Acquisition Methods and Firm Performance in Chinese New Ventures: The Intermediate Effect of Learning Capability". *Journal of Small Business Management*, 2014 (3): 365 – 389.

业的资源获取有两种方式，分别是内部资源开发和外部资源获取。① 单标安等持这一观点，他们指出，资源获取类型和资源获取渠道两个方面构成了资源获取，这是新企业从外部获取各种资源的过程。② 这一定义忽视了内部资源的获取，却重视了资源获取的途径。有些学者进一步阐述了资源获取的具体方式。如斯塔和马可米兰指出，资源获取有购买和社会网络途径，主要体现在通过经济交易支付全额费用来获取资源，或者通过社会交易以较低的经济成本获得资源。③ 这一过程又可以具体分为购买、吸引和内部开发三个方面。叶学锋和魏江认为，内部培育、合作渗透和外部并购三种方式构成了资源获取包。④

由上可知，大多数人把资源获取定义为能力，通常阐述了资源获取的两种主要途径，即内部和外部方式获取。结合上述定义，根据实际需要，本书认为：

资源获取应视为组织获取内外部资源的能力。对于高校组织而言，资源获取是指高校从其内部和外部获得政策、信息、学术、技术、人力、情感、信任和声誉等有形资源和无形资源的能力。

三、高校治理绩效概念

在詹姆斯·马奇和约翰·奥尔森的《组织中的二重性与选择》一书中提到了"高校治理"一词，其中主要涉及大学组织中的决策问题研究。⑤ 有关高校治理的概念，一是"利益说"，二是"管理说"。从总体上来看，本书更倾向于"管理说"。即使高校治理所追求的价值理念和采取的方式与传统的管理有较大差别，但它只是管理的"高级阶段"而已，它始终无法离开管理的范畴。同时，随着社会和情境的改变，高校治理内涵也在不断发展变化之中。需

---

① Maritan C A, Peteraf M A. "Invited Editorial: Building a Bridge Between Resource Acquisition and Resource Accumulation". *Journal of Management*, 2011, 37: 1374 – 1389.

② 单标安、蔡莉、费宇鹏等：《新企业资源开发过程量表研究》，载《管理科学学报》2013年第10期，第81 – 94页。

③ Starr J A, McMillan I C. "Resource Cooperation via Social Contracting: Resource Acquisition Strategies for New Ventures". *Strategic Management Journal*, 1990 (11): 79 – 92.

④ 叶学锋、魏江：《关于资源类型和获取方式的探讨》，载《科学学与科学技术管理》2001年第9期，第40 – 42页。

⑤ [法] 让-皮埃尔·戈丹：《何谓治理》，钟震宇译，社会科学文献出版社2010年版，第15页。

要特别强调的是，在定义高校治理时，必须考虑高校本身的性质。因此，对于高校治理，应主要偏向"管理说"，同时谨慎采用"利益说"，适当吸取"利益说"当中的合理要素，重视高校内外个人、群体和组织各方的共同参与。

绩效是人们实际做的、是"绩"与"效"的结合，包含成绩和效益的意思。绩是指成绩、业绩，是表现出来的属性，包括组织或个人目标、职责和结果。效是效率、效益。效率可以表示为生产的投入和产出比，效益则重在产出与期望值比。关于绩效的定义，通常有两种分类，一种主要是将绩效等同于任务完成结果。如伯纳丹等将绩效定义为在规定时间内的工作职能、活动或行为产生。[1] 还有一种把绩效视为活动本身，即一种过程论。从层次上看，包括个人绩效和组织绩效两个方面，也有人把组织绩效分为三个层面：个人、团队和组织绩效。

贝茨和霍顿指出，绩效是一多维建构，测量因素不同，其结果也会不同。[2] 本书主要从组织绩效层面出发来讨论高校组织绩效，从产出、结果的角度来理解绩效。组织绩效是高校各级组织根据学校整体发展目标和规律，评价其从事教育管理活动的业绩与成效，既可以视为组织各部门如何履行其职能，提供服务的质量评价，包括院（系）、职能部门、高校内部各学术团队绩效评价等，也可以看作整个组织的绩效测评，可称为办学绩效或整体绩效。[3]

从组织层面来看，高校治理绩效区别于传统的管理方式，而是通过治理的方式和手段来看高校产出的多少、产出质量的优劣，重在对高校"产出"分析，也就是高校所获成果绩效。它仅仅通过成果来反映高校的产出，即是绝对量的多少，不考虑资源的投入与消耗，也不考核高校的运行状况。对于高校的产出，它应当包括高校在人才培养、科学研究和服务社会等方面的产出数量、质量和效果以及学校的内涵提升与可持续发展潜力情况。[4] 因此，本书将高校治理绩效定义为：

高校治理绩效是指在有关个人、群体和组织共同努力下，高校在人才培养

---

[1] Armstrong M, Baronl A. *Performance Management*. London：The Cromwell Press，1998：16.

[2] Armstrong M, Baronl A. *Performance Management*. London：The Cromwell Press，1998：15.

[3] 刘义、代飚：《高校组织绩效评价体系构建》，载《商业时代》2009 年第 28 期，第 71－73 页。

[4] 冯晖、王奇：《高等教育绩效管理体系探析》，载《中国高等教育》2012 年第 7 期，第 18－21 页。

和科学研究方面所取得的成果。

对此概念，高校是指公办高校（含公办本科院校和高职高专学校）。有几点需要说明：

一是高校组织拥有共同目标。高校改革的实质是为了能够系统完整地体现其目标。[①] 高校治理也是如此，高校治理活动旨在系统和完整地实现高校的功能目标。这一目标，是个体和群体都感到充实和必要的目标，是集体共同的选择，并且它不允许个人固执己见和随心所欲地误导和偏离高校主要办学目标。高校组织的共同目标在于培养人才、探寻知识、追求真理。追溯这一理念源头，洪堡曾认为高等学校把新知识的创造和旧思想的改造作为高等教育首要任务。洪堡等人虽然强调科学研究的重要性，但是崇尚康德"人是目的"的思想，认为科学研究只是培养人才的重要方法和手段。随着时代的发展，高校与外部的联系日趋紧密，其承担的使命也发生了诸多变化，需要其走出象牙塔，逐渐走向社会，但是"人才培养和发展知识"这一核心目标不应当有丝毫改变。

二是高校需要内外共同努力。高校治理需要组织内部和外部、个人和群体共同行动。传统的高校管理通常仅指内部个人和相关群体进行的努力，甚至仅仅只是高校管理者参与和实施的集体行动，大量的教师群体或校外力量都没有参与到高校管理中来，或者说许多高校教师认为高校发展主要是管理者的责任和事务，而对高校管理持以冷漠态度。这一现实情况的发生主要受到了传统上的政府与高校关系路径的影响。它典型地主要表现在政府集举办者、办学者和管理者于一身，成为高校所有活动的唯一主体。[②] 因此，一直以来，高校管理改革的主要焦点集中在高校与政府以及高校组织内部，不断强调去行政化和采用去行政化的管理模式。但是这种关注视野显得过于单一。因为高校越来越受到整个社会环境，甚至是全球化的影响，包括政府、市场和社会等诸多因素都对高校产生了深远的影响，而且这种影响的广度和深度仍在不断扩大。基于此种背景，高校治理提供了一种新的高校管理理念或范式，它以开放系统的观点，强调把高校内外的各群体和机构、要素等都纳入高校治理的考虑范畴内，需要诸多相关方共同行动。

---

① [西] 奥尔托加·加塞特：《大学的使命》，徐小洲、陈军译，浙江教育出版社2001年版，第46页。

② 胡炳仙：《权力集中与知识控制："教育革命"时期的中国重点大学政策》，载《清华大学教育研究》2008年第4期，第105－113页。

三是高校治理与高校管理的区别。两个概念常常容易混乱，主要区别在于目标、导向、中心、主体、客体、实施基础、层级结构、沟通方向、政府作用以及资金结构等方面，如表 2-3 所示：

表 2-3　高校治理与高校管理的具体区别[①]

特征	高校治理	高校管理
目标	实现高校各利益相关者责权利的平衡	实现高校的教学科研等既定目标
导向	战略导向，规定高校的基本架构，确保管理处于正确的轨道上	任务导向，通过具体的管理操作完成高校任务
中心	高校外部	高校内部
主体	利益相关者	管理者
客体	人和组织	人、财、物、信息等各类资源
实施基础	内外部的显性、隐性契约和市场机制	行政权威、学术权威
层级结构	高校的治理结构	高校内部的组织结构
沟通方向	一种自上而下和自下而上的双向关系	自上而下的单向关系即上级管理下级
政府作用	政府通过制定相关法律、法规发挥重要作用	政府不干预具体管理过程
资金结构	反映政府、学生及其家庭、其他投资者的相对地位	反映高校的财务状况和高校经费各来源方对管理的影响

高校治理主要从理念、主体和过程角度反映了参与高校管理的多元性，而高校管理则反映了一种传统的单一的管理模式，但是不应该夸大两者之间的区别，而忽视它们之间的内在联系。首先，无论是高校管理，还是高校治理，都是为了实现组织目标、创造知识和培养人才，促进高校发展。其次，高校管理和高校治理同属于管理范畴，只是分属不同阶段。"大学治理仍然从属于大学

[①] 李福华：《大学治理与大学管理：概念辨析与边界确定》，载《北京师范大学学报（社会科学版）》2008 年第 4 期，第 19-25 页。

管理范畴，只不过它是大学管理的高级阶段。"① 教育治理是教育管理的一种高级形态。② 如俞可平把改革开放以来的国家管理体制改革纳入国家治理体制改革范畴之中。在教育领域，也有人将教育管理体制改革称作教育体制改革。③ 其实，在高校发展过程中，治理和管理常常是交织在一起的，有时根本无法把两者区分开，有时是管理占主导地位，有时是治理占主导地位。换句话说，把两者进行区分只是理想状态，需要考虑不同的情境而采取不同的处理方式。

四是治理绩效和办学绩效的异同。两者的相同之处在于，两者都注重高校发展结果，无论是高校治理，还是高校办学，都要看高校的最终成果，这是高校组织发展的根本目标。不同之处在于，实现的过程和采取的措施不一样。"办学"概念从传统办学观念出发，以政府作为办学主体，强调办学的政府法律权利和责任，而高校作为被动和实施的对象角色，在某一方面显示出高校在发展过程中的被动境地。基于"治理"理念，政府、社会和高校三者共同参与高校行动，强调多主体的参与、过程的民主、共同的努力，更加符合这一理念的转换，同时，相较于办学的宏观话语描述，治理则体现微观的描述高校发展的具体过程和过程方式，更加切合当前教育治理现代化的政策话语和现实情景。

总之，高校治理是基于新管理主义和后现代主义，在治理理论的影响下，提倡民主理念，注重沟通交流，达成共识，集体行动。它是承担人才培养和科学研究使命，完成高校目标任务的重要方式和手段。高校治理应当超越高校本身，同时也应当综合考虑高校之外的政府、社会和市场等诸多要素，将高校内外部要素结合起来形成合力共同作用于高校发展，促进高校朝着共同的使命和目标前进。因此，基于现有的政策语境、多元主体参与高校治理的现实实践，以及从结果角度来考察高校发展成效，本书采用高校治理绩效，而非高校管理绩效和高校办学绩效。

---

① 王洪才：《高校治理的内在逻辑与模式选择》，载《高等教育研究》2012年第9期，第24-29页。

② 褚宏启：《聚焦：如何推进教育治理体系和治理能力现代化》，http://china.jyb.cn/gnxw/201403/t20140305_572635.html。

③ 王有升：《中国教育治理体制的历史演变、现实问题与改革动力探析》，载《华中师范大学学报（人文社会科学版）》2016年第6期，第167-174页。

第三章 研究设计

在文献综述中,对高校治理绩效的影响因素、社会资本对高校治理绩效的影响、资源获取对高校治理绩效的影响,以及社会资本对资源获取的影响及有关研究等进行梳理,并发现已有研究的薄弱之处,这是本书研究的基础。同时对本书的核心概念社会资本、资源获取和高校治理绩效进行界定。在文献综述和概念界定的基础上,本章主要对本书的研究进行设计,包括研究目的、研究对象、研究方法、研究内容、技术路线,以及研究难点和创新之处等,为后续研究提供总体思路和方式方法。

第一节 研究目的与对象

一、研究目的

通过梳理文献并对核心概念进行界定后得知,高校治理意味着一系列来自政府,但又不限于政府的社会要素和行为者在高校组织和系统中发挥着不可忽视的作用。国家与社会、学校自身各方力量在高校治理和办学过程中承担各自角色,发挥各自作用,互相协作,共同行动,推进高校向前发展。显而易见,诸多因素、影响都制约着高校的发展和变革。社会资本在诸多领域中已有论证,即拥有较高社会资本的组织在关系网络作用下,可以获取相关资源,包括政策、资金、信息和技术等。高校不仅存在复杂网络,而且在发展过程中,同样需要上述相关资源。因此,基于社会资本理论,本书旨在探讨在内外部社会资本累积和资源获取的情况下,对高校治理绩效的影响。

二、研究对象

本书以社会资本、资源获取影响公办高校治理绩效为研究对象，尝试探讨与梳理社会资本、资源获取对高校治理绩效的作用关系。基于研究需要，采取方便抽样方法，选择广东省55所公办高校（含普通本科和高职学校）的教职员工（包括高校领导、中层管理人员、行政教辅人员、专任教师、辅导员等）为调查对象，根据教职工对调查主题的认识和判断，获得相关调查数据。

第二节　研究方法

本书采用的主要方法是：

一、文献研究法

文献研究法也称历史文献法，主要指通过收集和分析现存的文献资料，对文献进行分析和探究，形成对事实的科学认识的方法。针对相关主题，通过多种方式，搜集研究文献，并对这些资料做出恰当分析和使用。通常，是因对某一问题有疑惑或兴趣，而开始研究文献的，也就是说，问题的起点和基础是在文献中发现的。

本书的研究以"社会资本""资源获取""高校治理""大学治理""绩效"为关键词及相关关键词组合进行检索，通过计算机对华南师范大学图书馆书目检索系统、中国国家数字图书馆数据、超星图书进行检索，收集相关书籍文献；以中国知网数据库为主要参考数据库，检索相关的学术论文和学位论文；对2001—2020年全国教育科学规划、1994—2020年全国哲学社会科学规划的立项课题数据库，进行检索相关立项课题记录。首先，对收集的文献资料进行整理，删除不相关文献资料；然后对保留文献进行归类，将保留的文献分为非常重要文献和一般重要文献，再分为四类：社会资本、资源获取、高校治理、绩效；最后，把四类文献归类到四个方面，并进行编码：高校治理绩效影响因素研究、社会资本对高校治理绩效的影响相关研究、资源获取对高校治理绩效的影响相关研究、社会资本对资源获取影响相关研究。通过对既有文献进行仔细检索、筛选、分析和研究，了解研究现状、聚焦问题、主要不足，从而为后续研究做好扎实准备。

二、访谈法

访谈法是获取信息的一个常用方法，是研究者对被研究者进行寻访、访问、交谈的一种活动方式。通过与受访者的接触谈话，能够获取被研究对象的重要相关信息。本书通过访谈的方式收集访谈数据和资料。当然，整个访谈过程是一个耗费时间的过程，需要巧妙周全的构建，访谈之前要做好充分的准备，包括材料准备、思想准备等。首先，事前准备。①制作访谈邀请函。把包含访谈的自愿和保密原则、访谈目的、主要内容以及访谈记录方式、内容检核、反馈方式等事项的《访谈邀请函》（附录一）告知受访者，并跟受访对象预约访谈时间和地点。②制定访谈提纲。本书在文献梳理和理论分析的基础上，结合研究者个人经验，针对研究主题，制定《访谈提纲》（附录二），并提前发给受访者。提纲通常对研究方向起到指示作用，有助于围绕核心主题开展一系列具有逻辑性和层次性的研究。其次，事中实施。简明扼要地说明访谈大致内容、访谈目的、所需时间及相关注意事项，并根据受访者意愿，在访谈过程中进行录音。根据提纲进行访谈，当然在访谈的实际进程中，要把握访谈节奏和内容的灵活性和变化性，结合实际场景情况进行不断调整。主要内容包括高校治理绩效、结构性社会资本、关系性社会资本和认知性社会资本四个方面。最后，事后整理。对访谈内容，根据访谈录音和现场笔记进行整理，并把整理好的访谈文字材料发回给受访者检核，最终确定访谈文本。访谈文本为变量量表题项的编制提供来源。

三、问卷调查法

问卷调查法是一种在社会调查中使用范围广、使用频率大的方法。问卷是指为统计和调查所用的、以提问的形式来表述问题的表格，以这种可控形式的测量对所研究的问题进行评估，从而搜集到可靠资料的一种方法。根据文献梳理出的已有量表和专家意见以及访谈内容，设计初步问卷；然后在小部分教职工群体中进行预测试，并发送给专家进行评价；再根据预测试和专家反馈意见，正式确定调查问卷，向调查对象广东省公办高校教职工发放问卷进而开展广泛的问卷调查活动。具体调查采用纸质版问卷和电子版问卷两种形式，其中，电子版问卷主要利用问卷星的二维码图发放问卷。这一方式打破了传统的被动式调查方法在设备、时间和环境上的限制。受访者可以利用随身携带的移动终端设备，不受时间和空间限制鼓励参与调查，极大地减少了调查对象参与调查的阻力与成本。本书运用此方法来获取被调查者所在广东省公办高校的社会资本、资源获取和治理绩效相关信息和后续实证研究所需的数据。

四、统计分析法

在本书的问卷调查过程中还使用了数理统计分析。书中采用了量化分析来完成社会资本、资源获取和高校治理绩效关系模型验证、实现问卷的分析与评价等。采用的定量分析方法主要是对收集的文件数据进行整理后，通过项目分析、探索性因子分析、验证性因子分析、信效度分析等对模型进行结构验证，通过描述性统计和差异分析进行现状分析，通过结构方程模型分析来考察社会资本对公办高校治理绩效的影响，以及用回归分析对资源获取的中介效应进行检验。采用 Excel 2010、SPSS 18.0、AMOS 23.0 进行统计分析和处理。Excel 2010 用于数据的收集与整理，SPSS 18.0 用于描述统计和推断统计，AMOS 23.0 用于验证性因子分析和结构方程模型分析。

第三节 研究内容与路线

一、研究内容

主要分为下面几个部分：

第一部分为导论。主要阐述问题缘起、研究背景、研究意义。教育治理体系和治理能力建设被提上日程，高校作为政府主导下的组织机构，也被纳入治理范畴。治理概念本身就蕴含了诸多因素的共同参与。因此，在社会资本累积作用下的高校治理绩效是十分重要的课题。

第二部分为文献综述。对社会资本、资源获取和高校治理绩效相关内容进行文献综述。在已有相关研究文献当中，对社会资本高校治理绩效的影响讨论较少，而量化研究更少，因此本书将深化此主题。在综述的基础上，对相关概念进行界定并为后续研究奠定重要基础。

第三部分为研究设计。此部分重点对研究目的、研究对象、研究方法、研究思路进行阐述，为后续研究提供整体框架和具体方法。

第四部分为理论基础与模型构建。社会资本理论为本书奠定了主要框架，提出相关研究假设，构建了社会资本、资源获取与高校治理绩效的概念模型。

第五部分为问卷设计与问卷调查实施。在概念模型框架下，结合文献综述和概念界定，进行问卷设计、访谈调查、量表编制、预测试和正式施测，最后进行信效度分析。

第六部分为社会资本、资源获取与高校治理绩效的现状分析，包括描述性统计和差异分析。

第七部分为社会资本、资源获取对高校治理绩效的作用机制分析。对社会资本、资源获取对高校治理绩效的影响机制进行分析，同时也讨论了资源获取的中介作用。

第八部分为结果与讨论。根据上述分析结果，讨论内外部社会资本、资源获取和治理绩效之间的关系。

第九部分为提升高校治理绩效的对策性建议。基于研究结果，尝试给出提升高校治理绩效的对策性建议。

第十部分为结语，得出本书的研究结论，并对下一步研究进行展望。

二、技术路线

本书按照"问题提出—文献梳理与概念定义—理论分析与概念模型—数据收集与实证研究—结论与展望"的研究思路展开具体研究工作，研究技术路线见图3-1。

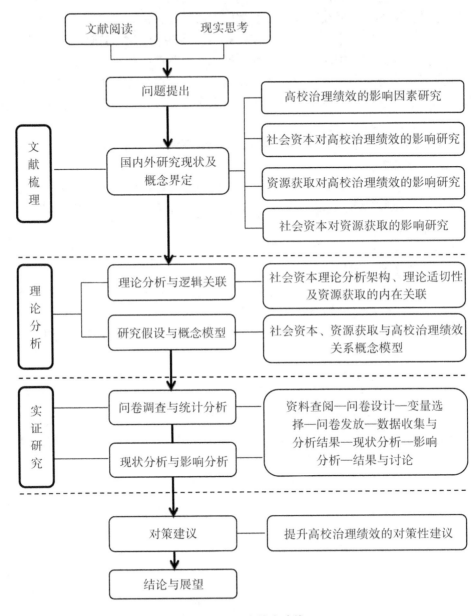

图 3-1 研究技术路线

第四章 理论基础与模型构建

在第二章文献综述中，着重探讨了高校治理绩效的影响因素，社会资本对高校治理绩效、资源获取对高校治理绩效以及社会资本对资源获取影响的已有研究，并对本书中的核心概念社会资本、资源获取和高校治理绩效进行了界定。在这个基础上，本部分将通过理论分析和研究假设的提出，构建社会资本、资源获取和高校治理绩效的概念模型。根据阿德勒和柯旺，以及莉娜和菲尔的划分，将高校社会资本划分为外部和内部社会资本；结合纳哈皮特和戈沙尔的观点，将内部社会资本划分为结构、关系及认知三个维度，从而形成本书研究的概念模型。

第一节 理论分析

在文献综述和概念界定的基础上，本书的研究框架构建需要阐明理论建构的逻辑，包括社会资本分析框架是什么、为什么用社会资本理论来分析高校治理绩效，以及资源获取在社会资本和高校治理绩效之间的作用和关联。

一、社会资本理论的分析框架

在社会资本诸多类型中，厄普霍夫把社会资本分为结构性和认知性社会资本两大类型的分类被广泛应用。① 在厄普霍夫的分类基础上，纳哈皮特和戈沙

---

① ［美］诺曼·厄普霍夫：《理解社会资本：学习参与分析及参与经验》，载帕萨·达斯古普特、伊斯梅尔·撒拉格尔丁编《社会资本——一个多角度的观点》，张慧东等译，中国人民大学出版社2005年版，第277-278页。

尔将社会资本划分为结构型、关系型和认知型三种类型的社会资本。① 显然，这一划分比厄普霍夫的划分更加详尽。由上可知，纳哈皮特和戈沙尔的社会资本三个维度划分是一种比较经典分类，本书的研究主要采用这三个维度的划分。

（一）社会资本结构维度

通常来讲，社会资本通常将讨论集中在个人层面，比较重视人际关系交往内容。但是随着社会资本研究的逐渐深入，人们不仅关注个体，而且将视野逐渐扩展到社区组织和国家社会。因而，社会环境和社会结构慢慢地被纳入社会资本的范畴。

社会资本于结构中形成。特纳认为，社会资本因素可以在宏观、中观、微观三个层次发挥作用。其中，宏观制度层面社会资本形成于：一定数量的人组织起来满足生产、再生产、管理和协作中基本的和基础性的需要，包括亲族、宗教、经济、政权和法律等制度形态。方然归纳了以制度与文化为标准划分社会资本的两种类型。其中，科尔曼、奈克、施奈德等提出的"社会资本"是制度的内生之物，社会资本水平的高低来源于制度的变化。也就是说，社会资本的来源归于国家制度框架内，由国家制度孕育而生。在此意义上，制度社会资本与宏观社会资本概念等同。撒拉格尔丁等曾强调，社会资本的内容应该更具有宽泛性，应该包括准则得以发展以及决定社会结构的社会环境和政治环境。克里希娜将社会资本分为四个不同层面，包括个人和家庭层面、邻里或社区层面、区域层面、国家层面。其中，国家层面社会资本，表现为正式和非正式的社团组织以及国家和政府机构所形成的广泛的信用和合作关系以及网络联系。与科利尔的民间社会资本和政府社会资本相类似，林南将社会资本划分为一般社会资本和政治社会资本。②

总之，国家的宏观政策和法律等正式结构，为社会集体行动提供了制度框架和运行秩序，因而，社会结构应视为社会资本的组成部分。因此，无论是对社区、企业还是对组织，在探讨社会资本时，应该考虑国家宏观环境和政府法律制度。对于组织来讲，社会资本的结构性因素，不应仅仅考虑组织外部的宏

---

① Nahapiet J, Ghoshal S. "Social Capital, Intellectual Capital, and the Organizational Advantage". *Academy of Management Review*, 1998 (2): 242-266.

② [美] 林南：《社会资本——关于社会结构与行动的理论》，张磊译，上海人民出版社2005年版，第105页。

观环境，还应当考虑组织内部的组织结构。刘松博强调，除个人以外，其他行为主体都具有内部社会资本和外部社会资本。① 也就是说，在社会微观个人、中观组织（社区）和宏观国家三层次行为主体当中，除微观个人之外，集体组织或宏观国家都有内外部社会资本。

因此，在本书中，高校组织需要考虑组织的内外部环境，一是因为组织外部的宏观环境为组织提供资源；二是因为内部的组织结构有助于加强组织的凝聚力，促进组织集体行动。故将结构维度社会资本分为内部社会资本和外部社会资本，外部社会资本是指高校组织与校外的组织和个人的联系，而内部社会资本则是强调高校内部的个人、群体和部门的互动。

（二）社会资本关系维度

关系是社会资本吗？对于这个问题的回答，首先需要明确关系是否有用？社会关系网络的因果作用机制在于：个体社会网络中所嵌入的各种资源，有助于其理性行动。不少社会学者通常以劳动力市场的求职为例来证明。边燕杰等人的研究表明，社会资本对于个人的职业获得有着极为重要的影响。② 在个人求职过程中信息资源有助于职业获得。这也表明，关系之所以有用在于其中的资源，而不是关系本身，拥有资源更有利于实现其目标。③ 可见，发挥作用的社会关系无疑形塑了社会资本。因此，林南认为资本是在社会关系中获得的。④ 由此可知，关系是一种有用的社会资本。

在中国社会，关系有其特殊性。"走后门"、小团体、老乡、同门等诸多不良评价都无一不与"关系"紧密相关。这类看法在中国社会具有普遍性，而且也导致了人们对社会资本的片面理解。因为人们在面对"关系"时，不仅因其捉摸不透的"神秘感"而产生无奈，同时也会过度依赖"关系"，过分相信"关系"，结果导致对"关系"产生既爱又惧的心理状态。无法客观地看待关系，不仅对人们的交往产生阻碍，还增加了整个社会的运作成本。人是社

---

① 刘松博：《对社会资本和企业社会资本概念的再界定》，载《安徽大学学报（哲学社会科学版）》2007年第11期，第81-86页。
② 边燕杰、张文宏：《经济体制、社会网络与职业流动》，载《中国社会科学》2001年第2期，第77-89页。
③ 昌涛：《关系何时有用？——社会资本的条件性来源与回报》，载《兰州大学学报（社会科学版）》2019年第2期，第15-23页。
④ 林南：《社会资本——关于社会结构与行动的理论》，张磊译，上海人民出版社2005年版，第1页。

会性的存在,社会就是由诸多关系的人所共同组成的,因此,人也是关系性的存在。中国的关系着重强调人伦的社会关系思想。中国社会所指的"关系",是指有关系之后如何作为,而西方人所讲的关系是如何找到所要的关系。① 换句话讲,中国的社会关系在行动之前已经存在,是行动的前提,而西方社会的关系主要指后面如何运作的问题。对于中国的社会关系需要在特殊的文化背景下进行认知和理解。

由上可知,中国式关系是一种消极社会资本。它需要我们在具体的背景和情境中进行具体应用。如在讨论组织的社会资本问题时,其旨在期望利用各种关系,在增加交往、加强合作、建立信任等社会资本运行中实现组织目标,使组织从中获益,而非仅个人获得私利却导致组织共同利益受损。应当向现代市民意义上的社会资本转变,完成帕森斯现代化模式变项中从"特殊取向"到"普遍取向"的转变。② 换句话说,中国关于"社会关系"的学术研究需要从与亲、熟、信等人的关系逐步拓展到与陌生人的关系中来,以扩大它的普遍价值和社会规范意义。

(三) 社会资本认知维度

认知性社会资本具有重要意义。厄普霍夫等都认为认知性社会资本,是对合作行为和互利集体行动有帮助的标准、价值、态度和信仰。具体来讲,按照贝克的观点,这类社会资本除了能打破隔阂、增加协作、创造价值、使人在精神和身体上更健康外,还可以改善知识管理。因为组织内大部分知识都是隐含的,只有在社会交往、故事讲述、指示、示范和观察中才能体现出来。③ 而认知性社会资本包含的价值观、信念、符号甚至是仪式的内容,都有助于组织成员之间的深入交流和建立共同叙事。撒拉格尔丁等都强调了社会资本的作用:共享信息、协调行动、集体决策。④

---

① 翟学伟:《社会学的转向———一种基于个人的立场》,载《社会》2007 年第 3 期,第 1 - 25 页。
② 奂平清:《"关系社会学"研究反思》,载《科学社会主义》2010 年第 1 期,第 107 - 110 页。
③ [美] 韦恩·贝克:《新型社会资本及其投资》,罗雪群译,载曹荣湘编选《走出囚徒困境———社会资本与制度分析》,上海三联书店 2003 年版,第 16 - 18 页。
④ [美] 伊斯梅尔·撒拉格尔丁、克里斯琴·格鲁特厄特:《定义社会资本:一个综合的观点》,载帕萨·达斯古普特、伊斯梅尔·撒拉格尔丁编《社会资本———一个多角度的观点》,张慧东等译,中国人民大学出版社 2005 年版,第 59 - 61 页。

厄普霍夫提出认知性社会资本，在此基础上，纳哈皮特和戈沙尔也提出认知型社会资本。克里希娜把关系社会资本视为同一类。① 她所谓的关系资本，包括关系、信念、价值及意识形态等。显然，其关系资本与认知性社会资本的内容相一致。怀特利的观点与上述观点相比，有较大差异。他认为社会资本创造有三：一是社会资本是由个体的人格特征创造的；二是社会资本是由个体关于规范的信仰和道德密码创造的；三是社会资本是由"想象的"社群的身份创造的。② 第三种社会资本也可被视为认知性社会资本的一种。因个人在组织和群体中，所以对群体以及群体内的成员产生信任，也就是说仅依靠身份认同、角色认同，而相信组织和群体内部成员，因此，组织或群体成员拥有更多社会资本的可能性。按照厄普霍夫以及纳哈皮特和戈沙尔对社会资本的定义，组织文化与认知性社会资本的含义有部分是相通的。如沙因提出的组织文化三个层次之中的支持性价值观和基本的潜意识假设，大部分都属于认知社会资本所包含的内容。

综上所述，本书采用的分析框架为，社会资本分为外部社会资本和内部社会资本，外部社会资本体现在外部联系，而内部社会资本包括结构、关系、认知三个维度。

这一维度的划分也得到相关研究的支持。蔡和戈沙尔对一家大型跨国电子公司所有业务单元的多名员工进行调查，考察了结构、关系和认知社会资本之间的关系，以及它们与公司资源交换类型和产品创新之间的关系。③ 其中，他们用外部联系代表结构维度，用共同愿景代表认知维度，用信任代表关系维度。如果仅仅把结构性社会资本视为组织的外部联系，显然忽略了组织的内部联系。组织外部有诸多社会和政府复杂联系，也有许多内部关联。与此类似，莉娜和菲尔也将学校社会资本划分为外部社会资本和内部社会资本，外部社会资本指与外部联系，内部社会资本则指学校内部的结构、关系和认知维度的社

---

① ［美］安妮鲁德·克里希娜：《创造与利用社会资本》，载帕萨·达斯古普特、伊斯梅尔·撒拉格尔丁编《社会资本——一个多角度的观点》，张慧东等译，中国人民大学出版社 2005 年版，第 97 - 99 页。

② ［英］保罗·F. 怀特利：《社会资本的起源》，载李惠斌、杨雪冬主编《社会资本与社会发展》，社会科学文献出版社 2000 年版，第 53 - 57 页。

③ Tsai W, Ghoshal S. "Social Capital and Value Creation: The Role of Intrafirm Networks". *The Academy of Management Journal*, 1998, 41 (4): 464 - 476.

会资本。① 这一分类与仁柯、奥蒂奥和通迪②,以及阿德勒和柯旺③的划分基本一致,即将组织社会资本分为外部社会资本和内部社会资本。

如厄普霍夫所言,在现实中,通常两种资本都存在,没有截然分开。④ 因此,社会资本的每一类型都需要与另一类型互为补充。当然,内外部社会资本,以及内部社会资本的结构、关系和认知维度的内容互相补充,形成一个整体,犹如人的内外部分,以及人的身体自身。如果把结构性社会资本看作人身体的骨骼,那么,关系性社会资本则为人身体里面的血肉,而认知性社会资本则体现为人的精神,它们构成一个完整的个体,共同作用于个体的行动。

二、社会资本与高校治理的内在联系

之所以运用社会资本理论来分析高校治理,主要在于这两者之间存在自洽的逻辑联系。粗略来说,社会资本和高校治理的兴起处在同一时间节点上。因为社会资本概念兴起主要在20世纪90年代,差不多在同一时期,治理概念在全球流行起来,进而对教育领域和大学及高等院校产生深刻影响。除了时间为两者之间架起联系的桥梁之外,社会资本和大学治理还存在诸多内在联系。

从历史发展来看,"社会资本"概念诞生之初,其就已经开始与教育建立联系。如教育家和社会改革家汉尼芬于1916年在《乡村学校社区中心》一文中第一次提到"社会资本",用来说明社区参与对学校教育质量的重要影响,鼓励大家认识到社会资本的生产价值。布迪厄在20世纪70年代将社会资本界定为来自特定社会网络成员的利益和资源,尤其是指教育和文化再生产。科尔曼于1988年在《人力资本创造中的社会资本》一文中重点论证了社会资本对

---

① Leana C R, Pil F K. "Social Capital and Organizational Performance: Evidence from Urban Public Schools". *Organization Science*, 2006 (3): 353 – 366.

② Yli-Renko H, Autio E, Tontti V. "Social Capital, Knowledge and the International Growth of Technology-Based New Firms". *International Business Review*, 2002, 11 (3): 279 – 304.

③ Adler P S, Kwon S W. "Social Capital: Prospects for a New Concept". *Academy of Management Review*, 2002 (1): 17 – 40.

④ Uphoff N. "Understanding Social Capital: Learning from the Analysis and Experience of Participation". In: Dasgupta P, Serageldin I. *Social Capital: A Multifaceted Perspective*. Washington, D. C.: The World Bank, 1999: 215 – 249.

年轻人教育的重要性，其中包括家庭中的社会资本和家庭之外的社会资本都对年轻人的教育和成长产生重要影响。具体而言，稳定家庭以及父母中的一个把抚育孩子作为首要任务的家庭比单亲家庭或者父母都工作的家庭有更多的社会资本，孩子的教育和人格因而得到了顺利发展。1987年詹姆斯·科尔曼与托马斯·霍弗的《公立学校与私立学校：社群的冲击》和1995年M·史密斯等人的《社会资本，居住地和参加团体》等文献主要集中在学校和社会教育的社会资本研究。① 纽顿讨论了教育如何产生社会资本的问题。他在讨论三种社会资本模型时，特别提到现代社会中的抽象信任模型。抽象信任来源于两种主要渠道：教育和大众媒体。教育孩子们去理解和运用诸如信任、公正、平等和普遍主义等抽象原则，简单来说，就是教育孩子们以优雅文明的方式对待他人这样一个社会资本的基本原则。教育还提供给现代社会中秉性各异的市民们一整套共同的文化参照物以及来自日常外部联系基础的实际知识等一整套共同知识。除了教给孩子非人格化的信任、同情和互惠之外，现代学校还有意识地教授与他人合作共事的艺术和能力。教育有助于相互认识的个体和零星的接触而形成的直接的共同体。②

从自治传统来看，作为社会资本重要思想来源之一的托克维尔所论述的美国民主亦是如此。美国存在大量社团，这种自由结社反映出社会资本和有效率的民主制度的基础观念。后来由此发展为社会资本起源的主导模型。通常认为，社会资本产生于社团内部个体与个体之间的互动，这也成为推动市民之间合作的关键之处。因为它可以创造重复博弈、克服短视问题、制止组织成员不合作行为。对社会资本最早的论述也涉及社区自治的传统。帕特南在分析意大利地区的社会资本时，描述了意大利一些地区许多市民急切地从每天的报纸上读取有关社群事务的消息——他们为公共问题而忙忙碌碌——居民们互相信任，行事公正并且遵守法规——重视团结，市民约束、合作和诚实。不仅如此，奥斯特罗姆通过农民灌溉系统实例来集中分析自组织资源治理系统是如何创造社会资本的。不少地方性基础设施和公共物品直接由从集体行动中受益的人们来提供。如有些地方关于灌溉的做法已历经几个世纪，这些知识涉及系

---

① 李惠斌、杨雪冬主编：《社会资本与社会发展》，社会科学文献出版社2000年版，第131、250页。
② 李惠斌、杨雪冬主编：《社会资本与社会发展》，社会科学文献出版社2000年版，第405-406页。

的兴建和维护，也应归功于当地农民精心设计制度以克服诸多诱惑的技巧，包括集体行动问题。这恰恰说明自组织系统存在的可能性。最后，奥斯特罗姆提出了乐观主义的要求，"面对既有的协作和集体行动问题，人们必须有用足够自主性和动力去构建其自身更有效合作方式"①。

　　对于高校本身来说，学术自由和大学自治是非常重要的传统。从中世纪大学产生的传统来看，大学崇尚学术自由，是享受充分自治权的组织。大学内部事务通常由大学自身来决断，外部社会对大学事务也不加干预。这与知识的传授和发现的特性有关。治理对于大学而言是内生的，而非外加的。在知识求索的过程中，十分重视个人思考，不断向真理迈进。因此，这也成为西方的学术自由传统。近代以来，国家开始承担大量大学经费，但是大学依然可以进行高度自治。从办学资源的角度来讲，大学需要不断地从社会中吸纳各种资源，而社会对大学的资源供给是以对大学有价值为前提的，也就是社会与大学存在着资源交换。显而易见，教育治理是指外部的政府、市场、学校及社会组织等之间，以及内部的校长、教师、学生等之间沟通合作，是一种多中心协调共治的格局。②对高校治理而言，在传统政校关系框架下，政府扮演了提供者、生产者和管理者等多重角色，对高校干预过多，从而引发了两种后果：一是政府无法充分激励高校，二是政府难以满足多样化需求。因此，政府单一管理模式遭遇"合法性危机"。对此，政府通过引入市场化手段，来增加更加多样化的教育服务途径。由于市场本身特点与学校公共属性和育人目标的冲突，导致市场论受到诸多质疑。政府失灵和市场失灵致使高等教育，需要继续探索其他方式。而"第三只手"即市民社会则是一种可供选择的方式。③

　　总而言之，社会资本与高校存在内在联系，探讨社会资本对高校治理绩效影响的研究具有历史基础和内在逻辑。

---

① ［美］A. 奥斯特罗姆：《流行的狂热抑或基本概念》，龙虎译，载曹荣湘编选《走出囚徒困境——社会资本与制度分析》，上海三联书店 2003 年版，第 50 页。
② 时光军：《国内教育治理研究的脉络及展望：基于 Citespace 的分析》，载《西南大学学报（社会科学版）》2018 年第 4 期，第 112-119 页。
③ 李曼：《大学治理：背景解析、实践迷思与变革路向》，载《教育研究与实验》2015 年第 2 期，第 59-64 页。

三、资源获取与社会资本和高校治理绩效的关联

（一）资源获取对高校治理的重要性

资源，无论是对组织，还是对高校来说，都是无法回避的组织要素。高校的生存和发展，需要从社会和政府吸收各种资源，同时挖掘高校自身的内部资源。对此，在管理学和组织相关理论中已有经典阐述。

经济学家认为，资源是为了创造财富而投入生产经营活动的一切资源要素。[1] 资源不仅仅是为组织创造财富，而且也是为了满足组织的生存和发展。资源是在组织面临资源稀缺和竞争背景下所需要考虑的重要因素。关于资源的理论主要有资源基础理论和资源依赖理论。

资源基础理论为组织竞争优势来源提供了新视角。这一理论最早由彭罗斯在1959年提出[2]，20世纪80年代中后期得到快速发展。沃纳菲尔特在1984年《企业的资源观》一书中指出，组织是由一系列资源束组成的集合，而组织间的绩效差异则来自资源的差异，因此，竞争是基于资源和资源组合的竞争。沃纳菲尔特为开创资源基础理论奠定了重要基础。巴雷是资源基础理论的开创者，他在前人有关资源基础观的基础上，建立了资源基础理论（RBT）。他认为，组织要利用资源取得可持续性的竞争优势，就必须考虑资源的价值性、稀缺性、可模仿性和组织性，即"VRIO"。但是并非所有资源都能为组织带来持续竞争优势，其必须满足资源异质性和非完全流动性两个前提条件。

资源依赖理论主要兴起于20世纪七八十年代。资源依赖理论认为，生存是组织首要考虑的问题，资源是生存的基础，换句话说，组织不仅需要内部资源，更需依赖外部资源。菲佛和萨兰基克的《组织的外部控制：对组织资源依赖的分析》是资源依赖理论的经典代表作。他们提出，组织是镶嵌于相互依赖和社会关系网络之中的，组织需要的资源必须从环境中取得，组织必须依赖这些资源的外部来源。[3] 组织的资源依赖与其所在的环境有较大关系，但是

---

[1] Hoskisson R E, Eden L, Chung M. "Strategy in Emerging Economies". *Academy of Management Journal*, 2000, 43 (3): 249-267.

[2] Kor Y Y, Mahoney J T. "Edith Penrose's Contributions to the Resource-based View of Strategic Management". *Journal of Management Studies*, 2004 (1): 183-191.

[3] ［美］杰弗里·菲佛、杰勒尔德·R.萨兰基克：《组织的外部控制：对组织资源依赖的分析》，闫蕊译，东方出版社2006年版，第23页。

他们不认为组织是被动应对环境的问题，而是积极主动塑造环境。资源并不是静态的，也非直接自动进入组织并作用于组织的，而是需要争取和努力而获得。这种资源的动态性，与资源的稀缺性背景前提是保持一致的。如果把静态的资源观点视作传统观点的话，那么动态的资源观点可视为一种对资源的新看法。它将资源获取视为一种建构产物，体现了一种动态特征。

从经济学视角来看，资源与绩效是一种投入和产出关系。高校随着社会发展不断调整发展战略，在内外部关系网络中按照发展战略部署来调整和使用各类资源，从而取得更多的产出和更高的效率。对于高校组织来说，同时需要考虑资源投入和成果产出问题。在此种考量下，资源对高校的生存和发展同样具有非常重要的意义，因此，高校治理绩效的影响因素应当将资源获取纳入考察范畴。

（二）社会资本有助于资源获取

从本质上来讲，社会资本是一种关系网络。社会资本是在关系网络运作中产生的。帕特南将社会资本定义为相互关系网络，以及在此基础上产生的互惠互利规范。布迪厄也将社会资本界定为实际或潜在资源的集合，它是一种制度化关系网络，并且这种关系网络能带来资源。科尔曼认为，社会资本是个人拥有的社会结构资源。贝克把社会资本看作行为者可以从持续社会结构中获得的资源。厄普霍夫与其观点类似，认为社会资本是各类资产的一种累积，包括社会的、心理的、文化的、认知的、制度的以及与增加互利合作行为数量相关的资产。林南也表示，社会资本可操作化地定义为行动者在行动过程中也获取和使用的嵌入在社会网络中的资源。由此可知，体现为关系网络的社会资本会带来资源。但是，资源不是主动呈现或让与，需要主体依靠行为去获取，也就是说，主体在行动中建立关系网络来获取资源。简而言之，资源获取有赖于主动建立的关系网络。高校发展，也有来自高校自身积极作为，去建立关系网络，吸收各方面的资源为高校所用，而非处于一种被动地位，仅仅等待政府的资源分配。

高校与外部环境的相互作用包括物质、能量交换和信息交流。政府和企业为高校提供资源，高校则为政府和企业提供人才和知识、技术。特别是教育行政部门，是高校发展资源的重要提供者，高校一方面需要与其保持密切联系，另一方面也要充分发挥应有的职能，向社会输出好的办学成果。高校与企业合作，有助于科研成果转化，同时也能更好地满足人才培养需求。社会人士向高校捐赠，资助学校的人才培养和项目研究，这不仅能帮助高校创造出高水平的学术成果，其自身也赢得了捐资助学的良好名誉。但是，高校内部存在的资源往往被人所忽视，应关注组织机构设置和工作流程设定是否有利于内部成员的交流互动，如果阻碍或者极大地限制了交流互动，则会影响高校治理效果。师生之间充分的信任，能产生一种情感资源和声誉资源，促进学与教的互动行为。总之，高校中诸多有形和无形的资源需要建立关系网络来获取，包括正式和非正式关系网络。高校组织要利用关系网络获取资源，不仅需要善于发现有价值的资源信息，而且要有积极行动的勇气和毅力去筹措资源。获取资源的能力体现了高校组织关系网络的积累和利用效率，体现了高校组织社会资本的行动能力。

特别是在资源稀缺的背景下，高校积极争取和获取资源的能力成为高校治理绩效的重要影响因素。在已有的研究文献中，较多讨论高校的资源配置，且主要是从政府的视角来看待资源如何分配问题，高校是被动充分利用所给予的资源。但在高校具有更多办学自主权和资源稀缺的情况下，高校需要积极争取和获取资源，这是高校发展的重要因素所在。综上所述，一方面资源获取对高校治理绩效非常重要，另一方面社会资本的投资和积累又能带来资源，是资源获取的一种不可忽视的途径，故资源在社会资本和高校治理绩效中起着某种桥梁作用。

第二节 研究假设

根据社会资本、资源获取和高校治理绩效关系的相关文献梳理和现实关联，结合相关理论分析，本书将提出外部社会资本与高校治理绩效的作用关系、内部社会资本与高校治理绩效的作用关系，以及资源获取的中介作用关系的相关研究假设。

一、外部社会资本与高校治理绩效的作用关系

在本书中，高校治理绩效是指高校组织在个人和群体在共同努力下，在人才培养和科学研究方面所取得的成果。

治理绩效的概念缘起是与社会资本具有内在联系。全球治理概念的流行与国际金融机构特别是世界银行在其中发挥的作用是分不开的。自20世纪70年

代末至 90 年代,国际金融结构因为在第三世界国家没有取得预想中的实质效果而备受指责,如非洲和拉丁美洲,以及一些东欧国家依然处在贫困之中。而治理是一个十分有用的概念,国家经济的发展需要把经济改革的议程与社会和政治问题统筹考虑,其中社会资本是无法忽视的重要因素。社会资本有利于降低搜索和交易成本,减少不确定性,从而提高企业创新能力与绩效。[①] 边燕杰和丘海雄指出,企业的社会资本对经营绩效有积极影响。[②] 同样,社会资本对高等教育的发展具有重要影响。

从高校外部来看,学校的生存绝大部分都依赖社会资本,一个学校需要许多资源来维持,比如需要一些财富,也需要与政府机构、组织制度打交道,以及社区环境、家长、校友等的配合,学校运作才能顺利。[③] 叶通贤认为,我国高校必须要努力赢取社会的信任、加强对社会捐赠的吸纳、扩大中外合作办学的范围并积极向创业型大学转型,不断拓宽外围发展空间,借此促进高校的良性发展与持续繁荣。[④] 侯志军从大学发展的结构约束、大学发展的行动拓展与大学发展的信任基础三个方面揭示了社会资本对大学发展的影响。[⑤] 张廷结合"2011 计划"政策,以社会资本整合为着眼点,构建推动地方高校协同创新的重要路径。[⑥] 刘艳经过实证调查后认为,高校的外部社会资本对教学和科研绩效有间接的影响作用。综上所述,本书假设如下:

H1:外部社会资本正向影响治理绩效。

H1a:外部社会资本正向影响教学绩效。

H1b:外部社会资本正向影响科研绩效。

[①] Argyres N S, Zenger T R. "Capabilities, Transaction Costs, and Firm Boundaries". *Organization Science*, 2012, 23 (6): 1643 – 1657; Laursen K, Masciarelli F, Prencipe A. "Region Matter: How Localized Social Capital Affects Innovation and External Knowledge Acquisition". *Organization Science*, 2012, 23 (1): 177 – 193.

[②] 边燕杰、丘海雄:《企业的社会资本及其功效》,载《中国社会科学》2000 年第 2 期,第 87 – 99 页。

[③] 林南:《教育制度与社会资本》,载《教育研究集刊》2004 年第 12 期,第 1 – 16 页。

[④] 叶通贤:《从复旦到诺丁汉——社会资本视阈下杨福家高等教育思想研究》,载《教育学术月刊》2012 年第 2 期,第 66 – 69 页。

[⑤] 侯志军:《社会资本与大学发展研究》,华中科技大学 2008 年博士学位论文,第 5 页。

[⑥] 张廷:《社会资本视角下的地方高校协同创新研究》,华中科技大学 2013 年博士学位论文,第 13 页。

二、内部社会资本与高校治理绩效的作用关系

从高校内部来看,基泽经过考察后认为,如果人际关系遭到破坏,治理体系走向失败的可能性非常大,因此,人际关系是有效治理的关键,因为有效治理需要人们共享智慧和思想的意愿。[1] 波普也指出,信任是建立和谐关系的关键元素,是共同治理的基础。[2] 蒂尔尼等人指出,大学是一个创造符号的,并具有文化内涵的场所,其中,不同层次人与人之间的沟通与对话,才是有效治理的重要构成元素。[3] 大学内部的人际关系,特别是中高层行政人员的领导力,对大学能否实现有效治理至关重要。[4] 具体来说是大学教师需具备公共精神。[5] 在高等教育环境下,信息分享对研究产能、服务广度和有效教学皆有显著的影响。[6] 仁科、奥蒂奥和通迪[7]发现,在机构内部网络结构中,成员透过持续且重复的互动与沟通,彼此间交换相关的知识与信息,确实能增强对各类信息的管理学习,从而提升机构将既有知识与新知识整合的能力。大学教师为达成学术要求与晋升目标、善尽社会服务与分担行政事务、提升专业发展、促进单位间资源交换,以及确保教研知识获取的质量等,需加强同事间及对学校的凝聚力,进而强化个体和机构对外部环境变化的反应能力和内部知识的创新能力。刘艳认为,与高校的物质资本和人力资本一样,高校的社会资本也是影

---

[1] Kezar A. "What is More Important to Effective Governance: Relationships, Trust, and Leadership, or Structures and Formal Processes?". *New Directions for Higher Education*, 2004 (127): 35 – 46.

[2] Pore M L. "A Conceptual Framework of Faculty Trust and Participation in Governance". *New Direction for Adult and Continuing Education*, 2004 (127): 75 – 84.

[3] Tierney W G, Minor J T. "A Cultural Perspective on Communication and Governance". *New Directions for Higher Education*, 2004 (127): 85 – 94.

[4] 顾建民、刘爱生:《超越大学治理结构——关于大学实现有效治理的思考》,载《高等教育研究》2011 年第 9 期,第 25 – 29 页。

[5] 刘爱生:《如何推进大学有效共同治理——基于大学教师公共精神的考量》,载《浙江师范大学学报(社会科学版)》2020 年第 1 期,第 116 – 124 页。

[6] Leana C R, Pil F K. "Social Capital and Organizational Performance: Evidence from Urban Public Schools". *Organization Science*, 2006, 17 (3): 353 – 366.

[7] Yli-Renko H, Autio E, Tontti V. "Social Capital, Knowledge, and the International Growth of Technology-based New Firms". *International Business Review*, 2002, 11 (3): 279 – 304.

响高校办学绩效的一个非常重要的关键因素,高校内部社会资本对科研绩效的影响既有直接的也有间接的,对教学绩效的影响是间接的。综上所述,本书假设如下:

H2:内部社会资本正向影响高校治理绩效。
H2a-1:成员互动正向影响教学绩效。
H2a-2:成员互动正向影响科研绩效。
H2b-1:互相信任正向影响教学绩效。
H2b-2:互相信任正向影响科研绩效。
H2c-1:共同愿景正向影响教学绩效。
H2c-2:共同愿景正向影响科研绩效。

三、资源获取的中介作用关系

之所以把资源获取作为中介变量,原因有两方面。首先,在高校激烈竞争背景下,每个高校都面临资源紧缺的状况,无论是外部资源,抑或是内部资源。高校外部资源的竞争尤为激烈,资源对高校的发展非常重要,甚至在某种程度上高校与高校的竞争就是资源的竞争。与此同时,高校有很多内部资源有待于合理充分利用。从人才角度来讲,高校一方面从其他高校引进优秀人才,另一方面也在着力培养自身的优秀人才。其次,社会资本跟资源获取有千丝万缕的联系,关系网络常常带来各种资源。因此,从研究社会资源与高校治理绩效的关系角度出发,资源获取在其中起着重要的中介作用。

在本书中,关于"社会资本"的定义是:嵌入在高校内外中个体或集体所拥有的关系网络,有助于实现高校主要目标而采取的集体行动。社会资本是一种社会关系网络,是高校内外部交往,合作互惠,在互动关系网络基础上积累起来的资源总和。它们都是高校与内外互动联系而获得的诸多资源。资源获取是指高校从学校内部和学校外部通过有关方式获得资金、物质、政策、信息、学术、技术、人力、情感、信任和声誉等有形资源和无形资源的能力。在治理过程中,有形资源和无形资源对高校发展十分重要。

刘建民和毛军构建了高等教育投入产出的指标体系,其中投入指标包括人力投入、财力投入和物力投入,产出指标包括人才培养、科学研究和社会服务。①这一指标的构建反映了资源投入和绩效产出之间的重要关联。高校资源由于不同的历史、城市、经济和政策等而导致不同的历史差距，具体表现在：一是因承担任务而形成差异；二是区域经济不同导致的差异；三是所在城市资源导致的差异；四是国家政策资源造成的差异。这些差异塑造了目前的高校影响力和竞争力。②简单地说，资源获取的历史差异对目前高校发展是有重要影响的。还有人认为，高校从政府、社会和市场所获得资源的利用绩效由内部资源配置方式决定，并最终影响高校办学水平。③

（一）资源获取在外部社会资本和高校治理绩效中的中介作用

布迪厄将社会资本界定为一种以体制化关系网络为载体而拥有的有形或无形资源的集合体，是从社会网络中动员了的社会资源。林南坚持社会资本概念采用资源论的观点。他认为，社会资本可操作化地定义为行动者通过社会网络获取和使用的资源。④从组织外部来看，外部社会资本聚焦在一组行动者间重复性联结，如资源、友谊、资讯分享，并探讨行动者在不同环境下形成某种特定联系，以及这种联结产生的结果。⑤燕继荣也持类似观点，把社会资本定义为广泛存在于社会网络关系，并能投资和有助于实现自身目标的社会资源。⑥或者说，社会资本是个人、团体和社会可以通过社会网络互动关系而获取的资源。贝克认为，社会资本是从行动者互动结构中获得的资源。⑦在"国家—社会—市场"三角框架下的高校组织与政府、社会和市场存在着千丝万缕的联

---

① 刘建民、毛军：《基于 SBM 模型的高等院校办学绩效评价研究——以教育部直属高校数据为例》，载《高教探索》2015 年第 4 期，第 11 - 17 页。

② 韩嵩、张宝歌：《高等教育普及化阶段我国高校资源配置的优化策略》，载《高教探索》2021 年第 12 期，第 14 - 20 页。

③ 蔡连玉、眭依凡：《大学内部资源配置及其制度选择研究》，载《清华大学教育研究》2017 年第 6 期，第 16 - 22 页。

④ ［美］林南：《社会资本——关于社会结构与行动的理论》，张磊译，上海人民出版社 2005 年版，第 24 页。

⑤ Oliver C. "Determinants of Interorganizational Relationships: Integration and Future Directions". *Academy of Management Review*, 1990, 15 (2): 241 - 265.

⑥ 燕继荣：《投资社会资本——政治发展的一种新维度》，北京大学出版社 2006 年版，第 99 页。

⑦ ［美］韦恩·贝克：《新型社会资本及其投资》，罗雪群译，载曹荣湘编选《走出囚徒困境——社会资本与制度分析》，上海三联书店 2003 年版，第 125 页。

系和互动。如许多高校在争取国家重点项目"985 工程""211 工程""双一流工程",以及国家重大课题项目、国家重点实验室建设等过程中,通过高校与外部互动联系,获得大量政策资源和资金资源。可以说,高校不仅是一个如帕森斯所述的开放系统,依赖环境并受环境影响,同时也是一个社会系统,它是通过将各种互动的个人整合在一起形成有机关系而组织起来。综上所述,本书假设如下:

H3:资源获取在外部社会资本和高校治理绩效间起到中介作用。

H3a:资源获取在外部联系和教学绩效间起到中介作用。

H3b:资源获取在外部联系和科研绩效间起到中介作用。

(二) 资源获取在内部社会资本和高校治理绩效中的中介作用

从组织内部来看,按照纳哈皮特和戈沙尔的观点,结构、关系及认知的三维度构成社会资本。组织内部的社会资本有助于加强组织成员互动,营造共同信任,塑造共享认知,开发和利用组织内部资源。厄普霍夫认为,社会资本是各类资产的一种累积,包括社会的、心理的、文化的、认知的、制度的以及与增加互利合作行为数量(或概率)相关的资产。[①] 斯蒂格利茨从组织的角度来理解社会资本。他认为,社会资本包括达成的共识、关系网的集合、声誉的聚集及组织资源。因此,社会资本是个体和群体依托在网络关系上拥有或潜在的资源、社会网络创造的资源和价值。赵付春归纳了社会资本对组织资源获取的作用,一是社会资本有助于知识的创造、共享和转移;二是社会资本影响着人力资源的管理和配置。车响午和彭正银认为网络关系是资源获取的重要方式。[②] 企业通过网络联系,可以获得资源并将资源整合,丰富资源体系,提高企业绩效。高校组织机构中各种关系和资源的联结方式,是组织内部各种关系的"网络",表现在由高校内部学院、系所和职能机构等实体部门共同组织而成一个联合体。[③] 总之,高校内部的互动、信任和共识有助于组织获得资源。

具体来看,李泉鹰指出,高校人才培养主要是解决"培养什么人"和

[①] [美] 诺曼·厄普霍夫:《理解社会资本:学习参与分析及参与经验》,载帕萨·达斯吉普特、伊斯梅尔·撒拉格尔丁编《社会资本——一个多角度的观点》,张慧东等译,中国人民大学出版社 2005 年版,第 275 - 284 页。

[②] 车响午、彭正银:《关系嵌入、资源获取与网络组织演化路径研究》,天津财经大学 2018 年博士学位论文,第 36 页。

[③] 王孙禺:《高等教育组织与管理》,高等教育出版社 2008 年版,第 110 页。

"怎么培养"两个基本问题，而其在根本上都受到教学资源的影响。甚至说，一所高校能培养出什么样的人，是受到教学资源及其配置方式制约的。① 从宽泛的角度来看，高校按市场需求和标准进行人才培养活动，需要有相应标准的人、财、物等基本资源作保障。② 总之，人、财、物以及相关政策资源对高校人才培养极其重要。高等教育机构面临竞争环境下的生存问题，如大学间在财务与人力资本结构的竞争，主要聚焦在研究经费、加强优秀教职员工招募以及吸引优质学生就学。③ 高等教育机构容易面临资源短缺问题，在维持学校运作及学术研究发展需要庞大的支出情况下，学校管理需有效地管理与分配各项资源。④ 综上所述，本书假设如下：

H4：资源获取在内部社会资本和高校治理绩效间起到中介作用。
H4a：资源获取在成员互动和教学绩效间起到中介作用。
H4b：资源获取在成员互动和科研绩效间起到中介作用。
H4c：资源获取在互相信任和教学绩效间起到中介作用。
H4d：资源获取在互相信任和科研绩效间起到中介作用。
H4e：资源获取在共同愿景和教学绩效间起到中介作用。
H4f：资源获取在共同愿景和科研绩效间起到中介作用。

经过前文文献的梳理以及相关概念界定，按照上述理论分析，现提出本书的 20 个相关研究假设，见表 4-1。

表 4-1 研究假设汇总

序号	编号	研究假设
1	H1	外部社会资本正向影响高校治理绩效
2	H1a	外部社会资本正向影响教学绩效

① 李枭鹰：《探幽与反思：走出大学教育信任危机的困境》，载《现代教育管理》2017 年第 8 期，第 12-17 页。
② 康宁：《我国高等教育资源配置模式转换与制度环境》，载《北京大学教育评论》2004 年第 4 期，第 23-33 页。
③ Boyd B K, Bergh D D, Ketchen D J. "Reconsidering the Reputation - Performance Relationship: A Resource-Based View". *Journal of Management*, 2010, 36 (3): 588-609.
④ Ryan J F. "Institutional Expenditures and Student Engagement: A Role for Financial Resources in Enhancing Student Learning and Development?". *Research in Higher Education*, 2005, 46 (2): 235-249.

续表

序号	编号	研究假设
3	H1b	外部社会资本正向影响科研绩效
4	H2	内部社会资本正向影响高校治理绩效
5	H2a-1	成员互动正向影响教学绩效
6	H2a-2	成员互动正向影响科研绩效
7	H2b-1	互相信任正向影响教学绩效
8	H2b-2	互相信任正向影响科研绩效
9	H2c-1	共同愿景正向影响教学绩效
10	H2c-2	共同愿景正向影响科研绩效
11	H3	资源获取在外部社会资本和高校治理绩效间起到中介作用
12	H3a	资源获取在外部联系和教学绩效间起到中介作用
13	H3b	资源获取在外部联系和科研绩效间起到中介作用
14	H4	资源获取在内部社会资本和高校治理绩效间起到中介作用
15	H4a	资源获取在成员互动和教学绩效间起到中介作用
16	H4b	资源获取在成员互动和科研绩效间起到中介作用
17	H4c	资源获取在互相信任和教学绩效间起到中介作用
18	H4d	资源获取在互相信任和科研绩效间起到中介作用
19	H4e	资源获取在共同愿景和教学绩效间起到中介作用
20	H4f	资源获取在共同愿景和科研绩效间起到中介作用

第三节 社会资本、资源获取与高校治理绩效关系的概念模型

根据前文的研究综述与理论分析，结合阿德勒和柯旺，以及莉娜和菲尔的划分方法，将社会资本划分为外部社会资本和内部社会资本；又根据纳哈皮特和戈沙尔的观点，将内部社会资本划分为结构、关系及认知三维度，作为本书研究的整体框架，即社会资本包括外部和内部社会资本，对高校治理绩效的影响进行研究。其中外部社会资本主要体现为外部联系，而内部社会资本主要体

现在结构维度（成员互动）、关系维度（信任关系）和认知维度（共同愿景）。因此，主要考察内外部社会资本两个方面四类因素，以及资源获取，对高校治理绩效的影响。基于上述考虑，笔者构建了本书的社会资本、资源获取与高校治理绩效关系的概念模型，见图4-1。

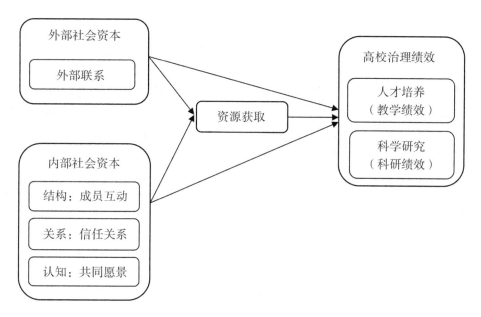

图4-1　社会资本、资源获取与高校治理绩效关系的概念模型

第五章　问卷设计与问卷调查实施

本章旨在进行调查问卷的设计、调查实施和信效度分析，包括问卷设计、访谈调查、量表编制、预测试和正式测试，并对收集样本数据进行信效度分析。通过项目分析、探索性因子分析、验证性因子分析和信效度分析之后，确认社会资本、资源获取和高校治理绩效变量问卷的可靠性和真实性，以及三者关系概念模型结构的有效性。

第一节　问卷设计

一、问卷设计过程

社会资本属于组织层面的社会资本，对变量的测量，包括知识、看法、感觉、判断等属于主观评判，如果想直接运用或获得广东省几十所公办高校公开的客观数据来进行衡量是非常困难的，因此，本书主要采取问卷调查的方式来收集相关数据。根据丘吉尔[1]以及邓恩、斯克和华勒[2]等人的观点，变量测量题项的开发应依照四个步骤：一是通过文献回顾和对组织的经验调查、访谈，从而形成题项；二是与学术界专家讨论；三是与业界专家和实践人员进行讨论；四是通过预测试对题项进行纯化，并形成最终调查问卷。一个好的测量和调查，关键在于好的问题设计，特别需要考虑问题本身、问题形式、问题措施

---

[1] Churchill G A. "A Paradigm for Developing Better Measures of Marketing Constructs". *Journal of Marketing*, 1979 (2): 64–73.

[2] Dunn S C, Seaker R F, Waller M A. "Latent Variables in Business Logistics Research: Scale Development and Validation". *Journal of Business Logistics*, 1994, 15 (2): 145–172.

以及问题设计等所引出的答案类型。结合上述观点，本问卷的设计采用如下步骤：

（一）查阅国内外相关文献

以中国知网、万方数据库为参考数据库，以"社会资本""资源获取""大学治理""高校治理""绩效"为关键词及相关关键词组合进行检索，搜集并认真阅读大量国内外关于社会资本、资源获取、高校治理与绩效的相关文献。通过两个步骤来筛选相关文献：一是选取与研究相关的重要内容，二是查找跟高校社会资源、资源获取、高校治理绩效相关的已经被证明有效或者比较成熟的测量题项。在参考相关文献和相关测量题项的基础上，设计本书相关的量表项目，建立项目池，其中包括参考和编制的变量项目共计150个，作为最终项目的候选项，至此，形成了调查问卷初稿。

（二）征求学术领域专家意见

把调查问卷初稿先发送给教育学领域学术人士（包括3名教授、副教授以及5名博士生、硕士生）阅读，并向他们征求修改意见。结合他们的反馈意见，对本书调查问卷初稿项目池中的项目进行评审，包括每个项目与旨在测量目标之间关联性做出评定、对项目的简洁性和明了性进行评价以及提出所忽视测定现象的方式方法等。然后根据专家意见和建议，结合本问卷设计的实际情况进行修改，选出80个量表项目，形成调查问卷第二稿。

（三）与实践工作者交流来完善调查问卷

通过与高校专任教师和管理人员的沟通交流进一步完善调查问卷。先后与5所高校的教职工，包括高校领导、中层干部、专任教师、行政教辅人员、辅导员等进行了访谈交流，向他们征询第二稿调查问卷中问题本身、问题形式、问题措辞、问题设计所引出的答案类型等的改进意见。结合上述意见和高校治理具体实践进行相应修改，以使问卷既能基本符合高校治理实际情况，同时又能清晰地让受调查者准确理解问题的语意表达，以此形成调查问卷的预测量表。此时共有52个量表项目和8个基本信息问题，共计60个问题。

（四）进行小样本预测试与修订

因为受疫情影响，外出不太方便，所以当时主要利用网络形式把问卷发送给5所高校大约230名教职员工进行预测试。根据被调查者的反馈意见和建议，用信效度分析进行纯化，结合专家意见，对问卷测量题项进行修改，在此基础上形成了正式问卷，包括41个量表项目和8个基本信息问题，共计49个问题。

（五）正式进行问卷调查实施

面向广东省55所公办高校教职工正式发放问卷，进行调查。

二、避免偏差措施

在发放的《社会资本与公办高校治理绩效关系的调查问卷》初试版和最终版中，包括填空题和选择题两大类。其中选择题由五部分组成：外部社会资本、内部社会资本、资源获取、高校治理绩效变量以及填卷人所在高校和调查对象个人基本情况。所有选择题项全部采用李克特7级量表来测量潜在变量，因为多层级量表可以增加变量的变异量，并能够提高变量之间的区分度。没有逆向计分，均采用分数与评价正方向计分。量表题项中界定了数字程度等级，其中数字7代表"非常同意"、数字6代表"同意"、数字5代表"有点同意"、数字4代表"不确定"、数字3代表"有点不同意"、数字2代表"不同意"、数字1代表"非常不同意"。

在大多数情况，受访者的积极性并不是很高；此外，应该假设受访者不是肤浅的读者，出于这两个理由，应该尽可能将调查问卷设计得简单易答。[①] 考虑这些因素，加上题项数量较多，问卷在呈现形式设计上采用灰白色相间，每个题项表述尽量简短，让人感觉简单易答，同时每一部分进行空格间隔，全部量表题项没有跳答题项，且量表问题的答案保持回答一致形式。

为避免出现单一应答者回答偏差，本问卷调查采取了两种方式。一是通过问卷星上发放的电子问卷，在后台设置一个IP地址只能填写一份问卷，不可重复填写。二是通过人工发放的纸质版问卷，随机抽查了30份问卷，通过字迹、基本信息、选择答案来看，无发现单一应答者回答情况。

同时，根据为避免出现一致性问题的建议，本书在调查问卷题项的安排上，把高校治理绩效题项放在测度项后面，这种布局能在一定程度上防止被调查者在问卷填写过程中形成因果关联和逻辑自洽，也避免影响问卷结果的可

---

① ［美］罗伯特·F. 德威利斯：《量表编制：理论与应用（第3版）》，席仲恩、杜珏译，重庆大学出版社2016年版，第94页。

靠性。

另外，因为社会资本对高校治理绩效的影响不是一个短期过程，它与其他许多因素有关，所以本书相关变量高校治理绩效，主要针对近三年来的情况进行评价，而非一般意义上高校治理绩效的评判。因此，这次测量具有针对性和具体时效性。

三、访谈过程及结果

通过访谈来了解高校教职工对所在学校治理绩效的看法，以及影响治理绩效的主要因素，从而为选择和编订相应的社会资本与高校治理绩效关系调查问卷的测量题项提供依据。

（一）访谈对象

根据目的性抽样原则，选取了985高校，211高校，非985、211的省属高校，地方普通高校，高职高专院校5类公办高校，选取了5所公办高校有关学校领导、职能部门和二级学院中层管理人员、专任教师、行政教辅人员、辅导员等部门10名教职员工作为访谈对象。访谈对象基本信息见表5-1。

表5-1 访谈对象基本信息

性别	年龄	学历	职称	岗位	高校类型
女	52	博士研究生	正高	学校领导	公办高校
男	48	硕士研究生	副高	学校领导	公办高校
女	40	硕士研究生	副高	中层管理人员	公办高校
男	45	硕士研究生	中级	中层管理人员	公办高校
女	39	博士研究生	正高	专任教师	公办高校
男	36	博士研究生	副高	专任教师	公办高校
女	32	硕士研究生	中级	专任教师	公办高校
女	30	硕士研究生	中级	行政教辅人员	公办高校
男	29	硕士研究生	中级	行政教辅人员	公办高校
男	28	硕士研究生	中级	辅导员	公办高校

（二）访谈设计

通过对调查对象进行深度访谈，收集有关数据和资料，为调查问卷的测量量表题项编制提供参考。

1. 编制访谈提纲

提纲通常对研究方向起到指示作用，有助于围绕核心主题开展一系列具有逻辑性和层次性的研究。根据前期的文献综述，参考已有的理论框架和主题研究，本书在文献梳理和理论分析的基础上，结合研究者个人经验，针对研究主题，制定了半结构的访谈提纲，并与教育学领域的学术人士和高校一线教职工进行讨论和修改，形成《访谈提纲》（附录二），主要包括基本信息、高校治理绩效、结构性社会资本、关系性社会资本和认知性社会资本五个方面。

2. 进行预访谈

为了保障正式访谈的真实性和有效性，本书对3名教职工（中层管理人员、专任教师、行政教辅人员各1名）进行了预访谈。其主要目的是根据预访谈的结构，对访谈提纲进行修正和完善，形成正式访谈提纲；为正式访谈积累经验，特别是在访谈过程中的沟通技巧和注意事项，将有助于正式访谈的顺利进行，提高访谈的效果。

3. 正式进行访谈

首先，事前准备。制作访谈邀请函。把包含访谈的自愿和保密原则、目的、时间、主要内容以及访谈记录方式、内容检核、反馈方式等事项的访谈邀请函（附录一）和访谈提纲告知受访者，并跟受访对象预约访谈时间和地点。其次，事中实施。简明扼要地说明访谈大致内容、访谈目的、所需时间及相关注意事项，并根据受访者意愿，在访谈过程中进行录音。根据提纲进行访谈，当然在访谈的实际进程中，要把握访谈节奏和内容的灵活性和变化性，结合实际场景情况而调整。访谈进行过程中，应尽量营造自由轻松的氛围，耐心倾听受访对象的表达，用笔、纸速记受访对象提到的关键信息以及伴随的一些非言语行为记录，并就关注信息和细节对受访对象进行追问。最后，事后整理。对访谈内容，根据访谈录音和现场笔记进行整理，并把整理好的访谈文字材料发回给受访者检核。针对部分问题，通过电话和微信再次与受访对象进行交流与确认，最终确定访谈文本。正式访谈主要采用一对一的深度访谈，访谈地点以学校办公室或者教师休息室为主。每次访谈持续时间在 40~60 分钟，特别是需要全程录音的应在征求受访对象同意后方可进行。

(三) 访谈结果分析

对于访谈收集数据，通过手动方式进行编码分析。首先通过初步分类，对手机资料进行最基础的初级编码，完成访谈数据的重新整合与有关分析。其次进行选择性编码，因为本书已经具有清晰的理论框架，所以，在这一阶段编码不是为了生成新的理论，而是为了检验已有理论和确定主要变量。因此，部分通过二级编码方法进行资料的归纳和统合。因为本书中社会资本、资源获取和治理绩效各维度的不一致，故设定一级编码为：外部社会资本、内部社会资本、资源获取和治理绩效；二级编码为：外部联系、成员互动、互相信任、共同愿景、资源获取、教学绩效、科研绩效。

在访谈完成之后，再运用相关软件将访谈录音转译为文字材料。最后对文字材料进行仔细核对和梳理，形成了 27000 多字的文本资料。通过手动编码方式对访谈材料进行梳理和整合，以期获得来自实践工作中的具体微观信息，为量表题项编制建立基础。(见表 5-2 至表 5-5)

表 5-2 高校治理绩效维度二级编码结果

原材料摘录	治理绩效维度
"好的教学表现就是你在课堂上能够游刃有余，……与学生互动，还有学生的学习效果，也就是学生掌握知识的效果。""人才培养好的表现，是学生能找到好的工作，在社会的声誉较高。""学校在人才培养方面做得好不好，主要体现在学科和专业的特色方面。""学生在各类竞赛中的获奖数量在某种程度上代表了学生的培养素质。""优质课程也体现了教学水平。""优秀的教材也是好的教学经验的积累。""教学质量是获得教学成果的重要条件。""好的学校的招生录取分数线一般比较高。""教师参加教学比赛拿奖是教学能力的一种重要体现。""教学工作并不是那么容易出成绩的，需要花费大量的时间和精力……"	教学绩效

续表

原材料摘录	治理绩效维度
"学校衡量科研指标,肯定是看发了多少篇核心论文和出了多少本著作,搞了多少个省部和国家级课题。""主持或参与了重大项目的科研攻关。""学校科研成绩,还要看科研成果有多少进行了成果转化,服务了市场和企业。""发明专利也对学校科研的重要体现。""论文被引指数对学校科研影响有重要影响……""学校科研成绩的重要方面,体现在学校与校外企业和院校合作开展了多少产学研合作项目。""学校科研实力强,自然会有很多企业希望与学校合作,联合进行技术攻关……""学校科研成果也要看是否产生了重大的社会影响。""那些在国际期刊和国内核心期刊发表了论文的老师,提高了学校的知名度。""目前科研还是需要扎扎实实做出成果,这才是高质量的科研成果。""科学研究不能说就是纸上谈兵,它必须要转化为社会生产力。""企业把研发中心放到学校,促进了企业的生产,提高了企业的经济效益,学校也有了收获,它们是相互促进的,这是越滚越大的雪球效应。"	科研绩效

表5-3 资源获取维度二级编码结果

原材料摘录	资源获取维度
"学校成功申报国家一流学科，获得政府配套资金的大力支持，学校的声誉也提高了。""学校承担重大任务，获得政府相应资金的支持……""学校鼓励教师申报纵向课题，可以获得资金支持，以弥补学校在科研方面的支持力度。""学校大力推荐教师与企业和社会开展横向课题研究，可以获得更多资金支持，这种横向课题资金在管理方面给了教师更大的资金管理自主权……""我们经常会邀请知名学者来学校做讲座，也会参加外面的学术会议，进行学术信息的交流和沟通。""我们高薪引进了外部人才，为国家一流项目充实师资力量。""现在我们会经常做市场和行业调研，根据需求及时调整专业设置……""作为职业院校，与市场和企业加强联系，是非常重要的，这可以使学校得到企业的支持，获得行业的重要信息……""学校老师之间交流可以获得很多重要信息。""我从跟同事的交流中，对学生的情况有了更多的了解。""我觉得非正式的交往，如聚餐，好像更有利于促进工作，因为大家在相互联络，可以开拓思路。在工作方面会碰撞出一些火花，如有不同的观点，大家在聚餐的时候可以充分地进行沟通和协调。比如说，原来我是按照自己的想法去评价别人的工作方式是否合理、是否恰当，但最后都能够进行换位思考。按照每个人的处理方式，最终能够圆满解决一些问题，大家还都是认同的。""科研服务团队由不同专业背景的人聚在一起，可以碰撞出思想的火花……""人与人之间交往时间长了，自然会产生情感，在工作和生活中互相支持，这是人之常情。""我们跟企业和行业关系比较好，这对于学生就业有很大的促进作用，也有很大的帮助。"	资源获取（政策、资金、人才、信息、情感等资源）

表5-4　外部社会资本维度二级编码结果

原材料摘录	外部社会资本维度
"某企业说，我们买了德国进口的世界上最先进的仪器，这个仪器花了2100万元。我们把这个仪器设备直接放在了一所知名大学，请他们的教授到这里来做课题，同时，直接购买课题成果的专利。""兄弟院校之间有同样经历的一些老师会有一些联系。你与校外的这些交流会开拓自己的视野，同时可以了解其他学校的一些信息。互相交流后，从中借鉴别人一些好的地方。""我们学校将要进行绩效工资改革，因此去了好几个学校调研，去学习、借鉴其他学校好的经验。""我以前在行政部门，与省教育厅、省人社厅，还有省卫健委的联系比较多。现在作为老师跟其他兄弟院校、跟与自己专业相关的一些学会、研究会联系比较多。""学术交流能碰撞出新的火花，能开阔视野和眼界……"	外部联系

表5-5　内部社会资本维度二级编码结果

原材料摘录	内部社会资本维度
"根据工作关系，一般跟与自己部门业务相关的部门打交道比较多，如二级学院跟教务处、人事处、学生处、财务处以及后勤处打交道比较多。""在教学方面，我们教研室经常进行交流，互相启发。""我跟学生交流，发现学生有不少好的想法，这些想法能启发我，让我从新的视角来看待问题。""我跟那些业务部门的人员经常在工作会议上碰面交流，从中了解到不少情况。""作为专任老师，主要是跟学院的同事和领导打交道比较多，与其他学院的同事打交道主要是非正式活动时比较多。""有时候我跟项目组成员来往比较多，因为大家有共同的项目和任务要去完成。""学校除了场面上的会议，大多数是跟业务和工作相关的会议……""有些兴趣爱好，比如跟同事打球、爬山、游泳之类的运动。""跟几个比较好的同事定期会去聚餐，谈天说地……"	成员互动

续表

原材料摘录	内部社会资本维度
"如果这个学生信任你，他会愿意听你的课、愿意听你的教导。你信任这个学生，你也觉得这个学生是好学生，你会愿意把自己所学的东西毫无保留地教给他。""在实习或者工作当中会遇到一些劳资问题，或者是家里人会遇到一些法律问题，他们都会来找我，因为信任我。我也会尽自己的能力想办法告诉他们一些应对的方式。""同事之间如果缺乏基本的信任、缺乏基本的分享，处于各干各的上完班就回家这种状态，可能不利于我们个人的发展，甚至会影响整个学校的发展。""那种有信誉的人，我就爱跟他打交道，对那些失信人员，不会去跟他打交道，所以他就中断了这种资源，这是一种潜在资源。""学生信任我，他会把遇到的困难告诉我，我很感动，也会竭尽所能去帮助他。""自从那个老师在某件事情上反反复复，此后我就再也不相信他说的。""对学校领导信任，希望领导处事公平公正，真正为学校着想，把学校带入发展快车道。""师生应当扮演好各自角色，遵守基本规范，这样才能相互信任。""人与人要有起码的尊重，这样才可能互相信任。"	互相信任
"对学校的前景是非常看好的，因为我们是紧贴健康行业的，健康产业永远是朝阳产业，围绕这一块有很多文章可作。""未来要办本科，要继续提高学校层次，提高生源质量。""要扩大校园面积，为学校发展拓展空间。""要做好规划，确定好发展目标，并坚持执行规划，不能换一个领导就改规划，这不利于规划的制定。""希望学校领导，把人才聚集起来，带着大家加油干。""要对人才培养目标进行定位，并按照这个培养理念去运作。""未来发展要有一个总的目标，并制订规划。""结合学科专业，形成特色的校园文化，这对师生是耳濡目染，不断熏陶的过程。""希望学校在软实力方面加强建设，持续发挥作用。"	共同愿景

四、量表项目编制

本书涉及的测量变量可以划分为被解释变量、解释变量、中介变量。其中，高校治理绩效为被解释变量；解释变量包括外部社会资本和内部社会资本；中介变量为资源获取。根据前文的概念模型，本书的研究包括内外社会资本、资源获取和高校治理绩效三项变量概念,共计52个题项。在量表开发中,本书尽量采用国内外文献中已经被证明有效或相对成熟的测量题项。另外,还结合了本研究的实际情况、访谈调查获得结果,以及专家的意见进行编制。

(一) 高校治理绩效初始测量题项

本书中的被解释变量是高校治理绩效,它被定义为高校组织个人和群体在共同推动高校发展过程中所取得的办学成果。

现代高校的主要职能包括人才培养、科学研究和社会服务三大方面。如果对高校治理绩效进行测量,需要考虑如何处理好这三者之间的关系。现代大学的根本使命是培养人才,这是无可替代的重要使命。科学研究也是现代大学的一项重要职能。从更大范围来看,社会服务应当包括培养人才和科学研究。而从具体内涵来说,社会服务特指高校为社会提供的各种服务。换言之,社会服务是人才培养和科学研究过程的延伸。做好人才培养和科学研究,才可能有资格和条件为社会服务。高校社会服务的功能绩效主要是通过教育教学的人才培养、科技服务、信息服务的成果才得以体现。也就是说,社会服务绩效包含在人才培养和科学研究当中。另外,潘懋元教授表示,高校为社会服务的职能,应当着眼于服务,也就是讲求服务效果,表现在服务精神和教育质量效果。[1]也就是说,社会服务的最终成果是以社会效益来衡量的。

此外,在国内外关于高校办学绩效指标中,也只是以人才培养(教学)绩效和科学研究(科研)绩效作为高校治理绩效的衡量指标。如马丁·凯夫和卡梅伦等人提出了具有代表性的14个精选绩效指标,包括教学指标和科研指标。[2]贝斯卡等人通过设置科研与教学两者的资源分配比例,以DEA方法测算出科研和教学效率。艾维克和阿博特等人分别基于输出和输入导向的BCC模型来测算澳大利亚高校的办学效率,他们认为全面准确评价高校办学效率的主要难点在于对教学产出和科研产出的测量。刘艳也将人才培养和科学研究视为高校办校绩效的两个主要方面,共有7个题项。彭耀平和何希慧把高等教育机构绩效分为教学表现、科研表现和服务表现三个方面,分别从5个题项和3

---

[1] 潘懋元:《高等教育学》,福建教育出版社2007年版,第65页。
[2] Cameron K, Smart J. "Maintaining Effectiveness Amid Downsizing and Decline in Institutions of Higher Education". *Research in Higher Education*, 1998 (39): 65–68.

个题项进行测量。[①]

综合上述做法，参考由武汉大学中国科学评价研究中心、杭州电子科技大学中国科教评价研究院与中国科教评价网共同研发编著的"金平果排行榜"中关于高校教学水平和科研能力的评价指标，以及刘艳的调查问卷中关于高校办学绩效的量表，并结合专家意见，本书以人才培养和科学研究作为衡量高校治理绩效的两大类指标，其中，人才培养（教学）绩效有6个分指标，科学研究（科研）绩效有6个分指标（见表5-6）。

表5-6 高校治理绩效变量项目来源

测量题项	资料来源
本校招收全日制学生的入学平均成绩要比同类院校的成绩高	马丁·凯夫、卡梅伦等（1998）；刘艳（2009）；彭耀平、何希慧（2019）
本校毕业生就业综合指标（就业率、薪酬水平、社会满意度、学生满意度等）比同类院校高	
本校特色专业或优势学科（省级、国家级）数量在增加	
本校课程及教材（精品课程、视频公开课、国家级教材）数量在增加	
本校教学成果（省级、国家级）获奖数量在增加	
本校学生参加各类竞赛（省级、国家级）获奖数量在增加	
本校科研成果数量在增加	
本校科研成果质量在提高	
本校科研成果转化率在提升	
本校发明专利授权数在增加	
本校论文或著作被引数在提高	
本校产学研合作项目数量在增加	

（二）社会资本变量初始测量题项

在本书中解释变量为社会资本。它被定义为嵌入在高校个人和群体的行动者之间关系中的实际和潜在的资源。

边燕杰和邱海雄认为，社会资本包括纵向联系、横向联系、社会联系。纵

[①] 彭耀平、何希慧：《外部社会资本能否为高等教育机构带来正向的绩效？以内部社会资本与机构宽裕资源为中介变数》，载《当代教育研究季刊》2019年第9期，第65-99页。

向联系，主要指企业与上级集团企业、政府部门以及下级企业、分支机构、部门之间的联系；横向联系，主要指企业与其他相关企业之间的联系，譬如与合作伙伴、中介机构之间的联系；社会联系主要指企业经营者的社会交往和联系。① 莉娜和菲尔认为学校社会资本应该包括内部社会资本和外部社会资本，经过研究发现，内外部社会资本对城市公立学校组织绩效产生积极影响。② 他们以教师之间的关系来表示内部社会资本，以校长与外部利益相关者之间的关系来表示外部社会资本。刘艳把高校社会资本分为内部和外部社会资本，其中，内外部社会资本均划分为结构、关系和认知三个维度，以网络结构4个题项、信任关系2个题项、共同愿景2个题项来测量内部社会资本，用校长社会地位2个题项、外部联系联结8个题项以及承诺与共享3个题项来测量外部社会资本。③ 彭耀平和何希慧把高校社会资本分为内部社会资本和外部社会资本，其中外部社会资本分为外部联系7个题项和政治参与3个题项来测量，内部社会资本按照结构、关系和认知维度，分为资讯分享6个题项、信任6个题项和共享愿景4个题项进行测量。④

综上所述，本书将解释变量社会资本分为高校外部社会资本和高校内部社会资本两大方面，共32个题项。

外部社会资本主要是外部联系，指高校与校外的政府、科研院校、社会组织、企业公司以及相关利益者等进行互动联系，设8个题项进行测量（见表5-7）。

内部社会资本主要包括高校的结构维度、关系维度和认知维度，其中，结构维度指正式结构和网络结构，设8个题项；关系维度指信任关系和规范关系，设8个题项；认知维度指共同理念和共同愿景，设8个题项，进行测量（见表5-8）。

---

① 边燕杰、丘海雄：《企业的社会资本及其功效》，载《中国社会科学》2000年第2期，第87-99页。

② Carrie R L, Frits K P. "Social Capital and Organizational Performance: Evidence From Urban Public Schools". *Organization Science*, 2006 (3): 353-366.

③ 刘艳：《高校社会资本对办学绩效的影响》，经济科学出版社2009年版，第119-123页。

④ 彭耀平、何希慧：《外部社会资本能否为高等教育机构带来正向的绩效？以内部社会资本与机构宽裕资源为中介变数》，载《当代教育研究季刊》2019年第9期，第65-99页。

表 5-7　外部社会资本变量项目来源

测量题项	资料来源
本校与政府相关部门有互动联系，如办理相关业务、申报研究课题、开展合作项目等	边燕杰、邱海雄（2000）；Adler & Kwon（2002）；莉娜、菲尔（2006）；刘艳（2009）；彭耀平、何希慧（2019）
本校根据政府政策和社会需求，调整专业学科建设和开展教育教学活动	
本校与科研院所或其他院校合作进行人才培养和学术交流活动	
本校参加或组织相关学术论坛、学术会议、年会和竞赛，与同行交流	
本校从政府、企业界、学术界和社会邀请知名人士进校举行讲座，与师生互动交流	
本校与企业间有合作往来，如共建实习基地、进行产学研合作、采购教学实训实验设备等	
本校与社会机构第三方合作，对本校毕业生培养质量进行跟踪调查等	
本校与校友、社会人士有互动联系	

表 5-8　内部社会资本变量项目来源

测量题项	资料来源
本校内部院系之间有互动交流	Nahapiet & Ghoshal（1998）；Tsai & Ghoshal（1998）；Adler & Kwon（2002）；莉娜、菲尔（2006）；刘艳（2009）；彭耀平、何希慧（2019）
本校内部管理部门之间有互动联系	
本校内部管理部门与院系之间有互动联系	
本校教职工通过学校内部有关部门和工作流程办理相关业务	
本校教职工会在学校内部的工作会议、研讨会和座谈会等有关会议上进行交流	
本校教职工参加同事的聚餐、聚会、运动、网上讨论等非正式活动	
本校教职工经常通过电话、微信、QQ、电子邮件等方式进行沟通和联系	
本校教职工会在学校食堂、电梯、校道和运动场等各类非正式场合交谈	
本校教职工认为师生信任非常重要	
本校教职工之间整体上是互相信赖的	

续表

测量题项	资料来源
本校教职工总体上是相信学校领导的	
本校教职工总体上是信赖学校制度的	
本校教职工相信在工作中努力付出总会有回报	
本校教职工应该为人师表，爱岗敬业，关心学生	
本校教职工认为学生应当认真学习，勤奋努力，尊敬师长	
本校教职工认为在人与人的交往中，应该相互尊重，相互帮助，遵守规范，共同维护集体秩序	
本校教职工对学校的性质、理念和职能的认识一致	
本校教职工对学校的校训和办学宗旨的认识一致	
本校教职工对学校人才培养、科学研究和社会服务的重要性的理解一致	
本校教职工对学校活动（如开学典礼、毕业典礼等）重要性的理解一致	
本校教职工对学校未来发展前景的想法一致	
本校教职工对学校总体发展目标的想法一致	
本校教职工对学校的办学层次的看法一致	
本校教职工对影响学校发展的重大事件的看法一致	

（三）资源获取初始测量题项

当考虑自变量 X 对因变量 Y 的影响时，如果 X 通过影响变量 M 来影响 Y，则称 M 为中介变量。本书研究的中介变量是资源获取。它是指高校从组织内部和外部通过有关方式获得资金、物质、政策、信息、学术、技术、人力、情感、信任和声誉等有形资源和无形资源的能力。在本书中，按照获取资源的来源，可以将资源获取大致分为资源外部获取和资源内部积累两个方面。

金蕾认为，资源获取能力的核心内容主要包括组织从政府、居民以及其他组织获取资金、技术、信息等方面的能力，量表中对资源获取能力设置了 3 个题项，主要集中在资金、技术和信息三个方面。[①]朱秀梅等把资源获取分为知

---

① 金蕾：《制度环境、社会资本对社区社会组织有效性的影响及其作用机制》，浙江大学 2017 年博士学位论文，第 99 页。

识资源获取和运营资源获取两个方面,在李克特 5 级量表中用 5 个题项来测量知识资源获取,用 4 个题项来测量运营资源获取。① 谭云清和翟森竞在讨论中国 OFDI 企业国际化绩效时,把资源获取分为信息获取、知识获取和声誉获取三个方面,在量表中各自分别以 3 个题项进行测量。② 郭卫东和侯俊霞把关键资源获取分为政府支持、关系嵌入、跨界搜寻、资源拼凑四个方面,在 7 级量表中,采用 5 个题项来测量政府支持,11 个题项来测量关系嵌入,12 个题项来测量跨界搜寻,9 个题项来测量资源拼凑。③ 刘艳在讨论影响高校办学绩效时,把组织创新、信息沟通和社会融资作为中介变量,其中信息沟通和社会融资是资源获取的重要方面,在量表中以 21 个题项来测量信息沟通,采用 4 个题项来测量社会融资。④ 彭耀平和何希慧在李克特 5 级量表中,采用 6 个题项来测量资源宽裕。⑤

综上所述,本书研究的中介变量为资源获取,共设 8 个题项进行测量(见表 5-9)。

---

① 朱秀梅、陈琛、蔡莉:《网络能力、资源获取与新企业绩效关系实证研究》,载《管理科学学报》2010 年第 4 期,第 44-56 页。

② 谭云清、翟森竞:《关系嵌入、资源获取与中国 OFDI 企业国际化绩效》,载《管理评论》2020 年第 2 期,第 29-39 页。

③ 郭卫东、侯俊霞:《双创背景下关键资源获取对新创企业成长绩效的影响——基于动态能力的中介效应》,载《首都经济贸易大学学报》2021 年第 5 期,第 86-100 页。

④ 刘艳:《高校社会资本对办学绩效的影响》,经济科学出版社 2009 年版,第 127-129 页。

⑤ 彭耀平、何希慧:《外部社会资本能否为高等教育机构带来正向的绩效?以内部社会资本与机构宽裕资源为中介变数》,载《当代教育研究季刊》2019 年第 9 期,第 65-99 页。

表 5-9 资源获取变量项目来源

测量题项	资料来源
本校教职工在交往中,获得信息资源,增进见闻见识	Tsai & Ghoshal (1998);金蕾 (2017);朱秀梅、陈琛 (2010);谭云清、翟森竞 (2020);刘艳 (2009)
本校教职工交往互动,增进感情理解,获得心理支持	
本校部门(院系)之间相互交流,获得教学和科研相关信息	
本校与其他院校、科研院所等交流,获得知识信息、师资资源	
本校与企业合作,获得资金支持、行业发展和人才需求信息	
本校与校友、社会人士捐助者互动联系,获得资金捐赠	
本校依据政府政策引导和资金支持,进行人才培养,开展项目研究	
本校与校外合作,扩大社会影响力,提高学校知名度	

第二节 问卷预测试

一、预测试调查样本

在量表编制完成基础上,根据研究需要加入人口学特征问题,结合专家意见,形成《社会资本与公办高校治理绩效关系的调查问卷(预测版)》(附录三)。预测试问卷共有 8 个基本信息问题和 52 个量表项目(外部社会资本、内部社会资本、资源获取、高校治理绩效变量),共计 60 个问题。

在预测试阶段,研究者主要综合采用类型抽样与随机抽样方式,选择广东省五种类型的公办高校,分别是 985 高校,211 高校,非 985、211 的省属普通高校,地方普通高校,高职高专院校各 1 所作为问卷调研高校;在已抽取的高校中,随机抽取每所高校的领导、中层管理人员、专任教师、行政教辅人员、辅导员等共 230 人作为预测问卷调查对象。2021 年 5 月 1 日至 30 日共发放问卷 230 份,收回 200 份,其中有效问卷 185 份,样本有效率为 92.5%。

表 5-10 是预测试阶段样本基本背景信息分布情况。

第五章 问卷设计与问卷调查实施

表 5-10 样本基本背景信息分布情况

名称	选项	样本数	百分比（%）	累积百分比（%）
性别	男	78	42.16	42.16
	女	107	57.84	100
年龄	20～30岁	27	14.59	14.59
	31～40岁	100	54.06	68.65
	41～50岁	44	23.78	92.43
	51岁及以上	14	7.57	100
学历	博士研究生	25	13.51	13.51
	硕士研究生	119	64.33	77.84
	本科	39	21.08	98.92
	专科	2	1.08	100
工龄	1～5年	40	21.62	21.62
	6～10年	45	24.32	45.94
	11～20年	72	38.92	84.86
	21年以上	28	15.14	100
职称	初级	50	27.03	27.03
	中级	97	52.43	79.46
	副高级	31	16.76	96.22
	高级	7	3.78	100
岗位性质	高校领导	5	2.7	2.7
	中层管理人员	28	15.14	17.84
	专任教师	63	34.05	51.89
	行政教辅人员	76	41.08	92.97
	辅导员	13	7.03	100
高校类型	A.985高校	5	2.7	2.7
	B.211高校	18	9.73	12.43
	除A、B外的普通高校	82	44.33	56.76
	公办高职高专院校	80	43.24	100

续表

名称	选项	样本数	百分比（%）	累积百分比（%）
学生规模	10000 人及以下	23	12.43	12.43
	10001～20000 人	64	34.60	47.03
	20001～30000 人	60	32.43	79.46
	30001～40000 人	19	10.27	89.73
	40001 人及以上	19	10.27	100
合计		185	100	100

二、预测试实施

本书的预测试采用发放问卷调查的方式收集数据。调查问卷的时间从 2021 年 5 月 1 日至 30 日，本书的问卷调查主要采用两种方式。

（一）发放纸质版问卷

请高校有关人员帮忙沟通联系，纸质版问卷由笔者直接到公办高校现场发放。首先向参与调查的被测试者解释本次调查的目的和问卷的基本形式，然后请受访者答卷并当场收回。为了确保受访者的隐私不被泄露，问卷全部存放于封闭性的纸质信封中，待受访者填好之后将问卷再次存入信封。此种方式主要针对笔者所在高校，以及熟悉的朋友、同事所在高校和位于广州市的有关高校。

（二）发送电子版问卷

因为距离和时间以及填写方便等因素，广州市部分高校，尤其是广州市以外高校的调查问卷以电子版形式，采用问卷星小程序运用社交平台（如微信、QQ 等）进行调查，通过二维码或发布网址收集问卷。为了避免单一主体进行重复答题的情况，已在问卷星小程序后台设置同一 IP 地址不能重复答题，从而在一定程度上保证了问卷的真实性。另外，笔者通过联系人对问卷的发放和回收，采取一对一定点发送模式，如单独发给某个高校教职工填写问卷，等待一周之后如果对方还没填写提交问卷，再进行单独提醒。

三、预测试分析结果

针对预测试收集的数据,主要经过项目分析、信度分析和探索性因子分析,来确定相关题项的删除和保留,从而形成正式问卷。

(一) 项目分析结果

项目分析 (item analysis) 是对回收量表数据质量的分析研究,也可称为区分度分析。其目的在于,研究所得到的数据能否有效区分出高低水平。具体做法是,首先,对所要分析项进行求和;然后,把求和所得数据以百分位数的 27% 和 73% 作为划分标准分成三个部分,相对应为低、中、高三组;最后,采用 t 检验对比高分组和低分组之间的差异。有明显差异的话,表示具有良好区分性。反之,则反映区分性较差,随之,需要考虑将对应部分的相关题项进行删除处理 (见表 5-11)。

表 5-11 各变量项目分析结果

题项	组别(平均值±标准差)		t (决断值)	p
	低分组 ($n=51$)	高分组 ($n=53$)		
外部 1	3.76±1.54	5.72±1.06	7.484	0.000**
外部 2	4.14±1.37	5.68±1.09	6.365	0.000**
外部 3	3.84±1.71	5.64±1.24	6.110	0.000**
外部 4	4.35±1.63	5.89±0.97	5.785	0.000**
外部 5	4.20±1.76	6.04±0.90	6.697	0.000**
外部 6	4.00±1.61	5.79±1.18	6.482	0.000**
外部 7	3.90±1.73	5.87±1.00	7.043	0.000**
外部 8	4.00±1.82	5.87±1.04	6.390	0.000**
内部 a1	4.08±1.59	5.79±1.06	6.451	0.000**
内部 a2	4.27±1.93	5.43±1.70	3.243	0.002**
内部 a3	4.04±1.55	5.79±0.97	6.892	0.000**
内部 a4	3.86±1.50	5.64±1.09	6.939	0.000**
内部 a5	3.63±1.84	5.11±1.31	4.721	0.000**

续表

题项	组别（平均值±标准差）		t（决断值）	p
	低分组（n=51）	高分组（n=53）		
内部 a6	3.80±2.12	5.28±1.67	3.948	0.000**
内部 a7	3.84±1.63	5.70±0.97	7.016	0.000**
内部 a8	4.08±1.45	5.74±0.94	6.868	0.000**
内部 b1	**5.98±0.95**	**6.13±0.83**	**0.867**	**0.388**
内部 b2	**5.51±1.05**	**5.87±0.92**	**1.855**	**0.067**
内部 b3	5.35±1.00	5.79±1.08	2.154	0.034*
内部 b4	4.98±1.57	5.74±1.23	2.742	0.007**
内部 b5	4.78±1.55	5.49±1.56	2.310	0.023*
内部 b6	3.61±1.61	5.43±1.01	6.888	0.000**
内部 b7	3.80±1.72	5.57±1.20	6.034	0.000**
内部 b8	3.71±1.58	5.53±1.07	6.871	0.000**
内部 c1	4.82±1.53	5.68±1.01	3.344	0.001**
内部 c2	3.59±1.66	5.32±1.37	5.808	0.000**
内部 c3	3.80±1.48	5.53±1.10	6.745	0.000**
内部 c4	4.31±1.42	5.40±1.21	4.182	0.000**
内部 c5	3.96±1.80	5.89±0.91	6.843	0.000**
内部 c6	4.55±1.51	5.87±1.00	5.22	0.000**
内部 c7	4.27±1.64	5.83±0.96	5.887	0.000**
内部 c8	4.10±1.53	5.94±0.84	7.594	0.000**
资源 1	3.37±1.33	5.75±1.31	9.200	0.000**
资源 2	5.14±1.64	5.87±1.11	2.654	0.009**
资源 3	4.06±1.45	5.89±1.17	7.063	0.000**
资源 4	4.12±1.39	6.06±1.15	7.717	0.000**
资源 5	3.88±1.41	6.02±1.12	8.545	0.000**
资源 6	3.59±1.37	5.98±1.28	9.187	0.000**
资源 7	3.20±1.30	5.64±1.13	10.273	0.000**
资源 8	5.49±1.50	6.02±0.97	2.123	0.037*
治理 a1	3.88±1.24	5.74±1.15	7.909	0.000**

续表

题项	组别（平均值±标准差）		t（决断值）	p
	低分组（$n=51$）	高分组（$n=53$）		
治理 a2	3.65±1.16	5.83±1.03	10.13	0.000**
治理 a3	3.73±1.20	5.72±0.95	9.403	0.000**
治理 a4	3.27±1.36	5.83±1.10	10.548	0.000**
治理 a5	3.78±1.17	5.81±1.16	8.861	0.000**
治理 a6	3.88±1.28	5.75±0.92	8.619	0.000**
治理 b1	4.39±1.61	5.75±1.14	4.954	0.000**
治理 b2	3.37±1.39	6.06±1.05	11.122	0.000**
治理 b3	3.53±1.32	5.77±0.91	10.066	0.000**
治理 b4	3.84±1.30	5.89±0.97	9.038	0.000**
治理 b5	3.63±1.36	5.89±1.14	9.218	0.000**
治理 b6	3.65±1.23	6.02±1.05	10.604	0.000**

注：*$p<0.05$，**$p<0.01$。

通过表5-11可知，总体而言，问卷测量题项大部分的区分度比较高，除了内部b1、内部b2的$p>0.05$外，其他各个测量题目均具有显著性，具有鉴别力，因此在后续分析中，要删除内部社会资本的b1、b2两个测量题目。

（二）信度分析结果

信度分析的目的在于测量回收样本的回答结果是否具有可靠性，即样本中量表类题项有没有真实作答。本文采用内部一致性信度和分半信度来进行分析。

1. 内部一致性信度分析

内部一致性信度通常包括两个主要指标：一是克隆巴赫信度系数（Cronbach's α 系数值），二是修正的项目总相关性（CITC）。信度分析只针对样本中定量数据的 Cronbach's α 系数值。以 Cronbach's α 系数值0.8、0.7、0.6为划分标准，量表的信度非常好，是在系数值0.8以上；量表都是可以接受，是在0.7以上；如果在0.6以上，该量表题项应进行修订，但仍有其特有价值；如果低于0.6，该量表题项需要重新设计。

现对各变量题项进行信度分析，结果见表5-12至表5-18。

表 5-12　外部社会资本的信度分析结果

维度	题项	CITC	项目删除后的 Cronbach's α 系数值	Cronbach's α 系数值
外部联系	外部 1	0.784	0.913	0.925
	外部 2	0.716	0.918	
	外部 3	0.764	0.914	
	外部 4	0.699	0.919	
	外部 5	0.683	0.921	
	外部 6	0.747	0.916	
	外部 7	0.754	0.915	
	外部 8	0.829	0.909	

由表 5-12 可知，外部社会资本的 Cronbach's α 系数值为 0.925，大于 0.8，这一结果表明外部社会资本的数据信度质量较高。针对"项目已删除后的 Cronbach's α 系数值"，任意题项被删除后，信度系数都不会有明显上升，而分析项的 CITC 值均大于 0.5。因此，结果表明分析项之间具有良好的相关关系，同时也说明外部社会资本信度质量高。

表 5-13　内部社会资本的信度分析结果

维度	题项	CITC	项目删除后的 Cronbach's α 系数值	Cronbach's α 系数值
成员互动	内部 a1	0.703	0.804	0.839
	内部 a2	**0.392**	0.845	
	内部 a3	0.612	0.816	
	内部 a4	0.669	0.808	
	内部 a5	0.641	0.811	
	内部 a6	**0.395**	0.849	
	内部 a7	0.679	0.807	
	内部 a8	0.577	0.820	

续表

维度	题项	CITC	项目删除后的 Cronbach's α 系数值	Cronbach's α 系数值
互相信任	内部 b3	0.214	0.721	0.705
	内部 b4	0.399	0.678	
	内部 b5	0.390	0.681	
	内部 b6	0.587	0.614	
	内部 b7	0.502	0.644	
	内部 b8	0.517	0.639	
共同愿景	内部 c1	0.387	0.902	0.891
	内部 c2	0.697	0.874	
	内部 c3	0.730	0.871	
	内部 c4	0.649	0.879	
	内部 c5	0.721	0.872	
	内部 c6	0.687	0.875	
	内部 c7	0.710	0.873	
	内部 c8	0.755	0.869	

从表 5-13 可知，成员互动里的内部 a2、内部 a6 的 CITC 小于 0.5，且删除这 2 个题目后，整体信度会提高，因此删除这 2 个题目；互相信任里的内部 b3、内部 b4、内部 b5 的 CITC 小于 0.5，且删除这 3 个题目后，整体信度会提高，因此删除这 3 个题目；共同愿景里的内部 c1 的 CITC 小于 0.5，且删除这个题目后整体信度会提高，因而删除这个题目。重新进行信度分析，得到表 5-14。

表 5-14　内部社会资本第二次信度分析结果

维度	题项	CITC	项目删除后的 Cronbach's α 系数值	Cronbach's α 系数值
成员互动	内部 a1	0.753	0.847	0.879
	内部 a3	0.667	0.861	
	内部 a4	0.723	0.852	
	内部 a5	0.690	0.858	
	内部 a7	0.720	0.852	
	内部 a8	0.563	0.877	
互相信任	内部 b6	0.745	0.823	0.870
	内部 b7	0.764	0.806	
	内部 b8	0.746	0.822	
共同愿景	内部 c2	0.707	0.888	0.902
	内部 c3	0.712	0.887	
	内部 c4	0.660	0.893	
	内部 c5	0.724	0.886	
	内部 c6	0.697	0.889	
	内部 c7	0.711	0.887	
	内部 c8	0.764	0.881	

从表 5-14 可知，各个变量的 Cronbach's α 系数值均大于 0.7 的标准，可以表明，内部社会资本变量具有良好的内部一致性信度。

表 5-15 资源获取的信度分析结果

维度	题项	CITC	项目删除后的 Cronbach's α 系数值	Cronbach's α 系数值
资源获取	资源 1	0.707	0.872	0.890
	资源 2	**0.486**	0.892	
	资源 3	0.695	0.874	
	资源 4	0.758	0.867	
	资源 5	0.727	0.870	
	资源 6	0.745	0.868	
	资源 7	0.793	0.863	
	资源 8	**0.382**	0.899	

从表 5-15 可知，资源获取的 Cronbach's α 系数值为 0.890，大于 0.8，但资源获取里的资源 2、资源 8 的 CITC 值小于 0.5，且删除这 2 个题目后，整体信度会提高，因此删除这 2 个题目。重新进行信度分析，得到表 5-16。

表 5-16 资源获取第二次信度分析结果

维度	题项	CITC	项目删除后的 Cronbach's α 系数值	Cronbach's α 系数值
资源获取	资源 1	0.709	0.900	0.910
	资源 3	0.707	0.900	
	资源 4	0.750	0.894	
	资源 5	0.745	0.895	
	资源 6	0.763	0.892	
	资源 7	0.825	0.883	

采取同样方式可知，资源获取变量具有良好的内部一致性信度，这表明该变量具有良好的信度。

接下来，考察高校治理绩效变量题项的信度分析（见表5-17至表5-18）。

表5-17 高校治理绩效的信度分析结果

维度	题项	CITC	项目删除后的 Cronbach's α 系数值	Cronbach's α 系数值
教学绩效	治理 a1	0.630	0.865	0.877
	治理 a2	0.689	0.855	
	治理 a3	0.729	0.850	
	治理 a4	0.683	0.858	
	治理 a5	0.746	0.846	
	治理 a6	0.635	0.864	
科研绩效	**治理 b1**	**0.400**	0.879	0.862
	治理 b2	0.680	0.835	
	治理 b3	0.732	0.825	
	治理 b4	0.700	0.831	
	治理 b5	0.711	0.828	
	治理 b6	0.723	0.826	

从表5-17可知，科研绩效里的治理b1的CITC值小于0.5，且删除这个题目后，整体信度会提高，因此删除这个题目。重新进行信度分析，得到表5-18。

表5-18 高校治理绩效第二次信度分析结果

维度	题项	CITC	项目删除后的 Cronbach's α 系数值	Cronbach's α 系数值
教学绩效	治理 a1	0.630	0.865	0.877
	治理 a2	0.689	0.855	
	治理 a3	0.729	0.850	
	治理 a4	0.683	0.858	
	治理 a5	0.746	0.846	
	治理 a6	0.635	0.864	

续表

维度	题项	CITC	项目删除后的 Cronbach's α 系数值	Cronbach's α 系数值
科研绩效	治理 b2	0.695	0.861	0.879
	治理 b3	0.736	0.848	
	治理 b4	0.670	0.863	
	治理 b5	0.734	0.848	
	治理 b6	0.740	0.847	

从表 5-18 可知，高校治理绩效 Cronbach's α 系数值均大于 0.7 的标准，表明高校治理绩效变量具有良好的内部一致性信度。

综上所述，所有主要变量信度系数均在 0.7 以上，因此说明预测问卷量表的数据信度质量高。

2. 分半信度分析

分半信度，是指将问卷量表所有题项分为两半，然后计算两部分各自的信度以及相关系数，进而评估整个量表的信度。如果说测量题数量为偶数，则这两部分题项数量相等，反之则不相等。在分析时需要看两部分题项是否相等，查看对应的分半系数（Spearman-Brown 系数）。其判断标准为，分半系数值介于 0.7~0.8 之间的信度较好；分半系数值介于 0.6~0.7 之间的信度则可接受；分半系数值小于 0.6 的信度则不佳。具体分析见表 5-19 至表 5-22。

表 5-19 外部社会资本的分半信度分析结果

Cronbach's α 系数值	前半部分	值	0.851
		项数	4
	后半部分	值	0.862
		项数	4
	总项数		8
前半部分和后半部分间的相关系数值			0.880

续表

分半系数（Spearman-Brown 系数）	等长	0.936
	不等长	0.936
Guttman Split-Half 系数		0.936

根据表 5-19 可知，参照上述同样做法，分半信度系数为 0.936，大于 0.9，说明外部社会资本数据的信度质量很高。

表 5-20　内部社会资本的分半信度分析结果

Cronbach's α 系数值	前半部分	值	0.797
		项数	12
	后半部分	值	0.869
		项数	12
	总项数		24
前半部分和后半部分间的相关系数值			0.554
分半系数（Spearman-Brown 系数）	等长		0.713
	不等长		0.713
Guttman Split-Half 系数			0.708

由表 5-20 可知，参照上述同样方式得出，分半信度系数值为 0.713，大于 0.7，表明内部社会资本数据的信度质量较高。

表 5-21　资源获取的分半信度分析结果

Cronbach's α 系数值	前半部分	值	0.796
		项数	4
	后半部分	值	0.800
		项数	4
	总项数		8
前半部分和后半部分间的相关系数值			0.818

续表

分半系数(Spearman-Brown 系数)	等长	0.900
	不等长	0.900
Guttman Split-Half 系数		0.900

按表 5-21 可知，参照上述同样做法，分半信度系数值为 0.9，大于 0.8，表明资源获取研究数据信度质量高。

表 5-22　高校治理绩效的分半信度分析结果

Cronbach's α 系数值	前半部分	值	0.877
		项数	6
	后半部分	值	0.862
		项数	6
	总项数		12
前半部分和后半部分间的相关系数值			0.669
分半系数(Spearman-Brown 系数)	等长		0.801
	不等长		0.801
Guttman Split-Half 系数			0.801

从表 5-22 可知，高校治理绩效的分半信度系数为 0.801，明显大于 0.8，说明高校治理绩效变量数据的信度质量高。

对上述主要变量分半信度分析进行汇总，得到表 5-23。

表 5-23　各主要变量题项分半信度分析结果汇总

变量	项数	样本量	分半系数
外部社会资本	8	185	0.936
内部社会资本	24	185	0.713
资源获取	8	185	0.900
高校治理绩效	12	185	0.801

由表 5-23 可知，外部社会资本题项的分半信度数值最高，为 0.936，而内部社会资本题项的分半信度数值最低，为 0.713，但所有题项的分半信度系数均在 0.7 以上，这综合说明预测问卷量表数据的分半信度质量高。

综合上述，内部一致性和分半信度的分析判断，外部社会资本、内部社会资本、资源获取和高校治理绩效所有题项，均具有较高的信度质量。

（三）探索性因子分析结果

探索性因子分析法（EFA）被认为是一种通过找出多元观测变量的本质结构，并进行减少维度的技术。因而，EFA 能够从错综复杂的关系中将变量概括为少数几个核心因子。探索性因子分析通常有三个步骤：第一步是判断是否适合进行因子分析，判断标准为 KMO（Kaiser-Meyer-Olkin）值大于 0.6。第二步是因子与题项对应关系判断。以因子载荷系数来判断分析项与因子之间的相关程度。以分析项的共同度（公因子方差）绝对值大于或小于 0.4 的那个值来决定题项删减。第三步是因子命名，确认因子与题项对应关系良好后，对因子进行命名。

1. 外部社会资本的探索性因子分析

外部社会资本主要是与外部联系有关的 8 个题目，将对此进行探索性因子分析。利用 SPSS 23.0 进行探索性因子分析对量表进行 KMO 和 Bartlett's 球形检验，结果见表 5-24。

表 5-24　KMO 和 Bartlett 的检验结果

	取样足够度的 KMO 度量	0.935
Bartlett 的球形检验	近似卡方	942.359
	df	28
	Sig.	0.000

由表 5-24 可知，KMO 值为 0.935，大于 0.7，球形检验值显著（Sig. 小于 0.001），这表明问卷数据符合因子分析的前提要求。通过进一步分析，因子提取时采用主成分分析方法，并以特征根大于 1 为因子提取公因子，因子旋转时采用方差最大正交旋转进行因子分析。分析结果见表 5-25。

表5-25 外部社会资本的因子分析结果

	成分
	外部联系
外部1	0.840
外部2	0.784
外部3	0.827
外部4	0.770
外部5	0.757
外部6	0.811
外部7	0.818
外部8	0.878
特征值	5.268
方差%	65.849
累积%	65.849

采取同上方式可以看出,外部社会资本的因子分析结果总共得到1个因子,总解释能力达到了65.849%,大于50%。因此,可以表明筛选出来的这个因子具有良好的代表性。各个测量题项的因子负荷量均大于0.5,每个题项均落到对应的因子中,表明外部社会资本量表具有良好的结构效度。

2. 内部社会资本的探索性因子分析

内部社会资本主要包括成员互动、互相信任和共同愿景三个方面24个题项。对此,采用上述同样方法,得到KMO值为0.91,大于0.6,Bartlett球形检验卡方值为1594.379（Sig.<0.001）,这表明内部社会资本的题项之间存有共同因素,可做探索性因子分析,结果见表5-26。

表5-26 KMO和Bartlett的检验结果

取样足够度的KMO度量		0.910
Bartlett的球形检验	近似卡方	1594.379
	df	120
	Sig.	0.000

因子提取时采用主成分分析方法，并以特征根大于 1 为因子提取公因子，因子旋转时采用方差最大正交旋转进行因子分析。分析结果见表 5-27。

表 5-27 内部社会资本的因子分析结果

	成分		
	共同愿景	成员互动	互相信任
内部 c8	**0.798**	0.185	0.164
内部 c6	**0.781**	0.160	-0.003
内部 c5	**0.778**	0.148	0.158
内部 c3	**0.773**	0.105	0.164
内部 c7	**0.761**	0.213	0.096
内部 c2	**0.756**	0.191	0.130
内部 c4	**0.719**	0.145	0.143
内部 a1	0.133	**0.819**	0.178
内部 a4	0.104	**0.789**	0.218
内部 a5	0.118	**0.769**	0.179
内部 a7	0.188	**0.760**	0.225
内部 a3	0.239	**0.730**	0.111
内部 a8	0.273	**0.631**	0.092
内部 b7	0.118	0.218	**0.871**
内部 b6	0.197	0.267	**0.821**
内部 b8	0.232	0.264	**0.809**
特征值	4.432	3.777	2.395
方差 %	27.698	23.606	14.971
累积 %	27.698	51.304	66.274

从表 5-27 可以看出，分析结果总共得到 3 个因子，总解释能力达到了 66.274%，大于 50%，表明筛选出来的 9 个因素具有良好的代表性。各个测量题项的因子负荷量均大于 0.5，且交叉载荷均小于 0.4，每个题项均落到对应的因素中，表明内部社会资本量表具有良好的结构效度。

3. 资源获取的探索性因子分析

现对资源获取 8 个题项进行探索性因子分析。采取上述方法得到统计结果 KMO 值为 0.911，大于 0.6，Bartlett 球形检验卡方值为 665.776（Sig. < 0.001），表明可以做探索性因子分析，见表 5–28。

表 5–28 KMO 和 Bartlett 的检验结果

取样足够度的 KMO 度量		0.911
Bartlett 的球形检验	近似卡方	665.776
	DF	15
	Sig.	0.000

接着采用主成分分析方法进行因子提取，并以特征根大于 1 为因子提取公因子，因子旋转时采用方差最大正交旋转进行因素分析。分析结果见表 5–29。

表 5–29 资源获取的因子分析结果

	成分
	资源获取
资源 7	0.887
资源 6	0.842
资源 4	0.832
资源 5	0.827
资源 1	0.799
资源 3	0.798
特征值	4.147
方差 %	69.110
累积 %	69.110

采用同样方式可以看出，资源获取量表具有良好的结构效度。

4. 高校治理绩效的探索性因子分析

高校治理绩效主要分为人才培养（教学绩效）6个题项和科学研究（科研绩效）6个题项，共计12个题项。按照上述同样做法，得到统计结果 KMO 值为 0.928，大于 0.6，Bartlett 球形检验卡方值为 1087.086（Sig. <0.001），这一结果意味着可以做探索性因子分析，结果见表 5-30。

表 5-30 KMO 和 Bartlett 的检验结果

取样足够度的 KMO 度量		0.928
Bartlett 的球形检验	近似卡方	1087.086
	df	55
	Sig.	0.000

接着进行分析，因子提取时采用主成分分析方法，分析结果见表 5-31。

表 5-31 高校治理绩效的因子分析结果

	成分	
	教学绩效	科研绩效
治理 a5	**0.830**	0.215
治理 a3	**0.792**	0.253
治理 a2	**0.771**	0.237
治理 a4	**0.679**	0.392
治理 a6	**0.666**	0.320
治理 a1	**0.636**	0.376
治理 b3	0.278	**0.790**
治理 b5	0.283	**0.789**
治理 b6	0.324	**0.775**
治理 b4	0.252	**0.754**
治理 b2	0.306	**0.741**
特征值	3.640	3.528

续表

	成分	
	教学绩效	科研绩效
方差 %	33.090	32.071
累积 %	33.090	65.161

采取同上方式可以看出，共得到 2 个因子，总解释能力达到了 65.161%，大于 50%，表明筛选出的 4 个因素具有良好的代表性。各个题项的因子负荷均大于 0.5，交叉载荷均小于 0.4，故高校治理绩效量表具有良好的结构效度。

综上所述，本次调查的数据并没有出现共同方法偏差，数据的来源并没有被数据收集操作方式、问题选项描述的特征以及测量的语境等其他因素影响，预测试问卷题项的质量较高。

四、正式问卷形成

基于问卷预测试分析结果，删除其中不恰当的测量题项，再进一步对问卷题项在表述用词、排列次序方面进行调整和完善，形成本书研究正式调查问卷。

《社会资本与公办高校治理绩效关系研究调查问卷》（附录四）主要分为两个部分：第一部分为填空题部分，涉及教职工的个人背景信息以及所在高校的背景信息，包括个人的性别、年龄、学历、职称、岗位、工龄，以及高校的类型和规模；第二部分为选择题部分，包括外部社会资本量表、内部社会资本量表、资源获取量表、高校治理绩效量表等。表 5-32 列举了本书正式调查问卷第二部分所涵盖的测量变量及其结构成分、题项数目分布情况。本书试图通过对相关变量的具体调查，了解当前教职工在社会资本、资源获取和高校治理绩效等方面的主观感受，并分析教职工对社会资本和资源获取的感受与教职工对高校治理绩效的感受之间存在的关联。

表 5-32　正式问卷的第二部分量表构成说明

测量变量及结构成分		题项分布	题项数量
资源获取	资源获取	第 1~6 题	6

续表

测量变量及结构成分		题项分布	题项数量
内部社会资本	成员互动	第7～12题	6
	互相信任	第13～16题	4
	共同愿景	第17～22题	6
外部社会资本	外部联系	第23～30题	8
高校治理绩效	教学绩效	第31～36题	6
	科研绩效	第37～41题	5

第三节 问卷正式施测

一、正式施测的调查对象

本书主要考察社会资本对公办高校治理绩效的影响，结合研究者所在地域，以及受疫情影响，本书的研究对象集中在广东地区的公办高校及其教职员工，包括高校领导、中层管理人员、专任教师、行政教辅人员、辅导员等。因此，样本调查对象主要考虑以下三个方面：

（1）调查对象为广东省公办高校，包括985高校、211高校、双一流高校、普通本科院校、地方高校以及高职高专院校等公办学校，其中本科高校20所和高职院校35所，共计55所。

（2）调查对象所在部门以学校的教务处、科研处、人事处、财务处、学生处、招生就业处以及二级学院、研究中心等部门为主。

（3）调查对象主要为所在学校领导、部门、学院的中层管理人员、专任教师、行政教辅人员和辅导员等。

调查对象考虑了各相关类别、层次的公办高校，范围广泛，以增强研究的代表性和一般性。

二、调查样本背景特征的描述统计

从 2021 年 6 月 15 日到 2021 年 8 月 30 日,共发放问卷 550 份,回收问卷 489 份。为确保回收问卷有效,本书设置了相关条件,对回收问卷进行筛查,将答题时间明显过短(时间少于 100 秒),以及选项明显呈非正常规律性,例如全部都是同一个答案以及在同一语意的题项中,但程度选项明显有差异的问卷予以删除;或者是一些空缺的题项,以众数的形式进行填补。其中,有效问卷为 373 份,无效问卷为 116 份,问卷有效率为 76.28%。同时,基于对时间、经费及人力等综合客观因素的考虑,本次问卷发放采用方便抽样形式进行,属于非概率抽样,符合实际社会调查的相关要求。

对收集样本数据进行分析,得到以下样本基本情况(见表 5-33)。从表 5-33 中可知,样本中女性占 58.98%,男性占 41.02%。对于年龄来讲,31～40 岁占比最高为 54.16%,其次是 41～50 岁,占比 24.12%。对于职称来讲,有 46.65% 的为中级。对于最高学历来讲,硕士研究生占比最高为 61.93%。对于工作年限来看,11～20 年的比例为 42.90%,其次是 6～10 年的占 24.66%。对于岗位性质而言,学校领导的比例为 6.97%,中层管理人员的比例为 19.57%,行政教辅人员的比例为 29.49%,专任教师的比例为 31.90%。根据调查对象群体的岗位性质分布情况可以看出,问卷回答者绝大多数为行政教辅人员、专任教师和中层管理人员,他们因具有丰富工作经验,故而能够对相关问题进行准确的理解与把握,所以,问卷质量能够满足本研究需要。从高校类型分布来看,样本大部分为除 A、B 选项外的公办普通本科院校,共有 173 个,占比为 46.38%。另外,公办高职高专院校样本的比例是 44.51%。这一比例基本符合广东省公办高校本科和专科的分布情况,具有代表性。

表 5-33 样本基本情况

名称	选项	样本数	百分比(%)	累积百分比(%)
性别	男	153	41.02	41.02
	女	220	58.98	100

续表

名称	选项	样本数	百分比（%）	累积百分比（%）
年龄	20～30 岁	47	12.60	12.60
	31～40 岁	202	54.16	66.76
	41～50 岁	90	24.12	90.88
	51 岁及以上	34	9.12	100
职称	初级	92	24.66	24.66
	中级	174	46.65	71.31
	副高级	85	22.79	94.10
	正高级	22	5.90	100
最高学历	博士研究生	70	18.76	18.76
	硕士研究生	231	61.93	80.69
	本科	70	18.77	99.46
	专科	2	0.54	100
工作年限	1～5 年	68	18.23	18.23
	6～10 年	92	24.66	42.89
	11～20 年	160	42.90	85.79
	21 年以上	53	14.21	100
岗位性质	学校领导	26	6.97	6.97
	中层管理人员	73	19.57	26.54
	专任教师	119	31.90	58.44
	行政教辅人员	110	29.49	87.93
	辅导员	45	12.07	100
高校类型	A. 985 高校	10	2.68	2.68
	B. 211 高校	24	6.43	9.11
	除 A、B 选项外的公办普通本科院校	173	46.38	55.49
	公办高职高专院校	166	44.51	100

续表

名称	选项	样本数	百分比（%）	累积百分比（%）
高校学生规模	10000人及以下	44	11.80	11.80
	10001～20000人	138	37	48.80
	20001～30000人	126	33.78	82.58
	30001～40000人	33	8.85	91.43
	40001人及以上	32	8.57	100
	合计	373	100	100

三、正式问卷的信度分析

信度分析主要采用内部一致性信度分析和分半信度分析。具体如下：

（一）内部一致性信度分析

经过对正式问卷的量表题项进行内部一致性信度分析，结果见表5-34。

表5-34 主要变量信度分析结果

维度	题项	CITC	项目删除后的 Cronbach's α系数值	Cronbach's α系数值
外部联系	外部1	0.772	0.910	0.923
	外部2	0.704	0.916	
	外部3	0.729	0.914	
	外部4	0.705	0.916	
	外部5	0.681	0.917	
	外部6	0.769	0.911	
	外部7	0.745	0.913	
	外部8	0.818	0.906	

续表

维度	题项	CITC	项目删除后的 Cronbach's α 系数值	Cronbach's α 系数值
成员互动	内部 a1	0.713	0.845	0.873
	内部 a3	0.680	0.850	
	内部 a4	0.724	0.842	
	内部 a5	0.676	0.851	
	内部 a7	0.685	0.849	
	内部 a8	0.572	0.868	
互相信任	内部 b6	0.669	0.713	0.804
	内部 b7	0.616	0.769	
	内部 b8	0.668	0.715	
共同愿景	内部 c2	0.702	0.891	0.904
	内部 c3	0.721	0.888	
	内部 c4	0.685	0.892	
	内部 c5	0.736	0.887	
	内部 c6	0.680	0.893	
	内部 c7	0.705	0.890	
	内部 c8	0.773	0.883	
资源获取	资源 1	0.703	0.888	0.901
	资源 3	0.714	0.886	
	资源 4	0.702	0.888	
	资源 5	0.735	0.883	
	资源 6	0.738	0.882	
	资源 7	0.790	0.874	

续表

维度	题项	CITC	项目删除后的 Cronbach's α 系数值	Cronbach's α 系数值
教学绩效	治理 a1	0.701	0.872	0.890
	治理 a2	0.720	0.869	
	治理 a3	0.727	0.868	
	治理 a4	0.716	0.870	
	治理 a5	0.753	0.863	
	治理 a6	0.635	0.882	
科研绩效	治理 b2	0.735	0.847	0.878
	治理 b3	0.676	0.860	
	治理 b4	0.658	0.864	
	治理 b5	0.733	0.846	
	治理 b6	0.755	0.841	

由表 5-34 可知，外部社会资本的 Cronbach's α 系数值为 0.923，大于 0.9，这一结果表明外部社会资本研究数据信度质量高。同时，从 CITC 值来看，分析项之间具有良好的相关关系。因此，可以判断外部社会资本题项数据信度质量高。内部社会资本的成员互动、互相信任和共同愿景的信度系数值分别为：0.873、0.804、0.904，均大于 0.8，分析项的 CITC 值最低为 0.572，均大于 0.4，因此，可以表明内部社会资本题项数据信度质量高。资源获取的 Cronbach's α 系数值为 0.901，大于 0.8，CITC 值最低为 0.702，均大于 0.4，因此，可以判断资源获取题项数据信度质量高。高校治理绩效中的教学绩效和科研绩效的 Cronbach's α 系数值分别为 0.890 和 0.878，均大于 0.8，CITC 值最低为 0.635，均大于 0.4。

综上所述，本次数据共涉及外部社会资本、内部社会资本、资源获取和高校治理绩效四个方面，共计 41 个题项，最小 Cronbach's α 值为 0.804，各个变量题项的 Cronbach's α 系数值均大于 0.8，表明变量具有良好的内部一致性信度。因此，说明本次问卷量表研究数据真实可靠，数据信度质量很高。

（二）分半信度分析

采取与上文预测试同样的做法，分半信度分析结果见表5-35至表5-38。

表5-35 外部社会资本的分半信度分析结果

Cronbach's α 系数值	前半部分	值	0.842
		项数	4
	后半部分	值	0.865
		项数	4
	总项数		8
前半部分和后半部分间的相关系数值			0.869
分半系数（Spearman-Brown 系数）	等长		0.930
	不等长		0.930
Guttman Split-Half 系数			0.936

参照上述同样做法可知，外部社会资本的分半信度系数值为0.930，大于0.9，因而说明外部社会资本的数据信度质量很高。

表5-36 内部社会资本的分半信度分析结果

Cronbach's α 系数值	前半部分	值	0.858
		项数	8
	后半部分	值	0.889
		项数	8
	总项数		16
前半部分和后半部分间的相关系数值			0.524
分半系数（Spearman-Brown 系数）	等长		0.688
	不等长		0.688
Guttman Split-Half 系数			0.687

由表5-36可知，参照上述同样方式得出，分半信度系数值为0.688，大于0.6。因此，说明内部社会资本的数据信度质量在可接受范围内。

表 5-37 资源获取的分半信度分析结果

		值	0.797
Cronbach's α 系数值	前半部分	项数	3
	后半部分	值	0.848
		项数	3
	总项数		6
前半部分和后半部分间的相关系数值			0.810
分半系数（Spearman-Brown 系数）	等长		0.895
	不等长		0.895
Guttman Split-Half 系数			0.687

据表 5-37 可知，参照上述同样做法，分半信度系数值为 0.895，大于 0.8，说明资源获取的数据信度质量高。

表 5-38 高校治理绩效的分半信度分析结果

		值	0.890
Cronbach's α 系数值	前半部分	项数	6
	后半部分	值	0.878
		项数	5
	总项数		11
前半部分和后半部分间的相关系数值			0.650
分半系数（Spearman-Brown 系数）	等长		0.788
	不等长		0.789
Guttman Split-Half 系数			0.687

从表 5-38 可知，高校治理绩效共有 11 个题项，分半分成两部分，两部分的分析项数量不相等，故使用不等长分半系数进行信度质量判断。高校治理绩效的分半信度系数值为 0.789，大于 0.7，从而说明高校治理绩效的数据信度质量较高。

现对各主要变量分半信度分析结果进行汇总，见表 5-39。

表 5 - 39 各主要变量题项分半信度分析汇总

变量	项数	样本量	分半系数
外部社会资本	8	185	0.93
内部社会资本	16	185	0.688
资源获取	6	185	0.895
高校治理绩效	11	185	0.789

由表 5 - 39 可知，从整体来看，正式问卷量表整体数据的分半信度质量较高。

综上所述，根据内部一致性和分半信度的分析判断，外部社会资本、内部社会资本、资源获取和高校治理绩效均具有较高的信度质量。

四、正式问卷的效度分析

效度是从量表的构念方式、量表对特定事件的预测能力以及量表测量结果与其他测量结果的关系中推断得出的，与此相应，基本上有三种类型的效度，即内容效度（content validity）、准则相关效度（criterion-related validity）和结构效度（construct validity）。[①] 准则相关效度也叫预测效度（predictive validity），它仅仅需要有经验数据支撑项目或量表与某个准则或标准之间的联系，但是在本研究中，每个测量题项都是直接测量，在同一时期内很难找到其他标准或准则做辅助，无法对此准则相关效度进行测量，因此，本书采用结构效度和内容效度指标来分析本次调查问卷的效度。

（一）结构效度

结构效度主要采用验证性因子分析来进行检验。

1. 外部社会资本的验证性因子分析

外部社会资本只有 1 个维度（外部联系），共包含 8 个测量题项，利用 A-

---

① ［美］罗伯特·F. 德威利斯：《量表编制：理论与应用》，席仲恩、杜珏译，重庆大学出版社 2016 年版，第 60 - 61 页。

MOS 23.0 执行验证性因子分析后，确定问卷的单因子模型见图 5-1，确定实际数据的拟合指标见表 5-40。

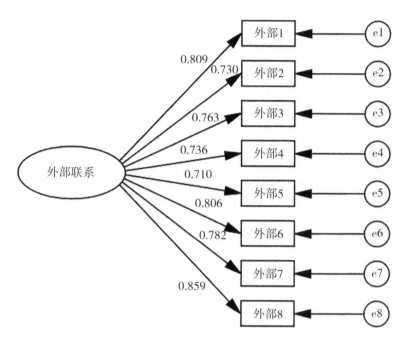

图 5-1 单因子模型

表 5-40 外部社会资本验证性因子模型拟合度

模型拟合指标	最优标准值	统计值	拟合情况
CMIN	—	39.455	—
DF	—	20	—
CMIN/DF	<3	1.973	好
SRMR	<0.08	0.022	好
GFI	>0.8	0.976	好
AGFI	>0.8	0.957	好
NFI	>0.9	0.979	好
IFI	>0.9	0.989	好
TLI	>0.9	0.985	好

续表

模型拟合指标	最优标准值	统计值	拟合情况
CFI	>0.9	0.989	好
RMSEA	<0.08	0.051	好

从表 5-40 可知，CMIN/DF 为 1.973，小于 3 以下标准，GFI、AGFI、NFI、IFI、TLI、CFI 均达到 0.9 以上的标准，SRMR 为 0.022 小于 0.08，RMSEA 为 0.051 小于 0.08。可见，各项指标均符合一般的研究标准，各指标值也在可接受范围之内，总而言之，外部社会资本模型构建比较理想。

由表 5-41 可知，外部社会资本各个题项的标准化因素负荷均大于 0.6 以上，组成信度（CR）均大于 0.7，平均变异萃取量（AVE）均大于 0.5，因此，可以表明变量具有良好的收敛效度。

表 5-41　外部社会资本验证性因子分析结果

变量	题项	因素负荷	CR	AVE
外部联系	外部 1	0.809	0.923	0.602
	外部 2	0.730		
	外部 3	0.763		
	外部 4	0.736		
	外部 5	0.710		
	外部 6	0.806		
	外部 7	0.782		
	外部 8	0.859		

2. 内部社会资本的验证性因子分析

内部社会资本有 3 个维度，共包含 16 个测量题项，利用 AMOS 23.0 执行验证性因子分析后，确定问卷的三因子模型见图 5-2，确定实际数据的拟合指标见表 5-42。

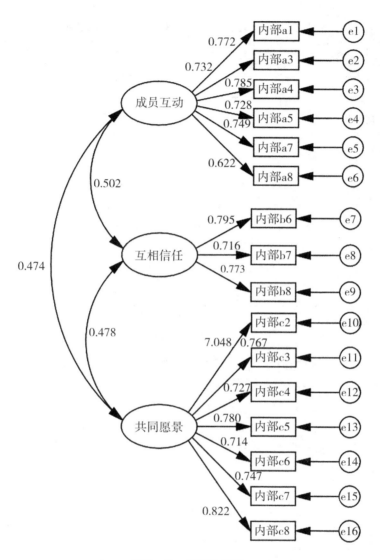

图 5-2 三因子模型

表 5-42　内部社会资本验证性因子模型拟合度

模型拟合指标	最优标准值	统计值	拟合情况
CMIN	—	125.592	—
DF	—	101	—
CMIN/DF	<3	1.243	好
SRMR	<0.08	0.032	好
GFI	>0.8	0.961	好
AGFI	>0.8	0.947	好
NFI	>0.9	0.958	好
IFI	>0.9	0.991	好
TLI	>0.9	0.990	好
CFI	>0.9	0.991	好
RMSEA	<0.08	0.026	好

由表 5-42 可知，CMIN/DF 为 1.243，小于 3 以下标准，GFI、AGFI、NFI、IFI、TLI、CFI 均达到 0.9 以上，SRMR 为 0.032 小于 0.08，RMSEA 为 0.026 小于 0.08。各项拟合指标均符合一般的研究标准，其余各项指标数值也在可接受范围之内。因此，可以认为内部社会资本模型有不错的配适度。

参照上述做法，可知标准化因素负荷、组成信度以及平均变异萃取量（AVE）均符合标准要求（见表 5-43）。因此可以表明，内部社会资本变量具有良好的收敛效度。

表 5-43　内部社会资本验证性因子分析结果

变量	题项	因素负荷	CR	AVE
成员互动	内部 a1	0.772	0.874	0.538
	内部 a3	0.732		
	内部 a4	0.785		
	内部 a5	0.728		
	内部 a7	0.749		
	内部 a8	0.622		

续表

变量	题项	因素负荷	CR	AVE
互相信任	内部 b6	0.795	0.806	0.581
	内部 b7	0.716		
	内部 b8	0.773		
共同愿景	内部 c2	0.748	0.904	0.575
	内部 c3	0.767		
	内部 c4	0.727		
	内部 c5	0.780		
	内部 c6	0.714		
	内部 c7	0.747		
	内部 c8	0.822		

3. 资源获取的验证性因子分析

资源获取共包含6个测量题目，利用 AMOS 23.0 执行验证性因子分析后，确定问卷的单因子模型见图5-3，确定实际数据的拟合指标见表5-44。

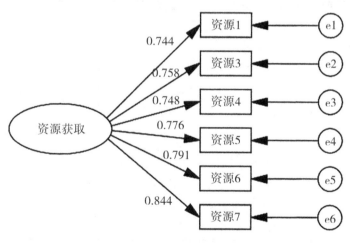

图5-3 单因子模型

从表 5-44 可知,参照上述要求,各项拟合指标均符合一般的研究标准,因此,资源获取模型配适度较好。

表 5-44 资源获取验证性因子模型拟合度

模型拟合指标	最优标准值	统计值	拟合情况
CMIN	—	18.271	—
DF	—	9	—
CMIN/DF	<3	2.030	好
SRMR	<0.08	0.019	好
GFI	>0.8	0.984	好
AGFI	>0.8	0.963	好
NFI	>0.9	0.985	好
IFI	>0.9	0.992	好
TLI	>0.9	0.987	好
CFI	>0.9	0.992	好
RMSEA	<0.08	0.053	好

参照上述做法,可知标准化因素负荷、组成信度以及平均变异萃取量(AVE)均符合标准要求(见表 5-45)。因此可以表明,资源获取变量具有良好的收敛效度。

表 5-45 资源获取验证性因子分析结果

变量	题项	因素负荷	CR	AVE
资源获取	资源1	0.744	0.902	0.605
	资源3	0.758		
	资源4	0.748		
	资源5	0.776		
	资源6	0.791		
	资源7	0.844		

4. 高校治理绩效的验证性因子分析

高校治理绩效有 2 个维度，共包含 11 个测量题目，利用 AMOS 23.0 执行验证性因子分析后，得到图 5-4 及表 5-46。

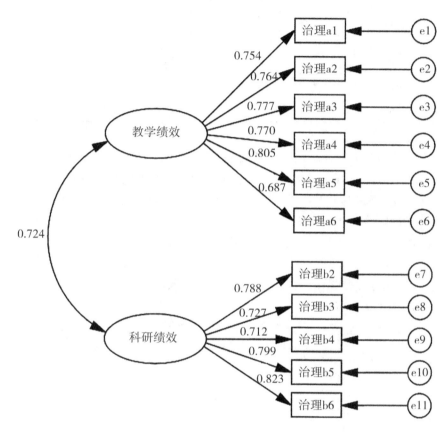

图 5-4 二因子模型

表 5-46 高校治理绩效验证性因子模型拟合度

模型拟合指标	最优标准值	统计值	拟合情况
CMIN	—	63.144	—
DF	—	43	—
CMIN/DF	<3	1.468	好
SRMR	<0.08	0.028	好

续表

模型拟合指标	最优标准值	统计值	拟合情况
GFI	>0.8	0.969	好
AGFI	>0.8	0.953	好
NFI	>0.9	0.972	好
IFI	>0.9	0.991	好
TLI	>0.9	0.988	好
CFI	>0.9	0.991	好
RMSEA	<0.08	0.035	好

从表5-46可知，高校治理绩效的CMIN/DF为1.468，小于3以下标准，GFI、AGFI、NFI、IFI、TLI、CFI均达到0.9以上的标准，SRMR为0.028，小于0.08，RMSEA为0.035小于0.08。各项指标均符合一般的研究标准，因此，高校治理绩效模型有不错的配适度。

由表5-47可知，高校治理绩效各个题项的测量指标标准化因素负荷均大于0.6，组成信度（CR）均大于0.7，平均变异萃取量（AVE）均大于0.5。因此，表明高校治理绩效变量具有良好的收敛效度。

表5-47 高校治理绩效验证性因子分析结果

变量	题项	因素负荷	CR	AVE
教学绩效	治理a1	0.754	0.891	0.578
	治理a2	0.764		
	治理a3	0.777		
	治理a4	0.770		
	治理a5	0.805		
	治理a6	0.687		
科研绩效	治理b2	0.788	0.880	0.594
	治理b3	0.727		
	治理b4	0.712		
	治理b5	0.799		
	治理b6	0.823		

通过收敛效度分析后,接下来进行区别效度分析。本书主要采用 AVE 法对区别效度进行评估。[①] 根据 AVE 法的要求,每个因素 AVE 开根号须大于各成对变量的相关系数,以表明因素之间具有区别效度。通过区别效度分析结果显示,各因素 AVE 开根号均大于对角线外的标准化相关系数,故本书的各个变量测量题项具有区别效度。斜下三角为相关系数,见表 5-48。

表 5-48 区别效度分析结果

	外部联系	成员互动	互相信任	共同愿景	资源获取	教学绩效	科研绩效
外部联系	**0.776**						
成员互动	0.326**	**0.733**					
互相信任	0.289**	0.428**	**0.762**				
共同愿景	0.324**	0.432**	0.411**	**0.758**			
资源获取	0.495**	0.433**	0.432**	0.442**	**0.778**		
教学绩效	0.514**	0.510**	0.461**	0.477**	0.674**	**0.760**	
科研绩效	0.487**	0.537**	0.564**	0.518**	0.706**	0.650**	**0.771**

注:**$p<0.01$。

综上所述,本书构建了外部社会资本、内部社会资本、资源获取和高校治理绩效的模型,并采用验证性因子分析的方法对此模型进行了验证,从数据拟合的情况来看,该模型的指标达到了统计学标准。

(二) 内容效度

内容效度检验参照史静琤等[②]做法,诚邀由教育学专业相关领域 8 名博士或者副教授组成的专家组对量表每个题项与其维度的相关性进行评价。结果表明,调查问卷所有题项均具有良好的内容效度,题项内容能够清楚反映其各维度的意义。

---

① Fornell C, Larcker D F. "Evaluating Structural Equation Models with Unobservable Variables and Measurement Error". *Journal of Marketing Research*, 1981 (18): 39-50.
② 史静琤、莫显昆、孙振球:《量表编制中内容效度指数的应用》,载《中南大学学报(医学版)》2012 年第 2 期,第 49-52 页。

本书分别对量表的信度和效度进行了检验。

在信度测量上，研究者选取了内部一致性和分半信度两个指标。而问卷的内部一致性信度和分半信度指标数值均符合相关要求。这些数据结果表明，问卷变量以及各维度具有良好的信度，测量能够取得较好效果。

在效度测量上，研究者选取了结构效度与内容效度两个指标。结构效度的检验采用验证性因子分析。验证性因子分析的结构效度指标都较好，表明数据能够有效地拟合模型。内容效度采用专家评定法进行了检验，题项的表述方式均具有有效性。综上所述，效度分析结果表明本次调查所采用的工具有效地测量了社会资本、资源获取和高校治理绩效三个变量。

第六章　社会资本、资源获取与高校治理绩效的现状分析

本章旨在对社会资本、资源获取和高校治理绩效的现状进行分析，主要是进行描述性统计分析和不同背景变量的差异性分析。通过分析得知，公办高校教职工对社会资本和资源获取的感受度比较高，而对高校治理绩效的感受度相对较低。不同背景变量对社会资本、资源获取和高校治理绩效的影响有差异。

第一节　社会资本的现状分析

一、社会资本的描述性统计分析

对外部社会资本各题项的均分进行描述性统计分析，考察其平均值、标准差，结果见表6-1。

表6-1　外部社会资本描述性统计分析结果

题项	样本量	平均值	标准差
外部1	373	4.930	1.416
外部2	373	5.013	1.306
外部3	373	5.043	1.504
外部4	373	5.335	1.432
外部5	373	5.252	1.420
外部6	373	5.206	1.456
外部7	373	5.137	1.520

续表

题项	样本量	平均值	标准差
外部 8	373	5.225	1.509

从表 6-1 可以看出，外部社会资本各题项的数据中没有异常值出现，平均值比较接近。其中，外部社会资本第 4 题的平均分很高为 5.335，这表明大部分公办高校教职工对外学术交流的感受度很高；外部社会资本第 5 题的平均分较高为 5.252，这表明高校教职工对邀请知名人士举行讲座的看法较高；外部社会资本第 1、2、3 题的平均分相对较低。从标准差分析，外部社会资本第 3、7、8 题的标准差较大，这表明在这三个方面上存在比较大的个体差异；其他题项的标准差较小，这表明数据的离中趋势不大，个体差异较小。

对内部社会资本各题项的均分进行描述性统计分析，考察其平均值、标准差，结果见表 6-2。

表 6-2　内部社会资本的描述性统计结果

题项	样本量	平均值	标准差
内部 a1	373	5.094	1.383
内部 a3	373	4.928	1.411
内部 a4	373	4.989	1.429
内部 a5	373	4.625	1.546
内部 a7	373	4.879	1.419
内部 a8	373	5.029	1.341
内部 b6	373	4.861	1.537
内部 b7	373	5.056	1.545
内部 b8	373	5.123	1.503
内部 c2	373	4.542	1.559
内部 c3	373	4.914	1.466
内部 c4	373	4.984	1.320
内部 c5	373	5.067	1.523
内部 c6	373	5.284	1.422

续表

题项	样本量	平均值	标准差
内部 c7	373	5.177	1.372
内部 c8	373	5.153	1.403

从表 6-2 可以看出，内部社会资本各题项的数据中没有异常值出现，平均值比较接近。其中，内部社会资本 c6、c7、c8 题项的平均分很高，分别为 5.284、5.177、5.153，这表明大部分公办高校教职工对未来发展前景、发展目标和办学定位等方面的感受度很高；内部社会资本 b7、b8 题项的平均分相对较高，这表明高校教职工对日常师生的行为规范的看法较高，师生的信任感较高。从标准差分析，内部社会资本的 c2、a5、b7、b6 标准差较大，这表明在这几个方面上存在比较大的个体差异；其他题项的标准差较小，这表明数据的离中趋势不大，个体差异较小。

二、社会资本的人口学差异分析

本部分旨在考察背景变量差异，分别以个人的性别、年龄、学历、工龄、职称、岗位，以及高校的类型和规模等为自变量，社会资本各维度为因变量进行分析，其中性别、岗位、高校类型和高校规模差异表现不显著，而年龄、学历、工龄、职称方面表现出显著性差异，具体见表 6-3 至表 6-6。

表 6-3 年龄方差分析结果

维度	年龄（平均值±标准差）				F	p
	20～30 岁 ($n=54$)	31～40 岁 ($n=203$)	41～50 岁 ($n=84$)	51 岁及以上 ($n=32$)		
外部联系	5.40±1.02	5.17±1.18	5.00±1.21	4.93±1.17	1.659	0.175
成员互动	5.02±0.91	4.98±1.08	4.94±1.16	4.36±1.36	3.118	0.026*
互相信任	5.14±1.04	5.06±1.27	5.00±1.42	4.50±1.45	1.972	0.118
共同愿景	5.12±1.23	5.08±1.09	5.01±1.13	4.46±1.28	2.981	0.031*

注：*$p<0.05$。

从表 6-3 可知，不同年龄对于成员互动和共同愿景呈现出显著性（$p < 0.05$），年龄对于成员互动呈现出 0.05 的水平显著性（$F = 3.118$，$p = 0.026$），明显差异的组别平均值得分对比结果为"20～30 岁大于 51 岁及以上，31～40 岁大于 51 岁及以上，41～50 岁大于 51 岁及以上"。这意味着年轻教职工对成员互动感受性更强。

年龄对于共同愿景呈现出 0.05 的水平显著性（$F = 2.981$，$p = 0.031$）。有明显差异的组别平均值得分对比结果为"20～30 岁大于 51 岁及以上，31～40 岁大于 51 岁及以上，41～50 岁大于 51 岁及以上"。这意味着不同年龄的教职工对高校共同愿景有显著的差异感受，其中 20～30 岁的教职工比 31～40 岁以及 41～50 岁的教职工对共同愿景有更强的感受度，也意味着他们对高校未来前景有更高的期待。

从表 6-4 可知，不同学历对于高校外部联系、互相信任和共同愿景不会表现出显著性（$p > 0.05$），而对于成员互动呈现出 0.01 的水平显著性（$F = 4.019$，$p = 0.008$）。有明显差异的组别平均值得分对比结果为"硕士研究生大于博士研究生，硕士研究生大于本科"。这说明拥有硕士研究生和本科学历的教职工相较于具有博士研究生学历的教职工而言，对互动和交流有更高的感受度。

表 6-4 学历方差分析结果

维度	学历（平均值 ± 标准差）				F	p
	博士研究生 ($n = 58$)	硕士研究生 ($n = 247$)	本科 ($n = 64$)	专科 ($n = 4$)		
外部联系	4.98 ± 1.11	5.24 ± 1.20	4.91 ± 1.09	5.16 ± 0.72	1.776	0.151
成员互动	4.58 ± 1.02	5.06 ± 1.14	4.70 ± 1.01	4.87 ± 1.00	4.019	0.008**
互相信任	5.04 ± 1.24	5.04 ± 1.35	4.88 ± 1.19	5.08 ± 0.50	0.272	0.846
共同愿景	4.70 ± 1.22	5.10 ± 1.10	4.98 ± 1.23	4.96 ± 1.23	1.941	0.123

注：**$p < 0.01$。

从表 6-5 可知，不同工龄对于高校外部联系和成员互动呈现出显著性（$p < 0.05$），工龄对于外部联系呈现出 0.05 的水平显著性（$F = 2.905$，$p = 0.035$），有明显差异的组别平均值得分对比结果为"1～5 年大于 11～20 年，1～5 年大于 21 年以上"。这一结果表明，工作年限在 1～5 年和 6～10

年的教职工比工作年限在 11～20 年和 21 年以上的教职工对外部联系的感受度更高。可能原因在于工作年限越长的教职工更容易出现人际交往固化或者职业倦怠感。

表 6-5 工龄方差分析结果

维度	工龄（平均值±标准差）				F	p
	1～5 年 ($n=109$)	6～10 年 ($n=173$)	11～20 年 ($n=75$)	21 年以上 ($n=16$)		
外部联系	5.36±1.24	5.13±1.07	4.96±1.24	4.65±1.04	2.905	0.035*
成员互动	5.04±1.07	4.94±1.08	4.71±1.22	4.93±1.24	1.390	0.246
互相信任	5.10±1.21	5.06±1.27	4.76±1.39	5.06±1.63	1.218	0.303
共同愿景	5.06±1.18	5.09±1.10	4.85±1.22	4.77±1.07	1.080	0.358

注：* $p<0.05$。

由表 6-6 可知，不同职称对于高校成员互动和共同愿景呈现出显著性（$p<0.01$），职称对于成员互动呈现出 0.01 水平显著性（$F=4.054$，$p=0.007$）。有明显差异的组别平均值得分对比结果为"初级＞中级，初级＞副高级，初级＞正高级"。这表明不同职称的教职工对高校成员之间的互动的感受有明显不同，具有初级职称的教师比中级及以上职称的教师更愿意进行互动交流。职称对于共同愿景呈现出 0.01 的水平显著性（$F=4.612$，$p=0.004$），明显差异的组别平均值得分对比结果为"初级＞副高级，初级＞正高级"。这说明初级职称的教师比副高级和正高级职称的教师对学校的未来前景看法更乐观，原因可能在于入职之初的教师对学校和个人抱有更大的期望。

表 6-6 职称方差分析结果

维度	职称（平均值±标准差）				F	p
	初级 ($n=100$)	中级 ($n=82$)	副高级 ($n=143$)	正高级 ($n=48$)		
外部资本	5.36±1.06	5.20±1.17	5.03±1.20	4.95±1.24	2.114	0.098
成员互动	5.22±1.00	4.86±1.13	4.86±1.11	4.60±1.20	4.054	0.007**
互相信任	5.23±1.23	5.11±1.23	4.89±1.32	4.76±1.42	2.142	0.095

续表

维度	职称（平均值±标准差）				F	p
	初级 ($n=100$)	中级 ($n=82$)	副高级 ($n=143$)	正高级 ($n=48$)		
共同愿景	5.33±1.27	5.05±1.00	4.90±1.10	4.66±1.11	4.612	0.004**

注：** $p<0.01$。

第二节　资源获取的现状分析

一、资源获取的描述性统计分析

对资源获取各题项的均分进行描述性统计分析，考察其平均值、标准差，结果见表6-7。

表6-7　资源获取描述性统计结果

题项	样本量	平均值	标准差
资源1	373	4.949	1.535
资源3	373	5.145	1.437
资源4	373	5.343	1.437
资源5	373	5.196	1.463
资源6	373	4.979	1.557
资源7	373	4.775	1.513

从表6-7可以看出，资源获取各题项的数据中没有异常值出现，平均值比较接近。其中，资源获取第4题的平均分很高为5.343，这表明大部分教职工对与校外院校、科研院所和社会组织的交流收获感受很高；第3、5题的平

均分较高,这说明因学校部门之间的交流而获得教学和科研信息的感受度比较高;而第7题的平均分最低,这表明教职工对学校从政府获得政策和资金支持来调整人才培养方向和开展相关研究的感受度不高,可能原因是不少教职工对这方面的接触机会不多,感受性不强。从标准差分析,资源获取的第3、4题标准差较小,这表明数据的离中趋势不大,个体差异较小;而其他题项的标准差较大,这表明在这些方面上存在比较大的个体差异。

二、资源获取的人口学差异分析

本部分旨在考察背景变项差异,分别以个人的性别、年龄、学历、工龄、职称、岗位,以及高校的类型和规模等为自变量,以资源获取为因变量进行分析,其中性别、学历、职称、岗位、高校类型和高校规模差异表现不显著,而年龄和工龄方面表现出显著性差异,具体见表6-8与表6-9。

表6-8 年龄方差分析结果

维度	年龄(平均值±标准差)				F	p
	20~30岁 ($n=54$)	31~40岁 ($n=203$)	41~50岁 ($n=84$)	51岁及以上 ($n=32$)		
资源获取	5.31±0.97	5.12±1.20	4.96±1.28	4.54±1.42	3.138	0.025*

注:* $p<0.05$。

由表6-8可知,年龄对于资源获取呈现出0.05的水平显著性($F=3.138,p=0.025$),明显差异的组别平均值得分对比结果为"20~30岁大于51岁及以上,31~40岁大于51岁及以上"。可见,51岁以上教职工对资源获取的感受差异性要小于相对年轻的教职工。

从表6-9可知,工龄对于资源获取呈现出0.05的水平显著性($F=2.694,p=0.046$)。有明显差异的组别平均值得分对比结果为"1~5年大于11~20年,6~10年大于11~20年"。这说明工作11~20年的教职工比10年以下的教职工更容易获得资源。

表6-9 工龄方差分析结果

维度	工龄（平均值±标准差）				F	p
	1~5年 ($n=109$)	6~10年 ($n=173$)	11~20年 ($n=75$)	21年以上 ($n=16$)		
资源获取	5.24±1.21	5.11±1.12	4.76±1.37	4.80±1.44	2.694	0.046*

注：* $p<0.05$。

第三节 高校治理绩效的现状分析

一、高校治理绩效的描述性统计分析

对高校治理绩效变量各题项的均分进行描述性统计分析，考察其平均值、标准差，结果见表6-10。

表6-10 治理绩效描述性统计结果

题项	样本量	平均值	标准差
治理a1	373	4.979	1.324
治理a2	373	4.912	1.439
治理a3	373	4.871	1.344
治理a4	373	4.609	1.570
治理a5	373	4.863	1.389
治理a6	373	4.936	1.310
治理b2	373	5.070	1.620
治理b3	373	4.869	1.430
治理b4	373	5.142	1.290
治理b5	373	4.920	1.429
治理b6	373	4.995	1.437

从表 6-10 可以看出，高校治理绩效各题项的数据中没有异常值出现，平均值比较接近。其中，高校治理绩效 b4 题的平均分很高为 5.142，这表明大部分教职工对发明专利数量增加的感受度很高；b2、b6、a1、a6、b5、a2 题的平均分较高，分别为 5.070、4.995、4.979、4.936、4.920、4.912，这表明教职工对高校科研成果质量、产学研合作、学校招生情况、论文和著作被引数，以及毕业生就业综合指标的感受度比较高；高校治理绩效 a4 的平均分相对较低，这表明高校教职工对学校课程和教材数量的感受度不是很高。从标准差分析，高校治理绩效 a6 的标准差较小，这表明数据的离中趋势不大，个体差异较小；而其他题项如 b2、a2、b6、b5 的标准差较大，这表明在这些方面上存在比较大的个体差异。

二、高校治理绩效的人口学差异分析

本部分旨在考察背景变项差异，分别以个人的性别、年龄、学历、工龄、职称、岗位，以及高校的类型和规模等为自变量，以高校治理绩效的两个维度为因变量进行分析，其中性别、学历、工龄、岗位和高校规模表现不显著，而年龄、职称、高校类型方面表现出显著性差异，具体见表 6-11 至表 6-13。

表 6-11 年龄方差分析结果

维度	年龄（平均值 ± 标准差）				F	p
	20～30 岁 ($n=54$)	31～40 岁 ($n=203$)	41～50 岁 ($n=84$)	51 岁及以上 ($n=32$)		
教学绩效	5.06±0.83	4.89±1.13	4.85±1.16	4.36±1.28	2.817	0.039*
科研绩效	5.19±0.90	5.06±1.15	4.84±1.28	4.71±1.49	1.752	0.156

注：* $p<0.05$。

从表 6-11 可以看出，年龄对于教学绩效呈现出 0.05 的水平显著性（$F=2.817$，$p=0.039$），有明显差异的组别平均值得分对比结果为"20～30 岁大于 51 岁及以上，31～40 岁大于 51 岁及以上，41～50 岁大于 51 岁及以上"。这意味着，51 岁及以上的教职工对教学的感受度比年轻教师的感受度更高。

由表 6-12 可知，职称对于教学绩效呈现出 0.05 的水平显著性（$F=3.359$，$p=0.019$），明显差异的组别平均值得分对比结果为"初级＞副高级，初级＞正高级",这表明初级职称教师对教学绩效的感受度差异比较大,而随着职称的提升,对教学的看法比较一致。这种分析结果与目前高校重科研而轻教学的普遍现象一致。

表6-12 职称方差分析结果

维度	职称(平均值±标准差)				F	p
	初级 ($n=100$)	中级 ($n=82$)	副高级 ($n=143$)	正高级 ($n=48$)		
教学绩效	5.10±1.02	4.93±1.09	4.76±1.16	4.54±1.19	3.359	0.019*
科研绩效	5.19±1.10	5.04±1.15	4.92±1.19	4.77±1.35	1.732	0.160

注:* $p<0.05$。

从表6-13可知,高校类型对于教学绩效呈现出0.05的水平显著性($F=3.097$, $p=0.027$),明显差异的组别平均值得分对比结果为"985高校大于211高校,985高校大于除A、B选项外的公办普通本科院校,985高校大于公办高职高专院校"。这表明,985高校的教职工比非985和211高校教职工,以及公办高职高专院校教职工对教学绩效的感受差异性更明显,这说明这些985高校教职工对教学的重视还没有达成共识。

表6-13 高校类型方差分析结果

维度	高校类型(平均值±标准差)				F	p
	A. 985高校 ($n=23$)	B. 211高校 ($n=29$)	除A、B选项外的 公办普通本科院校 ($n=164$)	公办高职 高专院校 ($n=157$)		
教学绩效	5.42±1.01	4.49±1.27	4.89±1.08	4.82±1.13	3.097	0.027*
科研绩效	5.24±1.11	4.88±1.27	5.02±1.16	4.97±1.21	0.485	0.693

注:* $p<0.05$。

第四节 社会资本、资源获取与高校治理绩效的现状分析

一、社会资本、资源获取与高校治理绩效的总体情况

对社会资本、资源获取与高校治理绩效各维度的均分进行总体描述性统计分析,主要考察其平均值、标准差,结果见表6-14。

表6-14 主要变量及其维度的总体描述性统计结果

变量	样本量	平均值	标准差
社会资本	373	5.024	0.856
外部资本	373	5.143	1.166
内部资本	373	4.985	0.930
成员互动	373	4.924	1.113
互相信任	373	5.013	1.296
共同愿景	373	5.017	1.146
资源获取	373	5.064	1.220
治理绩效	373	4.930	1.048
教学绩效	373	4.861	1.123
科研绩效	373	4.999	1.185

如表6-14所示,总体而言,高校治理绩效得分较高,平均分为4.930;其维度教学绩效和科研绩效的评价都较高,两者相差不大,平均分分别为4.861和4.999,这表明大部分教职工对高校的人才培养和科学研究的看法和感受性比较强,这是一个高校的根本使命和重要职责。资源获取分值较高为5.064,表明大部分教职工对资源获取重要性的认识比较高。社会资本总体情况较高,总平均分为5.024,这表明大部分教职工知道社会资本的重要性。其中外部社会资本比内部社会资本高,平均分分别为5.143和4.985,这表明大部分教职工对外部社会资本的感受度相对较高,而对高校内部社会资本的看法比较模糊。对于内部社会资本而言,其各维度的分值有不少差异,其中,共同

愿景的平均分值最高为 5.017，互相信任的平均分值其次为 5.013，成员互动的平均分值较低为 4.924，这表明大部分教职工对共同愿景、互相信任的感受度比较高，而对成员互动的感受相对较低。从标准差分析，教学绩效比科研绩效的标准差小，这表明科研绩效存在比较大的个体差异，教学绩效存在的个体差异较小。在内部社会资本中，互相信任的标准差较大，表明其存在比较大的个体差异；其他两个方面标准差较小，表明其离散程度较小，存在较小的个体差异。

本书关于社会资本、资源获取和治理绩效现状的调查主要是从题项的原始分数的高低来判断它们的现状。本研究调查的高校治理绩效的平均分为 4.930，社会资本的平均分为 5.024，资源获取的平均分为 5.064，总体上处于中等稍偏上水平。本次研究的调查对象为广东省公办高校，据此笔者能够谨慎地推测，广东公办高校的社会资本、资源获取和治理绩效的感受度相对较高。

从各主要变量的不同维度得分来看，资源获取高于社会资本，社会资本又高于高校治理绩效，平均分分别是 5.064、5.024、4.930，其中内部社会资本中共同愿景的平均分最高为 5.017。由此可见，高校教职工对社会资本的感受度较高，尤其是共同愿景，普遍认为其非常重要，而对高校治理绩效的看法相对较低。这反映出高校教职工通常对社会资本和资源获取的重要性感受明显，而对自己所在学校的人才培养和科学研究取得成绩的感受不太明显。社会资本所依附的载体社会网络无处不在，正如格兰诺维特所言，各种形式多样、状态不一的网络，将分散在不同空间的个体连接起来，渗透到人类社会生活的各个层面。教职工的日常生活和工作都是网络的一部分，但是高校治理绩效是行动后的评价和结果，是即时存在的，与弥漫网络不同。因此，教职工对社会资本和资源获取的看法与格兰诺维特的判断基本一致，是一种弱关系的存在，在日常工作中不明显。从标准差分析，社会资本、资源获取和高校治理绩效总的标准差不大，这表明总体上三者得分的离散程度不大，但是社会资本中互相信任的标准差较大，这表明高校教职工对互相信任的看法存在较大的个体差异。

综上所述，社会资本、资源获取和高校治理绩效的平均分值较高，其中社会资本和资源获取分值要高于高校治理绩效。外部社会资本比内部社会资本的分值高。其中内部社会资本中的共同愿景的感受度最高，成员互动和互相信任相对较低。据此可以推测，大部分公办高校教职工都知道社会资本和资源获取的存在，也比较重视高校与外部联系以及学校内部成员之间的共同愿景，但是对高校治理绩效的感受度不强，也就是对高校获得的人才培养和科学研究的获得感不太高。

二、不同背景变量的社会资本、资源获取和高校治理绩效差异

通过上述分析可知，不同人口学特征对社会资本、资源获取和高校治理绩效感知是有差异的，现对其差异进行汇总，见表6-15。

表6-15 不同背景变量的社会资本、资源获取和高校治理绩效差异汇总

特征变量	社会资本				资源获取	高校治理绩效	
	外部资本	内部资本				教学绩效	科研绩效
		成员互动	互相信任	共同愿景			
年龄		0.026*		0.031*	0.025*	0.039*	
学历		0.008**					
工龄	0.035*				0.046*		
职称		0.007**		0.004**		0.019*	
高校类型							0.027*

注：* $p<0.05$，** $p<0.01$。

（一）不同年龄对社会资本和高校治理绩效的感知存在差异

从研究结果来看，除互相信任外，不同年龄对高校内部社会资本的其他维度的得分均存在显著差异。从得分来看，除成员互动（0.026）、共同愿景（0.031）外，教职工对社会资本中的外部联系（0.374）、互相信任（0.067）均没有出现显著性差异，这表明不同年龄的高校教职工对外部联系和互相信任看法比较接近。年轻教职工比年龄大的教职工对成员互动的感受度更大。20～30岁教职工比31～40岁以及41～50岁的教职工对共同愿景有更强的感受度。研究者推测，导致不同年龄教职工对成员互动差异的原因在于年轻教职工更有思想和活力，更愿景交流互动。不同年龄教职工出现对共同愿景差异的原因，可能是不同年龄的教职工因其自身年龄的状况，对学校的愿景目标有不同的看法。年轻的教职工对学校抱有更大的期望，而年龄较大的教职工，因经历更加丰富，看法更趋理性和保守，而对高校未来前景抱有谨慎乐观态度。

研究结果还表明，年龄对于教学绩效呈现出显著差异（0.039）。50岁以下的教职工比50岁以上的教职工对教学的感受度差异更显著，也就是说年轻

教师的教学绩效感受度不一致。这可能由于，受职称评审要求的导向，年轻教职工对教学和科研的重要性的认知存在不一致情况。

研究结果表明，年轻的教职工对高校成员互动和共同愿景的认同度更高。高校教职工的工作性质和特点，客观上使得他们有着较高成就欲望，需要在工作中不断提高和发展自己，因此，希望在学校发展中有一番作为，并对学校发展充满信心。相反，年龄越大的教职工对学校发展前景抱谨慎态度，这跟自身工作动力有关。年轻教职工对科研绩效和教学绩效存在不一致看法，在一定程度上表明他们对教学工作的重视程度有待提高。

关于不同年龄的社会资本差异分析表明，高校教职工随着年龄的增长，对成员互动交流和学校发展前景以及教学工作的看法会有不同。年轻教职工，对教学工作的认识有待提高，对学校期待较大。教职工年龄越大，越容易产生职业倦怠感，越不愿意进行交流互动，因此对学校发展前景的看法相对保守。故高校要在教职工的重视教学工作、职业生涯发展、考核制度和激励制度等方面进一步努力。

（二）不同学历对社会资本的感知存在差异

研究结果表明，除成员互动外，不同学历对社会资本的各维度如外部资本、互相信任、共同愿景不会表现出显著差异。从得分来看，除成员互动（0.008）外，教职工对外部资本、互相信任和共同愿景均没有出现显著性差异。这表明不同学历的教职工对外部联系、互相信任和共同愿景的看法比较接近。有硕士研究生和本科学历的教职工相较于有博士研究生学历的教职工对互动和交流有更高的感受度。研究者推测，不同学历对成员互动出现不同差异的原因在于：一是目前高校硕士研究生学历教职工的群体人数较多，这个群体的教职工互动更加频繁且符合交往定位；二是博士研究生群体主要为科研人员和专任教师，由于日常工作性质和时间，他们与他人交往的机会和频率不多，故对成员互动的感受度不高。

关于不同学历的社会资本差异分析表明，高校教职工因学历层次的不同，对学校内部的人际互动有不同看法。硕士研究生学历的教职工更认同学校内部的人员交往，与其他人的互动频率和机会更大；而博士研究生学历的教职工，往往与他人互动不多，这既与其工作岗位性质有关，也与其专业性有关。故高校要建立适当的制度保障不同学历的教职工进行多维互动，加深同事之间和师生之间的联系。

(三) 不同工龄对社会资本和资源获取感知存在差异

研究结果表明，不同工龄的社会资本表现显著差异。从得分来看，除外部联系（0.035）外，教职工对成员互动、互相信任和共同愿景均没有出现显著差异。这表明不同工龄的教职工对成员互动、互相信任和共同愿景的看法比较接近，而对外部联系的看法存在显著差异。

工龄在1～5年和6～10年的教职工比工龄在11～20年和21年以上的教职工对外部联系的感受度更高。研究者推测，这是因为随着工作时间的增长，教职工更容易出现人际交往固化或者职业倦怠感。2015年"腾讯—麦可思大学教师职业倦怠研究"表明，教师在岗位上的工作时间与职业倦怠发生频率成正比。详细来说，在高职高专院校的教师中，工龄在30年以上的群体的职业倦怠状况比例为25%，比从教5年及以下的群体高10个百分点；在本科高校任职的教师中，从教30年以上的群体的职业倦怠状况比例为24%，比从教5年及以下的群体高13个百分点。这一观点与本研究的结论基本一致。

研究结果表明，不同工龄对资源获取表现显著差异（0.046）。具体来看，工作11～20年和21年以上的教职工都比工作6～10年的教职工更容易获取资源。研究者推测，这是因为在高校工作时间的长短对资源获取的能力和大小有重要影响。无论是对行政工作的熟悉程度、积累的人脉资源，还是对专业的研究深入程度，在获得丰富的信息资源上，在高校工作时间长的教职工比工作时间短的教职工都更有优势。因此，在高校工作时间较长的教职工具有资源获取优势，他们应该充分利用资源和优势，不断增长知识，推进专业发展。这一结果与李路路和李汉林的实证研究结果一致，"资源与工龄之间有显著关系，无论是哪方面的资源，都表现为工龄越长，人们获取和支配的资源就有可能越多"[①]。

(四) 不同职称对社会资本和高校治理绩效感知存在差异

研究结果表明，不同职称对社会资本呈现显著差异，主要体现在内部社会资本方面。除成员互动（0.007）、共同愿景（0.004）外，不同职称对外部资本和互相信任不存在显著差异。从得分来看，除成员互动、共同愿景外，教职工对社会资本中的外部联系、互相信任均没有出现显著性差异，这表明具有不

---

① 李路路、李汉林：《单位组织中的资源获得》，载《中国社会科学》1999年第6期，第90-105页。

同职称的高校教师对外部联系和互相信任看法比较接近。而不同职称的教职工对成员互动和共同愿景的差异主要体现在：具有初级职称的教师比中级及以上职称的教师更愿意进行互动交流，初级职称的教师比副高级和正高级职称的教师对学校的未来前景看法更乐观。

不同职称对高校治理绩效呈现显著差异，主要体现在教学绩效方面（0.019）。这表明初级职称教师对教学绩效的感受度差异比较大，而随着职称的提升，对教学的看法比较一致。

研究者推测，导致不同职称的教师对成员互动差异的原因在于，一方面具有初级职称的教师新入职，对各种事物抱有新鲜感，更愿意通过学习和交流来获得经验，以便于个人的职称晋升；另一方面，具有初级职称的教师进校时间不长，希望通过与他人的交流，尽快融入组织，获得组织认同。对此，高校需要创造制度环境和营造良好环境，让不同职称的教师有机会有条件进行更多交流和互动，建立帮扶制度，实现"传帮带"的效果，建立人才职称的梯度结构。而造成不同职称的教师对共同愿景的差异的原因可能在于，新入职教师或岗位时间不长的教师，对学校抱有更大的期望，对学校未来前景看法更乐观。导致不同职称的教师对教学绩效差异的原因在于，新入职教师有的对教学工作非常重视，但是在职称晋升中对科研的要求比较多，致使初级职称教师对这种感知比较模糊，在教学认知上有差异。

因此，高校应当重视教学工作，特别在考核和职称晋升中，把教学放在一个比较重要的位置，并通过制度保障来落实。高校共同愿景的形成，应该汇聚不同职称教师的个人愿景，将学校愿景和个人愿景进行充分融合，同时制定实现愿景的科学目标和科学规划，建立人、财和物的保障机制，将教师的职称晋升和绩效考核制度纳入其中，从而实现个人和学校的共同发展。

（五）不同高校类型对高校治理绩效感知存在差异

研究结果表明，不同高校类型的教职工对高校治理绩效的感受度存在差异。从得分来看，不同类型高校的科研绩效没有出现显著性差异，而不同类型高校的教学绩效（0.027）出现显著性差异，这反映出不同类型高校的教职工对科研绩效的看法比较接近。在本书中将高校类型设定为四种：985高校、211高校、除985和211外的公办普通本科院校、公办高职高专院校。显然，985高校的教职工与非985和211的公办普通本科院校教职工、公办高职高专院校教职工相比，对教学绩效存在较多不一样的认知感受，也就是说他们对教学绩效的差异性比较明显。

研究者推测，这是因为985高校教职工对人才培养有不同看法，甚至有的高校教职工认为教学没有科研重要，这自然而然会影响高校教职工对教学成果的看法和评价，但是985高校的任务重在进行科学研究，注重研究成果。此种观点已在985高校教职工中间达成普遍共识。高水平研究型大学的目标的一个重要方面体现在科学研究成果。同时因为科研成果更适合进行评价和验收，相反，人才培养因为周期较长，短期内无法进行评价和考核，故985高校普遍非常重视科学研究工作，这是根据国家需要进行的办学行为。这并不意味着985高校应当忽视人才培养，即使培养周期较长，成果不易显现，但是高校的根本任务在于培养人才，唯有人才培养得到重视，培养一流人才，科学研究的长远发展才能得以实现。

第七章　社会资本、资源获取对高校治理绩效的作用机制分析

为了验证相关变量之间的影响关系，本章主要采用结构方程模型来分析外部社会资本、内部社会资本影响高校治理绩效的机制，以及资源获取在其中的中介作用。具体步骤：先对主要变量之间的相关性进行分析，然后对线性诊断、结构方程模型分析和中介效应进行检验，最后对社会资源影响高校治理绩效的作用进行讨论。

第一节　社会资本、资源获取与高校治理绩效的相关分析

相关性分析是指对两个或多个具备相关性的变量进行分析，以此来判断衡量两个变量因素的密切相关程度，为下一步分析做好准备。此部分主要针对社会资本、资源获取与高校治理绩效的主要变量之间的相关性进行分析，为后面回归分析及中介效应检验打下基础（见表7-1）。

表7-1　变量及各维度间的相关性分析结果

	平均值	标准差	社会资本	外部资本	内部资本	成员互动	互相信任	共同愿景	资源获取	治理绩效	教学绩效	科研绩效
社会资本	5.024	0.856	1									
外部资本	5.143	1.166	0.664**	1								
内部资本	4.985	0.930	0.950**	0.397**	1							
成员互动	4.924	1.113	0.742**	0.326**	0.775**	1						
互相信任	5.013	1.296	0.753**	0.289**	0.904**	0.428**	1					

第七章 社会资本、资源获取对高校治理绩效的作用机制分析

续表

	平均值	标准差	社会资本	外部资本	内部资本	成员互动	互相信任	共同愿景	资源获取	治理绩效	教学绩效	科研绩效
共同愿景	5.017	1.146	0.741**	0.324**	0.774**	0.432**	0.411**	1				
资源获取	5.064	1.220	0.621**	0.495**	0.555**	0.433**	0.432**	0.442**	1			
治理绩效	4.930	1.048	0.772**	0.550**	0.718**	0.577**	0.566**	0.548**	0.760**	1		
教学绩效	4.861	1.123	0.675**	0.514**	0.613**	0.510**	0.461**	0.477**	0.674**	0.903**	1	
科研绩效	4.999	1.195	0.727**	0.487**	0.689**	0.537**	0.564**	0.518**	0.706**	0.913**	0.650**	1

注：**$p<0.01$。

一、社会资本与高校治理绩效的相关分析

利用相关性分析去研究高校治理绩效分别与外部社会资本、内部社会资本之间的相关性关系，使用 Pearson 相关系数来表示相关性关系的强弱情况。从表7-1可知，高校治理绩效与社会资本及其外部社会资本、内部社会资本显著相关，相关系数值分别为 0.772、0.550、0.718。总体来看，高校治理绩效与内部社会资本的相关程度比与外部社会资本的相关程度更大。具体如下：

外部社会资本与教学绩效和科研绩效显著相关，其相关系数值为 0.514 和 0.487，外部社会资本与科研绩效的相关程度比其与教学绩效的相关程度要小。

成员互动与教学绩效和科研绩效显著相关，其相关系数值分别是 0.510 和 0.537，其中成员互动与科研绩效的相关程度比与教学绩效的相关程度要大。

互相信任与教学绩效和科研绩效显著相关，其相关系数值分别是 0.461 和 0.564，相较教学绩效而言，互相信任与科研绩效的相关程度更大，但是两者相差不大。

共同愿景与教学绩效和科研绩效显著相关，其相关系数值分别是 0.477 和 0.518，其中共同愿景与科研绩效的相关程度更大。

二、社会资本与资源获取的相关分析

从表7-1可知，资源获取与社会资本呈正相关关系，其相关系数值为

0.621，与其外部社会资本和内部社会资本均具有显著正相关关系。总体来看，资源获取与外部社会资本之间的相关系数值为 0.495，与内部社会资本之间的相关系数值为 0.555，可以说，资源获取与内部社会资本的相关性更大。这能表明教职工对从高校内部获得资源的感受度更大。具体而言：

资源获取与成员互动之间具有显著正相关关系，相关系数值为 0.433；资源获取与互相信任之间具有显著正相关关系，相关系数值为 0.432；资源获取和共同愿景之间具有显著正相关关系，相关系数值为 0.442。可见，资源获取与共同愿景之间的相关程度最高，与成员互动之间的相关程度次之，而与互相信任之间的相关程度最低。这可能说明资源获取与要交往的网络频度和密度有关，同时，共同愿景提升了不同主体之间的相互认同感和互相支持度。

三、资源获取与高校治理绩效的相关分析

从表 7-1 可知，高校治理绩效与资源获取呈正相关关系，相关系数值是 0.760。具体而言，教学绩效与资源获取呈正相关关系，相关系数值是 0.674；科研绩效与资源获取呈正相关关系，相关系数值是 0.706。可见，相较于教学绩效，资源获取与科研绩效的相关程度更大，这是因为教学绩效的体现需要较长的周期，而科研绩效的成果体现周期较短。

由表 7-1 可知，高校治理绩效与社会资本呈正相关关系，相关系数值为 0.772；高校治理绩效也与外部社会资本、内部社会资本呈正相关关系，相关系数分别为 0.550、0.718。高校治理绩效与资源获取呈正相关关系，相关系数值是 0.760。资源获取和高校社会资本呈正相关关系，其系数值为 0.621，与其外部社会资本、内部社会资本具有显著正相关关系。其中，资源获取与外部社会资本的相关系数值为 0.495，与内部社会资本的相关系数值为 0.555。总体而言，高校社会资本、资源获取和高校治理绩效主要变量及其维度之间存在显著的正相关关系，各变量之间具有相关性，为下一步讨论它们之间的影响关系建立基础。

第二节 社会资本、资源获取与高校治理绩效关系的结构方程模型分析

结构方程模型（SEM）是综合运用多元回归分析、路径分析和验证性因子分析（CFA）方法的一种统计数据分析工具，其主要用途在于解释一个或多个自变量与一个或多个因变量之间的关系。需要指出的是，相较于多元回归分析而言，SEM 模型可以接受自变量之间存在相关关系，避免了在多元回归分析中难以处理的多重共线性问题。结构方程模型具有验证性功能，能通过一定手段对复杂的理论模型加以处理，并根据模型与数据关系的一致性程度，对理论模型做出适当评价，从而证实或证伪事先提出的研究假设的理论模型。

本书利用 AMOS 23.0 建立结构方程模型，对社会资本、资源获取与高校治理绩效的影响方向和程度做更深入的分析，形成社会资本、资源获取与高校治理绩效的总模型、二阶模型和一阶模型，以及拟合度分析结果。先运用回归分析对社会资本、资源获取与高校治理绩效总模型有关变量进行共线性诊断，结果见表 7-2。

表 7-2 总模型有关变量共线性诊断结果

维度	VIF
社会资本	1.626
资源获取	1.626

从表 7-2 中可以看出，两个变量的 VIF 值均小于 5，说明总模型不存在多重共线性问题，可以进行下一步结构方程模型分析。

利用 AMOS 23.0 执行计算，以最大似然法估计参数和效果检验，结果显示总结构方程模型和拟合度见图 7-1、表 7-3。

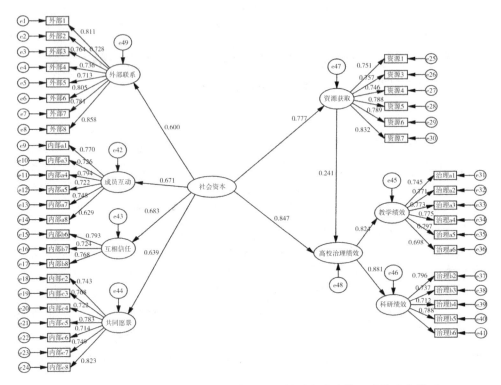

图 7-1　社会资本、资源获取与高校治理绩效各维度的总结构方程模型

从表 7-3 可知，CMIN/DF 为 1.232 小于 3 以下标准，GFI、AGFI 均大于 0.8 在可接受范围内，NFI、IFI、TLI、CFI 均达到 0.9 以上的标准，SRMR 为 0.042 小于 0.08，RMSEA 为 0.025 小于 0.08，各项拟合指标均符合一般的研究标准。因此可以认为，总结构模型有不错的配适度。

表 7-3　总结构模型拟合度

模型拟合指标	最优标准值	统计值	拟合情况
CMIN	—	948.888	—
DF	—	770	—
CMIN/DF	<3	1.232	好
SRMR	<0.08	0.042	好
GFI	>0.8	0.892	好

第七章 社会资本、资源获取对高校治理绩效的作用机制分析

续表

模型拟合指标	最优标准值	统计值	拟合情况
AGFI	>0.8	0.879	好
NFI	>0.9	0.903	好
IFI	>0.9	0.980	好
TLI	>0.9	0.979	好
CFI	>0.9	0.980	好
RMSEA	<0.08	0.025	好

从表7-4可知,社会资本对资源获取的直接作用标准化估值为0.777,可见社会资本对资源获取具有显著正向影响;同时,社会资本对高校治理绩效的直接作用估值为0.847,可见社会资本对高校治理绩效具有显著正向影响;资源获取对高校治理绩效的直接作用标准化系数值为0.241,说明资源获取对高校治理绩效具有显著正向影响。其中,社会资本对高校治理绩效的影响值最大,而资源获取对高校治理绩效的影响值最小。

表7-4 社会资本、资源获取对高校治理绩效影响的路径系数

路径			标准化系数	非标准化系数	S.E.	C.R.	p
资源获取	<—	社会资本	0.777***	1.3***	0.152	8.531	<0.001
高校治理绩效	<—	社会资本	0.847***	0.999***	0.156	6.399	<0.001
高校治理绩效	<—	资源获取	0.241**	0.17**	0.066	2.589	<0.01

接下来,再具体考察内外部社会资本、资源获取以及高校治理绩效之间的直接影响关系。

由表7-5可知,各个变量的 VIF 值均小于5,说明二阶模型不存在多重共线性问题。因此,进行二阶模型分析,二阶结构模型拟合度和方程模型见表7-6、图7-2。

表7-5 二阶模型有关变量共线性诊断结果

维度	VIF
外部社会资本	1.364
内部社会资本	1.487
资源获取	1.660

从表7-6可知,二阶模型中的CMIN/DF的值为1.215小于3以下标准,GFI、AGFI均大于0.8在可接受范围内,NFI、IFI、TLI、CFI均达到0.8以上的标准,SRMR为0.038小于0.08,RMSEA为0.024小于0.08,各项拟合指标均符合一般的研究标准。因此可以认为,此二阶结构模型有不错的配适度。

表7-6 二阶结构模型拟合度

模型拟合指标	最优标准值	统计值	拟合情况
CMIN	—	933.096	—
DF	—	768	—
CMIN/DF	<3	1.215	好
SRMR	<0.08	0.038	好
GFI	>0.8	0.894	好
AGFI	>0.8	0.881	好
NFI	>0.9	0.905	好
IFI	>0.9	0.982	好
TLI	>0.9	0.980	好
CFI	>0.9	0.982	好
RMSEA	<0.08	0.024	好

从表7-7可知,在 p 小于0.001水平下,外部社会资本(外部联系)对高校治理绩效的直接作用数值为0.105,说明外部社会资本对高校治理绩效具有显著正向影响,从而可以判断假设成立。

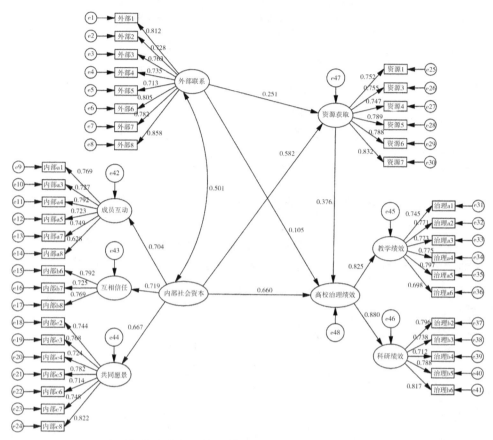

图 7-2 内外部社会资本、资源获取与高校治理绩效的二阶结构方程模型

表 7-7 内外部社会资本、资源获取对高校治理绩效影响的路径系数

路径			标准化系数	非标准化系数	S. E.	C. R.	p
资源获取	<—	外部资本	0.251***	0.252***	0.060	4.177	<0.001
资源获取	<—	内部资本	0.582***	0.897***	0.130	6.884	<0.001
高校治理绩效	<—	外部资本	0.105*	0.074*	0.033	2.266	0.05
高校治理绩效	<—	内部资本	0.660***	0.716***	0.111	6.464	<0.001
高校治理绩效	<—	资源获取	0.376***	0.265***	0.052	5.061	<0.001

现对社会资本、资源获取与高校治理绩效各维度一阶模型有关变量进行共线性诊断,结果见表 7-8。

表7-8 一阶模型有关变量共线性诊断结果

维度	VIF
外部联系	1.367
成员互动	1.442
互相信任	1.408
共同愿景	1.433
资源获取	1.660

由表7-8可知,各个变量的VIF值均小于5,说明一阶模型不存在多重共线性问题,因此可以进行下一步分析。

继续利用AMOS 23.0执行计算,以最大似然法估计参数和效果检验,结果显示一阶模型及拟合度如图7-3、表7-9所示。

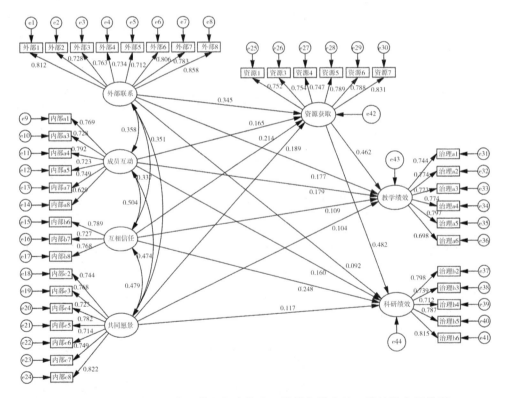

图7-3 社会资本、资源获取与高校治理绩效各维度的一阶结构方程模型

表 7-9 一阶结构模型拟合度

模型拟合指标	最优标准值	统计值	拟合情况
CMIN	—	927.247	—
DF	—	759	—
CMIN/DF	<3	1.222	好
SRMR	<0.08	0.037	好
GFI	>0.8	0.895	好
AGFI	>0.8	0.880	好
NFI	>0.9	0.905	好
IFI	>0.9	0.981	好
TLI	>0.9	0.980	好
CFI	>0.9	0.981	好
RMSEA	<0.08	0.024	好

从表 7-9 可知，CMIN/DF 为 1.222 小于 3 以下标准，GFI、AGFI 均大于 0.8 在可接受范围内，NFI、IFI、TLI、CFI 均达到 0.9 以上的标准，SRMR 为 0.037 小于 0.08，RMSEA 为 0.024 小于 0.08，各个拟合指标均符合一般的研究标准。因此，可以认为社会资本、资源获取与高校治理绩效各维度的结构模型比较理想。

表 7-10 社会资本和资源获取各维度对教学绩效和科研绩效影响的路径系数

路径			标准化系数	非标准化系数	S. E.	C. R.	p
资源获取	<—	外部联系	0.345***	0.346***	0.054	6.473	<0.001
资源获取	<—	成员互动	0.165**	0.179**	0.065	2.767	<0.01
资源获取	<—	互相信任	0.214***	0.204***	0.060	3.391	<0.001
资源获取	<—	共同愿景	0.189***	0.188***	0.057	3.287	<0.001
教学绩效	<—	外部联系	0.177***	0.152***	0.041	3.699	<0.001

续表

路径			标准化系数	非标准化系数	S. E.	C. R.	p
教学绩效	<—	成员互动	0.179***	0.166***	0.048	3.417	<0.001
教学绩效	<—	互相信任	0.109*	0.088*	0.045	1.976	<0.05
教学绩效	<—	共同愿景	0.104*	0.088*	0.042	2.090	<0.05
教学绩效	<—	资源获取	0.462***	0.394***	0.054	7.328	<0.001
科研绩效	<—	外部联系	0.092*	0.103*	0.049	2.107	<0.05
科研绩效	<—	成员互动	0.160***	0.194***	0.059	3.313	<0.001
科研绩效	<—	互相信任	0.248***	0.264***	0.056	4.704	<0.001
科研绩效	<—	共同愿景	0.117*	0.130*	0.051	2.536	<0.05
科研绩效	<—	资源获取	0.482***	0.539***	0.066	8.227	<0.001

总之，从上述分析来看，社会资本对高校治理绩效具有直接影响作用。以上三个模型有关变量均没有共线性问题，都有较不错的模型适配度，结构模型均比较理想。下面将考察社会资本、资源获取与高校治理绩效主要变量及各维度之间的影响关系。

一、外部社会资本对高校治理绩效的直接影响

从表7-7可知，外部社会资本对高校治理绩效的直接影响的标准化数值为0.105；从表7-10可知，外部联系对教学绩效的直接影响的标准化数值是0.177，对科研绩效的直接影响数值是0.092。由此可见，外部联系对教学绩效的直接影响比对科研绩效的直接影响的数值大，但是两者相差不大。因此，可以表明外部社会资本对高校治理绩效产生直接作用。

在专业设置方面，外部市场因素起到直接影响作用。赵磊通过对浙江省高职院校专业设置进行调查发现，这些高校的专业设置重复率高，而且行业企业与高职院校之间联系不够紧密。[①] 单嵩麟、潘立本经过对多省高职专业调查后

---

① 赵磊：《高职院校专业设置与产业结构的适应性分析——以浙江高职教育为例》，载《职教通讯》2013年第31期，第21-26页。

发现,高职专业设置的重复性问题比较严重。① 李琳和方先知认为产学研知识联盟是一种社会网络组织,其内部的社会资本能显著提升联盟绩效。② 林蕙青进一步强调,高校学科专业结构的设置和调整决不能等待和被动适应,而是要主动依据社会变化,充分发挥主动性,结合市场需求及时调整相关专业。③ 蔡文娟和陈莉平指出,产学研协同能够加快区域技术发展。在高校发展过程中,高校与其他院校联合进行课题申报,最终科研成果体现在高校的办学成果当中。④ 简世德和王东月认为,高校之间建立知识联盟,不但推动了知识创新,而且能提高知识创新率。⑤ 谯欣怡和黄娟认为,联盟高校拓宽了自己的学科创新研发领域。⑥ 有的高校与国外高校联合进行人才培养,并授予两所高校的学位;还有的高校与企业联合进行项目攻关,高校和企业都提高了科研创新能力,进行了技术转移,这是科研成效的重要体现。上述这些都是外部社会资本对高校治理绩效产生直接作用的体现。

二、内部社会资本对高校治理绩效的直接影响

从表 7-7 可知,内部社会资本对高校治理绩效的直接作用数值为 0.660,具有显著正向影响,从而证实了研究假设。但是,与外部社会资本对高校治理绩效的直接影响值为 0.105 相比,内部社会资本对高校治理绩效的直接影响作用显然要大很多。这可能与高校治理绩效主要由高校内部个人、群体和部分直接创造的结果有关,而且外部社会资本通常是通过内部主体来创造绩效,因此内部社会资本对高校治理绩效影响更大。内部社会资本可以对高校治理绩效产

---

① 单嵩麟、潘立本:《地方多科性高职院校专业设置的实践与思考》,载《中国高教研究》2006 年第 9 期,第 73-75 页。

② 李琳、方先知:《产学研知识联盟与社会资本》,载《科技进步与对策》2005 年第 8 期,第 5-8 页。

③ 林蕙青:《高等学校学科专业结构调整研究》,厦门大学 2006 年博士学位论文,第 147 页。

④ 蔡文娟、陈莉平:《社会资本视角下产学研协同创新网络的联接机制及效应》,载《科技管理研究》2007 年第 1 期,第 172-175 页。

⑤ 简世德、王东月:《大学——大学知识联盟的内涵、特征与构建策略》,载《湖北社会科学》2007 年第 5 期,第 164-166 页。

⑥ 谯欣怡、黄娟:《大学知识联盟中知识创造的动态过程》,载《高教发展与评估》2005 年第 2 期,第 55-57 页。

生直接作用,通过表7-10可知具体差异如下:

成员互动对教学绩效的影响值是0.179,对科研绩效的影响值是0.160,两者相差不大。这可能是因为师生互动和交流越频繁,对知识的理解越透彻,对育人效果更有帮助。对于那些师生交流少,或者学生因为某种原因不愿意去跟教师沟通和交流的,获得教师指导的机会就更少。

互相信任对教学绩效的影响值是0.109,对科研绩效的影响值是0.248。当师生之间信任度比较高时,对提高教学效果有益,但是这种效果跟科研相比可能影响要小得多。导致这种差异的可能因素在于,育人是一个长期过程,教学绩效比科研绩效见效慢。

共同愿景对教学绩效的影响值是0.104,对科研绩效的影响值是0.117,可见两者相差不大。当教师之间为了高校共同愿景而努力时,教师之间更能在人才培养和科学研究方面开展合作,因为这不仅是高校的发展目标也是其自身的努力方向所在。当高校教师心中存大学理念,坚守大学使命,这种信仰内化于心,外化于行,体现在教育教学的实践当中,就是尽职尽责,兢兢业业,按照育人的崇高使命去践行教育理念。

总之,内部社会资本对高校治理绩效产生明显的直接作用。

三、外部社会资本对资源获取的直接影响

通过表7-7的路径系数分析结果可知,外部社会资本(外部联系)对资源获取的直接作用标准化数值为0.251,外部社会资本对资源获取具有显著的正向影响,假设成立。外部社会资本对资源获取的影响比较大,是因为高校要走出象牙塔,与社会接触和联系,特别是在"威斯康星理念"[①]的影响下,这种影响日益扩大,高校已与社会越来越紧密地联系在一起。高校日益依赖社会和政府提供的资源,而社会和政府也需要高校的人才培养和科学研究成果。因此,外部社会资本对资源获取的直接影响是显而易见的。

四、内部社会资本对资源获取的直接影响

从表7-7可知,内部社会资本对资源获取的直接作用标准化数值为

---

① 主张高校应该为区域经济与社会发展服务,从而扩展了高等教育的职能,使其从教学和科研扩展到社会服务,形成高等教育的三大职能。

0.582，呈现显著正向影响。内部社会资本对资源获取的直接影响值比外部社会资本对资源获取的直接影响值要大，可能原因在于内部社会资本距离教职工更近，感受度更高，另一方面也说明内部社会资本本身蕴含了巨大的能量，这一点也常常被人们所忽视。通常人们认为，外部社会资本所带来的政策、资金等资源从形式和数量上给人感觉影响更大，但是内部社会资本其实也能发挥非常重要的影响作用。

从表7-10可知，内部社会资本中的成员互动、互相信任、共同愿景分别对资源获取呈正向显著影响，其中互相信任的直接影响系数最大为0.214，其次是共同愿景的直接影响值为0.189，成员互动的直接影响值为0.165。可能主要原因在于人与人之间互相信任，不仅可以带来声誉资源，也能带来情感资源，还可以带来信息资源。互相信任是成员关系的基础，因为有信任基础，成员之间才更愿意奉献和付出，在信任中才能收获更多的互相支持，包括信息、知识以及人力和物力等方面的支持。

五、资源获取对高校治理绩效的直接影响

从表7-7可知，资源获取对高校治理绩效的直接影响值为0.376。从表7-10可知，资源获取对教学绩效的影响值是0.462，对科研绩效的影响值为0.482，两者相差不大。这说明教学和科研均需要大量资源投入，且资源投入科研绩效能较快得到结果。总之，资源获取对高校治理绩效具有显著正向影响。从现实中也可以得知，高校对资源的需求，重在通过资源对人才培养和科学研究加大支持力度，创造良好环境。随着政府资源竞争加剧，高校需要通过高质量发展来换取资源，也需要依赖良好的办学声誉来拓展资源，因此，获取资源的能力对高校治理绩效产生积极影响。

第三节 资源获取的中介效应检验

当考察自变量 X 对因变量 Y 的影响时，如果 X 通过影响变量 M 来影响 Y，则称 M 为中介变量。X 通过中介变量 M 对 Y 产生的影响就是中介效应。因此，在从自变量 X 到因变量 Y 的因果路径中，中介变量处于中间位置。也可以说，中介变量传递了自变量对因变量的效应。本书将利用回归分析，通过三个步骤

进行中介检验：第一步，分析自变量是否会影响因变量，如果自变量对因变量没有显著性影响，则停止中介效应分析。第二步，判断自变量是否会影响中介变量。第三步，判断自变量与中介变量是否会同时对因变量产生显著影响。若自变量对因变量的影响不显著，而中介变量对因变量的影响显著，那么属于完全中介；若自变量对因变量的影响显著（但是显著性水平降低，自变量回归系数减少），那么属于部分中介。下面，将对资源获取在内外部社会资本与高校治理绩效间的中介效应进行检验。

一、资源获取在社会资本与高校治理绩效间的中介效应检验

本书把社会资本作为自变量，资源获取作为中介变量，高校治理绩效作为因变量，进行中介检验，得到表7-11。

表7-11 资源获取在社会资本与高校治理绩效间的中介效应检验

	高校治理绩效	资源获取	高校治理绩效
常数	0.180（0.874）	0.624*（2.111）	−0.065（−0.380）
社会资本	0.945**（23.421）	0.884**（15.244）	0.599**（14.057）
资源获取			0.393**（13.131）
样本量	373	373	373
R^2	0.597	0.385	0.725
调整R^2	0.595	0.383	0.723
F值	$F(1,371)=548.552$, $p=0.000$	$F(1,371)=232.390$, $p=0.000$	$F(2,370)=487.228$, $p=0.000$

注：* $p<0.05$，** $p<0.01$。

从表7-12可知，社会资本对高校治理绩效具有显著正向影响，而且社会资本对资源获取也具有显著正向影响。在社会资本对高校治理绩效影响的基础上加入中介变量资源获取，资源获取对高校治理绩效具有显著影响，社会资本对高校治理绩效的影响系数从0.945下降为0.599，且仍具有显著影响，中介效应占比为36.697%，表明资源获取在社会资本对高校治理绩效的影响中具有部分中介作用，因此，可以判断此假设成立。

表7-12 资源获取的中介作用检验结果汇总（1）

项	检验结论	c 总效应	a×b 中介效应	c' 直接效应	效应占比计算公式	效应占比
社会资本⇒资源获取⇒高校治理绩效	部分中介	0.945	0.347	0.599	a×b/c	36.697%

二、资源获取在外部社会资本与高校治理绩效间的中介效应检验

以外部社会资本作为自变量，资源获取作为中介变量，高校治理绩效作为因变量，进行中介效应检验，得到表7-13。

表7-13 资源获取在外部社会资本与高校治理绩效间的中介效应检验

	高校治理绩效	资源获取	高校治理绩效
常数	2.386** (11.615)	2.401** (9.655)	1.053** (6.179)
外部联系	0.495** (12.700)	0.518** (10.981)	0.207** (6.232)
资源获取			0.555** (17.463)
样本量	373	373	373
R^2	0.303	0.245	0.618
调整 R^2	0.301	0.243	0.616
F 值	$F(1,371)=161.294$, $p=0.000$	$F(1,371)=120.586$, $p=0.000$	$F(2,370)=299.200$, $p=0.000$

注：**$p<0.01$。

由表7-14可知，外部社会资本对高校治理绩效具有显著正向影响，在外部社会资本对资源获取具有显著正向影响。在外部社会资本对高校治理绩效影响的基础上加入中介变量资源获取，资源获取对高校治理绩效具有显著影响，外部联系对高校治理绩效的系数从0.495下降为0.207，且仍具有显著影响，中介效应占比为58.119%。这表明资源获取在外部联系对高校治理绩效的影响中具有部分中介作用，假设成立。

表7-14 资源获取的中介作用检验结果汇总（2）

项	检验结论	c 总效应	a×b 中介效应	c' 直接效应	效应占比计算公式	效应占比
外部联系⇒资源获取⇒高校治理绩效	部分中介	0.495	0.288	0.207	a×b/c	58.119%

高校治理绩效又分为教学绩效和科研绩效，接下来将详细考察资源获取在外部社会资本和高校治理绩效各维度之间起到何种中介作用。先通过以外部联系作为自变量，资源获取作为中介变量，教学绩效作为因变量，进行中介检验，得到表7-15。

表7-15 资源获取在外部联系与教学绩效间的中介效应检验

	教学绩效	资源获取	教学绩效
常数	2.316**（10.239）	2.401**（9.655）	1.086**（5.187）
外部联系	0.495**（11.539）	0.518**（10.981）	0.230**（5.621）
资源获取			0.512**（13.113）
样本量	373	373	373
R^2	0.264	0.245	0.498
调整 R^2	0.262	0.243	0.495
F 值	$F(1,371)=133.140$, $p=0.000$	$F(1,371)=120.586$, $p=0.000$	$F(2,370)=183.218$, $p=0.000$

注：** $p<0.01$。

从表7-16可知，外部联系对教学绩效具有显著正向影响，外部联系对资源获取具有显著正向影响。在外部联系对教学绩效影响的基础上，加入中介变量资源获取，资源获取对教学绩效具有显著影响，外部联系对教学绩效的系数从0.495下降为0.230，且仍具有显著影响，中介效应占比为53.606%。这表明资源获取在外部联系对教学绩效的影响中具有部分中介作用，假设得到证实。

表7-16 资源获取的中介作用检验结果汇总 (3)

项	检验结论	c 总效应	a×b 中介效应	c' 直接效应	效应占比计算公式	效应占比
外部联系⇒资源获取⇒教学绩效	部分中介	0.495	0.265	0.230	a×b/c	53.606%

从表7-17和表7-18可知,外部联系对科研绩效的系数从0.495下降为0.185,且仍具有显著影响,中介效应占比为62.637%。这表明资源获取在外部联系对科研绩效的影响中具有部分中介作用,假设得到证实。

表7-17 资源获取在外部联系与科研绩效间的中介效应检验

	科研绩效	资源获取	科研绩效
常数	2.456** (10.112)	2.401** (9.655)	1.020** (4.741)
外部联系	0.495** (10.737)	0.518** (10.981)	0.185** (4.403)
资源获取			0.598** (14.903)
样本量	373	373	373
R^2	0.237	0.245	0.523
调整 R^2	0.235	0.243	0.521
F 值	$F(1,371)=115.293$, $p=0.000$	$F(1,371)=120.586$, $p=0.000$	$F(2,370)=203.056$, $p=0.000$

注:**$p<0.01$。

表7-18 资源获取的中介作用检验结果汇总 (4)

项	检验结论	c 总效应	a×b 中介效应	c' 直接效应	效应占比计算公式	效应占比
外部联系⇒资源获取⇒科研绩效	部分中介	0.495	0.310	0.185	a×b/c	62.637%

根据中介效应检验显示,资源获取在外部社会资本和高校治理绩效中间起到部分中介作用,资源获取的中介效应值为 0.288,效应占比为 58.119%。具体而言,有两条路径:外部社会资本—资源获取—教学绩效;外部社会资本—资源获取—科研绩效。

相较于传统上高校按照办学规模从政府获得固定的财政拨款和人员经费而言,社会资本为高校获取资金等资源开拓了另一条路径,加强了高校与政府的联系,按照国家要求争取政府项目,如双一流高校、重大科研攻关项目等,以项目的形式获得大量政策和资金资源。此外,如果高校培养的毕业生无法适应市场需要,高校自身必然失去继续生存的可能。[①] 市场需求是人才培养的导向,当专业人才所具备的技能和市场需求不匹配的时候,就会造成企业找不到满足条件的员工和专业人才找不到合适工作的双重困境。高校与市场联系,获得人才需求信息,进而调整人才培养方向和改进教学方法。李梅芳认为,产学研合作网络关系除了提供设施、经济支持,改进课程设置,也可以促进知识和技术在高校和企业之间交流和共享。[②]

资源获取在外部社会资本和教学绩效中间的中介效应率为 53.606%,资源获取在外部社会资本和科研绩效之间的中介效率为 62.637%。两者相差不大,但是也略有差距,资源获取在后者的中介效应,比前者占比效应高。这可能表明从高校外部获得资源对科研绩效的影响,比从高校外部获得资源对教学绩效的影响效果显著。通常高校教学工作主要依赖固定财政拨款或者招生学费等已有资本,此类资源获取比较稳定,故额外获取资源的次数不多,资源获取在其中起到的作用较小。而对于科学研究,无论是政府还是社会都在给予大力支持,不少高校依此来积极争取政府和社会的支持,因此资源获取在其中起到的作用较大。

三、资源获取在内部社会资本与高校治理绩效间的中介效应检验

以内部社会资本作为自变量,资源获取作为中介变量,高校治理绩效作为因变量,进行中介检验,得到表 7 – 19。

[①] 吴博达:《高等学校学科专业结构调整的若干思考》,载《中国高教研究》1998 年第 3 期,第 14 – 15 页。

[②] 李梅芳:《产学研合作成效研究》,武汉理工大学 2011 年博士学位论文,第 58 页。

表7-19 资源获取在内部社会资本与高校治理绩效间的中介效应检验

	高校治理绩效	资源获取	高校治理绩效
常数	0.897** (4.345)	1.439** (5.011)	0.251 (1.503)
内部社会资本	0.809** (19.866)	0.727** (12.842)	0.482** (12.602)
资源获取			0.449** (15.393)
样本量	373	373	373
R^2	0.515	0.308	0.705
调整 R^2	0.514	0.306	0.703
F 值	$F(1,371)=394.648$, $p=0.000$	$F(1,371)=164.917$, $p=0.000$	$F(2,370)=441.286$, $p=0.000$

注：**$p<0.01$。

从表7-20可知，内部社会资本对高校治理绩效具有显著正向影响，内部社会资本对资源获取具有显著正向影响。在内部社会资本对高校治理绩效影响的基础上加入中介变量资源获取，内部社会资本对高校治理绩效的系数从0.809下降为0.482，且仍具有显著影响，中介效应占比为40.390%。因此，表明资源获取在内部社会资本对高校治理绩效的影响中具有部分中介作用，假设成立。

表7-20 资源获取的中介作用检验结果汇总（5）

项	检验结论	c 总效应	a×b 中介效应	c' 直接效应	效应计算公式	效应占比
内部社会资本⇒资源获取⇒高校治理绩效	部分中介	0.809	0.327	0.482	a×b/c	40.390%

具体而言，内部社会资本分为成员互动、互相信任和共同愿景，高校治理绩效分为教学绩效和科研绩效。下面将详细考察资源获取在其中的作用。

以成员互动作为自变量，资源获取作为中介变量，教学绩效作为因变量，进行中介检验，得到表7-21。

表 7-21　资源获取在成员互动与教学绩效间的中介效应检验

	教学绩效	资源获取	教学绩效
常数	2.324** (10.215)	2.730** (10.539)	0.922** (4.374)
成员互动	0.515** (11.429)	0.474** (9.241)	0.272** (6.687)
资源获取			0.514** (13.873)
样本量	373	373	373
R^2	0.260	0.187	0.513
调整 R^2	0.258	0.185	0.511
F 值	$F(1,371)=130.625$, $p=0.000$	$F(1,371)=85.401$, $p=0.000$	$F(2,370)=195.448$, $p=0.000$

注：**$p<0.01$。

由表 7-22 可知，成员互动对教学绩效具有显著正向影响，成员互动对资源获取具有显著正向影响。在成员互动对教学绩效影响的基础上加入中介变量资源获取，资源获取对教学绩效具有显著影响，成员互动对教学绩效的系数从 0.515 下降为 0.272，且仍具有显著影响，中介效应占比为 47.298%。这表明资源获取在成员互动对教学绩效的影响中具有部分中介作用，假设成立。

表 7-22　资源获取的中介作用检验结果汇总（6）

项	检验结论	c 总效应	a×b 中介效应	c' 直接效应	效应占比计算公式	效应占比
成员互动⇒资源获取⇒教学绩效	部分中介	0.515	0.244	0.272	a×b/c	47.298%

从表 7-23 和表 7-24 可知，在成员互动对科研绩效基础上加入中介变量资源获取，资源获取对科研绩效具有显著影响，成员互动对科研绩效的系数从 0.572 下降为 0.304，且仍具有显著影响，中介效应占比为 46.910%。这表明资源获取在成员互动对科研绩效的影响中具有部分中介作用，假设成立。

表 7-23 资源获取在成员互动与科研绩效间的中介效应检验

	科研绩效	资源获取	科研绩效
常数	2.183** (9.275)	2.730** (10.539)	0.638** (3.037)
成员互动	0.572** (12.267)	0.474** (9.241)	0.304** (7.494)
资源获取			0.566** (15.307)
样本量	373	373	373
R^2	0.289	0.187	0.564
调整 R^2	0.287	0.185	0.562
F 值	$F(1,371)=150.469$, $p=0.000$	$F(1,371)=85.401$, $p=0.000$	$F(2,370)=239.697$, $p=0.000$

注：** $p<0.01$。

表 7-24 资源获取的中介作用检验结果汇总 (7)

项	检验结论	c 总效应	a×b 中介效应	c' 直接效应	效应占比计算公式	效应占比
成员互动⇒资源获取⇒科研绩效	部分中介	0.572	0.268	0.304	a×b/c	46.910%

从表 7-25 和表 7-26 可知，在互相信任对教学绩效影响的基础上加入中介变量资源获取，资源获取对教学绩效具有显著影响，互相信任对教学绩效的系数从 0.400 下降为 0.181，且仍具有显著影响，中介效应占比为 54.771%。这表明资源获取在互相信任对教学绩效的影响中具有部分中介作用，假设成立。

表 7-25 资源获取在互相信任与教学绩效间的中介效应检验

	教学绩效	资源获取	教学绩效
常数	2.857** (13.815)	3.024** (13.254)	1.230** (6.080)
互相信任	0.400** (10.010)	0.407** (9.237)	0.181** (5.066)
资源获取			0.538** (14.187)
样本量	373	373	373

续表

	教学绩效	资源获取	教学绩效
R^2	0.213	0.187	0.490
调整 R^2	0.211	0.185	0.487
F 值	$F(1,371)=100.209$, $p=0.000$	$F(1,371)=85.325$, $p=0.000$	$F(2,370)=177.781$, $p=0.000$

注：$^{**}p<0.01$。

表7-26 资源获取的中介作用检验结果汇总（8）

项	检验结论	c 总效应	a×b 中介效应	c' 直接效应	效应占比计算公式	效应占比
互相信任⇒资源获取⇒教学绩效	部分中介	0.400	0.219	0.181	a×b/c	54.771%

从表7-27和表7-28可知，互相信任对科研绩效具有显著正向影响，互相信任对资源获取具有显著正向影响。在互相信任对科研绩效影响的基础上加入中介变量资源获取，资源获取对科研绩效具有显著影响，互相信任对科研绩效的系数从0.516下降为0.291，且仍具有显著影响，中介效应占比为43.529%。这表明资源获取在互相信任对科研绩效的影响中具有部分中介作用，假设得到证实。

表7-27 资源获取在互相信任与科研绩效间的中介效应检验

	科研绩效	资源获取	科研绩效
常数	2.412**（11.889）	3.024**（13.254）	0.744**（3.846）
互相信任	0.516**（13.167）	0.407**（9.237）	0.291**（8.537）
资源获取			0.552**（15.219）
样本量	373	373	373
R^2	0.318	0.187	0.581
调整 R^2	0.317	0.185	0.579

续表

	科研绩效	资源获取	科研绩效
F 值	$F(1,371)=173.365$, $p=0.000$	$F(1,371)=85.325$, $p=0.000$	$F(2,370)=256.374$, $p=0.000$

注：** $p<0.01$。

表7-28 资源获取的中介作用检验结果汇总（9）

项	检验结论	c 总效应	a×b 中介效应	c' 直接效应	效应占比计算公式	效应占比
互相信任⇒资源获取⇒科研绩效	部分中介	0.516	0.225	0.291	a×b/c	43.529%

从表7-29和表7-30可知，在共同愿景和教学绩效之间加入中介变量资源获取，资源获取对教学绩效具有显著影响，共同愿景对教学绩效的系数从0.467下降为0.218，且仍具有显著影响，中介效应占比为53.412%。这表明资源获取在共同愿景对教学绩效的影响中具有部分中介作用，假设成立。

表7-29 资源获取在共同愿景与教学绩效间的中介效应检验

	教学绩效	资源获取	教学绩效
常数	2.517**（10.931）	2.704**（10.603）	1.082**（5.081）
共同愿景	0.467**（10.448）	0.470**（9.492）	0.218**（5.390）
资源获取			0.531**（13.979）
样本量	373	373	373
R^2	0.227	0.195	0.494
调整 R^2	0.225	0.193	0.492
F 值	$F(1,371)=109.155$, $p=0.000$	$F(1,371)=90.098$, $p=0.000$	$F(2,370)=180.889$, $p=0.000$

注：** $p<0.01$。

表7-30 资源获取的中介作用检验结果汇总（10）

项	检验结论	c 总效应	a×b 中介效应	c' 直接效应	效应占比计算公式	效应占比
共同愿景⇒资源获取⇒教学绩效	部分中介	0.467	0.250	0.218	a×b/c	53.412%

从表7-31和表7-32可知，在共同愿景对科研绩效影响的基础上加入中介变量资源获取，资源获取对科研绩效具有显著影响，共同愿景对科研绩效的系数从0.536下降为0.265，且仍具有显著影响，中介效应占比为50.528%。这表明资源获取在共同愿景对科研绩效的影响中具有部分中介作用，假设成立。

表7-31 资源获取在共同愿景与科研绩效间的中介效应检验

	科研绩效	资源获取	科研绩效
常数	2.311** (9.784)	2.704** (10.603)	0.754** (3.567)
共同愿景	0.536** (11.676)	0.470** (9.492)	0.265** (6.605)
资源获取			0.576** (15.261)
样本量	373	373	373
R^2	0.269	0.195	0.551
调整 R^2	0.267	0.193	0.549
F 值	$F(1,371)=136.320$, $p=0.000$	$F(1,371)=90.098$, $p=0.000$	$F(2,370)=227.210$, $p=0.000$

注：** $p<0.01$。

表7-32 资源获取的中介作用检验结果汇总（11）

项	检验结论	c 总效应	a×b 中介效应	c' 直接效应	效应占比计算公式	效应占比
共同愿景⇒资源获取⇒科研绩效	部分中介	0.536	0.271	0.265	a×b/c	50.528%

第七章 社会资本、资源获取对高校治理绩效的作用机制分析

通过中介效应检验可知，内部社会资本对资源获取具有显著正向影响，内部社会资本对治理绩效具有显著影响，资源获取在内部社会资本和高校治理绩效中间起到部分中介作用，资源获取的中介效应值为 0.327，效应占比为 40.390%。内部社会资本通过资源获取中介间接影响高校治理绩效。

从成员互动来看，高校内部人员和群体是高校治理绩效的影响者和参与者，高校内部的互动和联系，通过知识、信息或人力、物力来推动人才培养和科学研究两大职能目标。谢安邦和阎光才认为，高校学生群体自主参与到治理中，能够帮助解决矛盾冲突，进而提高决策的科学性和有效性。[①] 另外，信息在强联系群体中的传播速度较弱联系群体的传播速度更快。传播内容包括真相、观点、态度、怀疑、流言蜚语、谣传和指令等都能快捷地通过小道传播。应该说，非正式网络的信息传播和沟通，在高校校长之间、学院院长之间、教师之间和学生之间都有强大的生命力，尤其是在学生群体性事件中。因此，在高校学生事务的处理中，如能恰当地利用这种网络，将对事件控制起到积极作用。从互相信任来看，信任能极大地调动师生的积极性。诚如卢曼所言，信任关系可以调动人的积极性，增强人的创造力。[②] 有人将知识共享视为一种交换过程，如霍夫和瑞德认为，个体间相互交换他们的或显性或隐性的知识也是一种知识共享和知识创造的过程。[③] 而信任正是通往知识的重要途径。从共同愿景来看，相互作用而逐渐形成的理想愿景，能使组织成员全身带着一股能量、热情与兴奋，进而会发生惊人表现。[④] 同时，高校愿景是一个方向舵，有助于学校组织成员在面对混沌状态或结构惯性抗力过程中有所坚持，持续前进。

内部社会资本通过资源获取中介影响高校治理绩效，共有六条路径，分别为：(1) 成员互动→资源获取→教学绩效；(2) 成员互动→资源获取→科研绩效；(3) 互相信任→资源获取→教学绩效；(4) 互相信任→资源获取→科研绩效；(5) 共同愿景→资源获取→教学绩效；(6) 共同愿景→资源获取→

---

① 谢安邦、阎光才：《高校的权力结构与权力结构的调整——对我国高校管理体制改革方向的探索》，载《高等教育研究》1998 年第 2 期，第 23 - 27 页。

② [德] 卢曼：《信任：一个社会复杂性的简化机制》，瞿铁鹏、李强译，上海人民出版社 2005 年版，第 10 页。

③ Bart van den Hooff, Jan A. de Ridder. "Knowledge Sharing in Context: The Influence of Organizational Commitment, Communication Climate and CMC Use on Knowledge Sharing". *Journal of Knowledge Management*, 2004, 8 (6): 117 - 130.

④ [美] 彼得·圣吉：《第五项修炼——学习型组织的艺术与实务》，郭进隆译，上海三联书店 2002 年版，第 128 页。

科研绩效。

资源获取在其中起到的作用是有差异的。总体而言，资源获取在内部社会资本和高校治理绩效之间的中介作用，比在外部社会资本和高校治理绩效之间的中介作用更大。从网络结构的特点来看，相较于高校外部关系网络，高校内部网络的联系更为紧密，个人、群体和部门之间沟通和交往的频率和密度比较高，对高校发展目标的作用更为明显和直接。而高校外部关系网络及其附载其上的资源，往往是通过内部网络来发生作用，也就是说，不仅由于内部社会资本自身的作用因素外，还跟外部社会资本以内部社会资本为渠道来影响高校治理绩效不无关系。因此，资源获取在内部社会资本和高校治理绩效中间有更高的中介作用。

但是，资源获取在内部社会资本各维度和高校治理绩效各维度之间的中介效应是有差异的，其中资源获取在成员互动和教学绩效中起到的中介作用为47.298%，资源获取在成员互动和科研绩效中起到的效应占比相对较小为46.910%，两者相差不大。教学绩效的达成和人才培养过程，涉及学科、专业、课程、教材等诸多因素，和众多行动者包括组织结构和人际关系等。他们所构成的网络结构，共同组成多方力量来集体行动。相较而言，科研绩效的实现，在学校内部涉及的行动者之间的互动相对较少，所获得资源支持较少。

资源获取在互相信任和教学绩效中的效应占比为54.771%，而其在互相信任和科研绩效中的效应占比为43.529%。可能因为科学研究工作中，互相信任能够汇聚更多信息、技术和人才等资源，特别是通过知识共享和交流来进行思想碰撞产生火花，推动科研创新和学术发展。

资源获取在共同愿景与教学绩效之间的中介作用为53.412%，在共同愿景与科研绩效之间的中介作用为50.528%。这可能因为高校的人才培养的周期和共同愿景实现的时间都比较长。在此基础上，相对来说，人才培养过程比较固定化和模式化，积累的资源较多，而科学研究特别是科研项目一般在短时间内可以完成，共同愿景所能转化和积累的资源相对有限，因此，资源获取在共同愿景和科研绩效之间的中介作用相对较少。

现对社会资本通过资源获取中介影响高校治理绩效的路径进行汇总，具体见表7-33：

表 7-33 资源获取中介效应汇总

序号	中介效应路径	中介效应率
1	社会资本⇒资源获取⇒治理绩效	36.697%
2	外部资本⇒资源获取⇒治理绩效	58.119%
3	外部联系⇒资源获取⇒教学绩效	53.606%
4	外部联系⇒资源获取⇒科研绩效	62.637%
5	内部资本⇒资源获取⇒治理绩效	40.390%
6	成员互动⇒资源获取⇒教学绩效	47.298%
7	成员互动⇒资源获取⇒科研绩效	46.910%
8	互相信任⇒资源获取⇒教学绩效	54.771%
9	互相信任⇒资源获取⇒科研绩效	43.529%
10	共同愿景⇒资源获取⇒教学绩效	53.412%
11	共同愿景⇒资源获取⇒科研绩效	50.528%

综上所述，社会资本对高校治理绩效的影响作用主要有两种方式，一种是社会资本直接影响高校治理绩效，另一种是社会资本通过资源获取中介间接影响高校治理绩效。社会资本对高校治理绩效的影响部分由资源获取起作用。社会资本是资源获取的重要来源，总体而言高校内外部社会资本积累越多，提供给学校人才培养和科学研究的资源就越多。在竞争日趋激烈的现代社会，高校对资源的需求也不断扩大，在国家政策和社会需求的指引下，大部分高校都在倾力争取国家重点项目，或与企业院校合作开展研发项目，实质上都是在争取各类发展资源，以实现人才培养和科学研究的办学目标。因此，资源获取在社会资本对高校治理绩效的影响过程中，显而易见地存在中介作用。

第四节 研究假设检验汇总

综合前述的相关分析、结构方程模型分析和中介效应检验，本书验证了外部社会资本、内部社会资本、资源获取与高校治理绩效的关联性及影响机理，并证实了前文提出的研究假设，现汇总见表 7-34。

表 7-34 研究假设检验汇总

序号	编号	研究假设	结果
1	H1	外部社会资本正向影响高校治理绩效	证实
2	H1a	外部社会资本正向影响教学绩效	证实
3	H1b	外部社会资本正向影响科研绩效	证实
4	H2	内部社会资本正向影响高校治理绩效	证实
5	H2a-1	成员互动正向影响教学绩效	证实
6	H2a-2	成员互动正向影响科研绩效	证实
7	H2b-1	互相信任正向影响教学绩效	证实
8	H2b-2	互相信任正向影响科研绩效	证实
9	H2c-1	共同愿景正向影响教学绩效	证实
10	H2c-2	共同愿景正向影响科研绩效	证实
11	H3	资源获取在外部社会资本和高校治理绩效间起到中介作用	证实
12	H3a	资源获取在外部联系和教学绩效间起到中介作用	证实
13	H3b	资源获取在外部联系和科研绩效间起到中介作用	证实
14	H4	资源获取在内部社会资本和高校治理绩效间起到中介作用	证实
15	H4a	资源获取在成员互动和教学绩效间起到中介作用	证实
16	H4b	资源获取在成员互动和科研绩效间起到中介作用	证实
17	H4c	资源获取在互相信任和教学绩效间起到中介作用	证实
18	H4d	资源获取在互相信任和科研绩效间起到中介作用	证实
19	H4e	资源获取在共同愿景和教学绩效间起到中介作用	证实
20	H4f	资源获取在共同愿景和科研绩效间起到中介作用	证实

第八章 结果与讨论

结合前文实证分析,本章旨在对研究结果进行讨论,包括外部社会资本、内部社会资本对高校治理绩效的影响,而资本获取在中间起到部分中介作用。本章将对上述分析结果进行详细讨论,考察外部社会资本、内部社会资本以及资源获取对高校治理绩效的具体作用。

第一节 外部社会资本:拓展高校治理的外部空间

本节主要讨论公办高校社会资本中的外部社会资本(外部联系)对治理绩效的影响。通过问卷调查数据的实证分析表明,外部社会资本对高校治理绩效具有显著正向影响(0.105)。根据回归分析可知,外部社会资本对高校治理绩效具有显著正向影响(0.495),在加入中介变量资源获取后,外部社会资本对高校治理绩效的系数从0.495下降为0.207,且仍具有显著影响。根据中介效应检验显示,资源获取在外部社会资本和高校治理绩效中间起到部分中介作用,资源获取的中介效应值为0.288,效应占比为58.119%。具体而言,有两条路径:外部社会资本→资源获取→教学绩效,外部社会资本→资源获取→科研绩效。资源获取在外部社会资本和教学绩效中间的中介效应率为53.606%,而资源获取在外部社会资本和科研绩效之间的中介效应率为62.637%。这些表明,外部社会资本(外部联系)对于高校治理绩效具有直接促进作用,体现在不仅有助于提升高校治理绩效,还能从高校外部获取资源,进而间接促进学校发展。

高校与外部的互动联系主要归纳为两类特征:各层级政府、部门到学校及学校部门、直属单位的关系,垂直结构特征十分显著;学校与行业、企事业单位的关系,呈现发散的横向联系特征。这些联系体现了社会资本的重要形式:沟通型、柱状型、垂直型、外向型、连接型社会资本。帕特南认为,社会资本的作用在于协调行动和提高社会效率,并以信任、规范和网络的形式。科尔曼从理性角度出发,认为这种特定形式的社会资本,不仅有助于资源获取,还能够推动成员之间互惠合作行为的产生。社会资本是成为国家和市场资源分配、资源配置的第三种配置方式,因为社会资本作为一种社会关系网络也具有资源配置的功能。高校与外部的互动,可以大大促进资源外部开发,这对高校发展很重要。

一、与政府加强联系,获取政策资金支持

高校处于一种开放的社会系统之中,高校与社会的互动联系呈现了这种社会结构。对于一个高校来说,作为国家和社会不可或缺的一类组织部门,不是孤立的行动个体,而是与国家和社会有密切联系。在过去,每所大学都犹如独立的有机体,各按其内在规律去发展和成长,而如今的大学对经济发展和国家发展非常重要。[1] 高校已走出象牙塔,与社会的联系越来越紧密,而其中一个极其重要的联系即高校与政府的联系。

无论是中央集权制的教育体制国家,还是地方分权制的教育体制国家,高校与国家政府的关系比以往更加紧密。高校尤其需要加强与政府的联系,除了权力结构因素外,更在于争取办学资源。高校系统是整个社会大系统中的一个子系统,子系统本身依赖于社会母系统以及政府协调,以此保障教育资源供应正常化和丰富性。[2] 高校积极贯彻落实政府制定的教育方针和办学政策,培养符合国家和社会发展需要的人才,只有进入政府设定项目和资源平台,才能获得政策支持和经费资助。进入资格团的社会网络不是自然给予的,必须通过投资于制度化的团体关系来构建。[3] 简而言之,高校需要主动作为,进入政府设定的政策框架内,才能获得发展资源和空间。总之,获得政府的支持主要体现在政策和资金两个方面。

---

[1] [英]阿什比:《科技发达时代的大学教育》,滕大春、滕大生译,人民教育出版社1983年版,第12页。

[2] 周川:《高校与政府关系的几点思考》,载《高等教育研究》1995年第1期,第73—77页。

[3] [美]亚力山德罗·波茨:《社会资本:在现代社会学中的缘起和应用》,杨雪冬译,载李惠斌、杨雪冬主编《社会资本与社会发展》,社会科学文献出版社2000年版,第121页。

高校与政府联系可以获得政策支持。政府与高校关系的处理主要是通过教育方针、法律法规等政策性工具来实现。2017年，教育部等五部门联合印发了《关于深化高等教育领域简政放权放管结合优化服务改革的若干意见》，将专业设置、岗位管理、进人用人及聘任制度、薪酬分配及经费使用等方面都交由高校自主决定，扩大了高校的办学自主权和拓展了新的发展空间。1999年，全国普通高校招生计划进行扩招，加速推进了我国高等教育大众化进程。赵智兴和段鑫星通过对政策文本和相关数据进行研究后发现，我国近二十年高等教育政策导向历经了规模扩张（1998—2006年）、质量提升（2006—2012年）和内涵式发展（2012年至今）三次转变，其根本动力是从科教兴国战略到建设人力资源强国的国家战略选择。[①]

高校与政府联系可以获得资金支持。从布鲁贝克的论述中可以得知，高校不再单纯是一个学术组织，而越来越被视为一个规模庞大和功能复杂的巨型机构，承担了诸多经济和社会职能。作为巨型机构，其不断发展和运转维持，联结了复杂的各种社会关系，同时也需要完成社会及政府要求的诸多任务，仅凭自身资源是无法完成社会期待的，需要庞大的资金支持，尤其需要政府给予支持和帮助。如果从高校和政府的角色来看，政府具有社会管理者、资金提供者和教育生产者三者合一的职能，这决定了政府的选择行为必然是主动的，高校的选择行为只能是被动地适应。[②] 目前高校面临两难境地，这点早已被阿什比所预见：一是高校必须通过改革来适应社会新形势；二是在改革中，高校不能牺牲其完整性，否则将不能凭此完成它们应当承担的社会职责。[③]

二、与市场紧密联通，明确人才培养方向

从高等教育与外部的联系视角来看，布鲁贝克的政治论高等教育哲学观具有现实依据。高等教育为国家的经济社会服务是其重要宗旨之一。市场经济的竞争，说到底是人才的竞争。高校作为专业教育机构，是培养和训练从事某种

---

① 赵智兴、段鑫星：《从规模扩张、质量提升到内涵式发展——近二十年国家高等教育政策导向的转变与反思》，载《教育学术月刊》2019年第7期，第29-40页。

② 王卓君、李潮阳：《中国大学与政府间的经济关系探究》，载《江海学刊》2004年第2期，第200-205页。

③ ［英］阿什比：《科技发达时代的大学教育》，滕大春、滕大生译，人民教育出版社1983年版，第13页。

职业的专门人才的教育场所，必须合理设置专业，满足市场对人才的需求，才能符合经济社会发展的期待。专业作为高校人才培养的最基础部分，它由培养目标以及课程体系组成。一般来讲，专业的出现以一定的社会分工为前提，随着经济结构的变化，社会分工不断深化，各类专门人才需求的数量和质量的变化左右着高校的学科、专业变化。专业设置主要是根据市场的产业结构和劳动力需求来确立的，换句话说，有什么样的经济社会，就有与之相对应的专业设置。①

周金堂表示，高校培养的毕业生与满足人才市场的程度，是检验高校主要目标达成程度的重要指标之一。② 但是，在目前看来，高校的人才培养和专业设置存在人才供需结构性矛盾问题，以及人才培养与市场需求不符的实际状况。不少文献都提到了由专业设置不合理而引发的人才供需结构性矛盾问题。冯皓判断，目前高校人才培养与当前市场的人才需求不一致，因此造成人才培养规格和调整不能满足市场需求。③ 针对上述问题，高校更应该利用好关系网络，主动与市场联系，加强与企业互动，使其学科专业结构和人才培养目标满足市场需求。俞佳君等指出，专业设置管理的制度设计，可以考虑结合市场的人才需求，建立专业调整和退出机制。④ 阳荣威认为，高等学校要以市场需求为导向，优化专业结构和专业内涵。⑤ 杨同毅提出，高校专业设置要紧密结合市场需求。⑥ 严新根和金嘉平提出专业设置要与市场需求相结合。⑦ 曾福清和张红对不同地区高职院校专业设置调查后认为，要提升专业设置与产业结构的

---

① 张彩云、赵冬：《适应经济社会：专业设置滞后的学理审视》，载《黑龙江高教研究》2016 年第 10 期，第 36 - 38 页。

② 周金堂：《高校专业设置与人才培养、市场需求相关度研究——以江西省本科高校为例》，载《教育学术月刊》2018 年第 1 期，第 35 - 47 页。

③ 冯皓：《高校专业设置、人才培养与市场需求间的错位研究》，载《中国大学教学》2009 年第 2 期，第 24 - 26 页。

④ 俞佳君、钟儒刚、彭少华：《高校专业设置管理的历史与反思》，载《湖南师范大学教育科学学报》2013 年第 1 期，第 78 - 81 页。

⑤ 阳荣威：《高等学校专业设置与调控研究》，华东师范大学 2006 年博士学位论文，第 152 页。

⑥ 杨同毅：《由"计划"到"市场"——我国高校专业设置管理方式的转变》，载《教育发展研究》2010 年第 13 期，第 74 - 77 页。

⑦ 严新根、金嘉平：《浙江省高职院校专业设置的现状、问题及对策研究》，载《教育与职业》2011 年第 27 期，第 16 - 18 页。

适切性，应当找准自身定位和发展特色专业。① 总之，高校应当加强与市场、企业的联系，通过多种方式真实地反映市场需求，根据市场需求来进行专业设置和人才培养，从而实现高校服务社会职能。

三、与企业加强合作，提高科研创新能力

高校加强与企业的网络联系，主要体现在产学研合作方面，高校和企业是两大主体。② 学术界与产业界进行合作的先驱是斯坦福大学，它成功地创造出"硅谷"的经济奇迹，使产学研合作在高新技术飞速发展。高校进行研究和人才培养，企业从事应用开发，两者需要合作进行新产品研发并投入市场。③ 付俊超认为，通过产学研合作，能够以经济主体的持续快速发展为目标，推动技术研发的投入，加快科技成果转化为实际生产力。④

产学研合作的实质是以高校和企业为主体，涵盖诸多参与方，共同构建包括人才、信息、资源等多种要素组合的网络结构，以此推动技术研发和提高创新能力的集体行动。这种网络结构和社会资本对产学研合作非常重要。谢舜和肖冬平经过研究后判断，社会资本对技术创新的动力有重要的促进作用。⑤ 吴晓波等从结构、关系和认知角度分析企业产学研合作，认为社会资本为获取有效信息、建立信任关系以及进行深入沟通创造有利条件。⑥ 刘艳指出，社会关系网络结构、对信息流的需求、关系互动对产学研具有积极作用。⑦ 鲍林提出，产学研合作和创新是一个复杂的社会过程，而不仅仅是一种物质层面的创

---

① 曾福清、张红：《高职院校专业设置的产业适应性差异分析》，载《职业技术教育》2011年第4期，第32-36页。

② 刘凤朝、马荣康、姜楠：《基于"985高校"的产学研专利合作网络演化路径研究》，载《中国软科学》2011年第7期，第178-192页。

③ OECD. *National Innovation Systems*. Paris：OECD，1997：12.

④ 付俊超：《产学研合作运行机制与绩效评价研究》，中国地质大学2013年博士学位论文，第6页。

⑤ 谢舜、肖冬平：《论社会资本对技术创新的作用与影响》，载《广西大学学报（哲学社会科学版）》2004年第3期，第22-26页。

⑥ 吴晓波、韦影、杜健：《社会资本在企业开展产学研合作中的作用探析》，载《科学学研究》2004年第6期，第630-633页。

⑦ 刘艳：《高校社会资本对办学绩效的影响——基于社会网络结构视角的研究》，经济科学出版社2009年版，第185页。

造与合作过程,也需要嵌入各方社会网络和社会资本中的隐性知识的传递,这是产学研合作得以顺利进行的重要前提。① 刘芳通过研究发现,界面协调对产学研合作具有明显的中介作用,而社会资本三个维度对知识转移的效率和绩效具有明显促进作用。②

具体来看,多纳尔多等表示,大学与产业的技术转移是相互合作的过程,产业界与学术界互相支持,如建设实验室和改善课程设置等。③ 邵燕波认为,大学与企业联盟通过共同研发项目,在合作过程中获得共享的知识和技术,从而构建能力协同效应和增加组合优势,最终发展和提升校企双方的能力。④

总之,高校通过社会资本与企业等社会组织建立广泛而深度的合作,可以促进技术研发,获得技术知识,提高创新能力。

四、与其他院校交流,促进知识共创共享

高校与其他院校的合作交流,主要有两种形式:校际合作和高校联盟。校际合作主要是两个学校之间的合作与交流,而高校联盟主要指至少三所学校之间的交流与合作。从范围来看,高校联盟又分为国内高校联盟和国际高校联盟。国内高校联盟在时间上要晚于国际高校联盟。国际高校联盟包括北美大学联盟(AAU)、欧洲顶尖工科大学联盟(T.I.M.E.)、21世纪大学联盟(U21)、世界大学联盟(WUN)等。国内高校联盟组织有教育部直属高校联盟C9联盟、卓越大学联盟、北京高科大学联盟、高水平行业特色大学优质资源共享联盟等,以工信部直属高校为主体的国防七校等,也有地方高校联盟、区域高校联盟等从学校层面建立的联盟,还有按照学科、专业、师资、知识、战略等要素建立的高校联盟。

学校与学校之间的合作有很多种形式,包括举办学术会议、邀请知名学者

---

① 鲍林:《社会资本视阈下的企业产学研合作创新》,载《徐州师范大学学报(哲学社会科学版)》2010年第4期,第123-128页。

② 刘芳:《社会资本对产学研合作知识转移绩效影响的实证研究》,载《研究与发展管理》2012年第1期,第103-111页。

③ Donald S, Mike W, Wendy C, et al. "Assessing the Relative Performance of University Technology Transfer in the US and UK: A Stochastic Distance Function Approach". *Economics of Innovation and New Technology*, 2008 (10): 717-729.

④ 邵燕波:《大学——企业知识联盟对高校科研能力提升研究》,载《浙江学刊》2007年第4期,第204-207页。

参加会议、进行学术交流、进行知识共享等。如果校际之间合作是线性模式，那么高校联盟则是一种网络模式。高校联盟改变了传统一对一合作模式，呈现出多边并存的网状组织模式。

无论是何种形式，高校之间都以合作网络的形式建立松散组织，整合学术资源，开展项目合作，促进学术交流。王双年认为，创建高校战略联盟可使不同的学校共享资源合作，创造新的知识或进行知识与技能的转移，从而获得新的核心竞争力。[1] 董丹红表示，高校知识联盟能够进行资源共享，以及核心能力互补，进而获得竞争优势。[2] 特别是这些高校的师生可以互相交流。[3] 当然，高校之间合作应当拓展到更多主体，包括政府、企业和科研院所等。卓泽林和罗萍指出，高校联盟促使官、产、学、研、用等联系更为紧密，促进高校、社会和区域经济发展。[4]

可见，加强高校与其他科研院所的交流和联系，对于知识的创新和发展是十分有益的。

第二节 内部社会资本：激发高校治理的内在动力

本节主要讨论高校内部社会资本（成员互动、互相信任、共同愿景）对治理绩效的影响。根据前文结构方程模型分析的模型图和路径系数结果显示，内部社会资本对高校治理绩效（0.660）具有显著正向影响。根据前面中介效应检验可知，内部社会资本对高校治理绩效具有显著正向影响，影响系数为0.809，在加入中介变量资源获取后，内部社会资本对高校治理绩效的系数从0.809下降为0.482，且仍具有显著影响。另外，通过中介效应检验可知，内部社会资本对高校资源获取具有显著正向影响，内部社会资本对高校治理绩效

---

[1] 王双年：《论中国大学核心竞争力的理论基础和创新型制度体系的建立》，载《中国科技信息》2010年第10期，第289—290页。

[2] 董丹红：《战略联盟的演进形态及与企业核心竞争力的关系分析》，载《科技创业月刊》2007年第2期，第70—71页。

[3] 胡丽梅、朱永、黄亚男：《高等学校学科知识联盟》，载《科技情报开发与经济》2008年第26期，第186—187页。

[4] 卓泽林、罗萍：《日本东京湾区高校联盟建设的动力、运行机制及其启示》，载《大学教育科学》2021年第4期，第32—38页。

具有显著影响，资源获取在内部社会资本和高校治理绩效中间起到部分中介作用，资源获取的中介效应值为 0.327，效应占比为 40.390%。社会资本通过资源获取中介间接影响高校治理绩效。可见，高校内部的成员互动对高校治理绩效产生显著正向影响，其中，成员互动对教学绩效的影响整体大于对科研绩效的影响。这些表明，内部社会资本对高校治理绩效具有促进作用。这种促进作用不仅体现在通过加强内部成员互动、营造和谐氛围，加强内部凝聚力，提高人才培养和科学研究水平，还体现在从高校组织内部充分挖掘、获取资源，促进学校发展。

一、成员互动提高师生参与治理绩效

在涂尔干看来，社会中个体的互动关系，以及互动中所产生的结构，支撑着社会的运转。[1] 网络构成了社会资本的结构维度。高校的个人、群体和部门围绕实现高校治理的行动目标而建立起来的网络联系是普遍存在的。高校内部网络治理可以视为高校的教师和学生，以及行政、教学、教辅、后勤等多主体通过关系网络互动的过程；除了自上而下的层级结构外，还包括高校内部网络治理之中主体的横向或交叉行动线。[2] 侯志峰认为，高等学校内部治理是由学校内部的各个系统和各种内部力量，协同参与高校内部事务的过程。[3] 校长、教师和学生是高校治理的内部利益相关者，也是参与高校治理的主体。校长作为学校法定代表人，处于高校治理网络中的节点位置，对高校发展具有关键和引领作用。下面主要讨论高校中教师和学生这两个群体对高校治理的重要影响。

首先，教师参与治理的重要影响。高永新和沈浩认为，教师参与现代大学治理体现在三方面：第一，达到高效化与科学化的目标；第二，提升高校氛围；第三，教师自我实现与专业化的现实要求。[4] 约翰斯坦强调，有效的学术

---

[1]［法］埃米尔·涂尔干：《社会分工论》，渠东译，生活·读书·新知三联书店 2000 年版，第 24 页。

[2] 孟韬：《嵌入视角下的大学网络治理机制解析》，载《教育研究》2011 年第 4 期，第 80 - 84 页。

[3] 侯志峰：《高等学校内部治理的内涵、要素及战略重点》，载《西北师大学报（社会科学版）》2014 年第 4 期，第 139 - 144 页。

[4] 高永新、沈浩：《教师参与现代大学治理的困境与变革》，载《现代教育管理》2016 年第 3 期，第 8 - 14 页。

行政领导,应该重视教师在学校决策中的重要作用。① 麦克米可和梅勒斯认为,教师在教师评价、研究计划及课程设置等方面能够帮助行政人员。② 布朗发现,教师参与学术事务的决策程度与高校业绩成正比,而参与行政事务的决策程度与高校业绩成反比。③ 卡普兰通过调研得出结论,教师在高校有效的治理结构中是重要促进因素。④

其次,学生参与治理的重要影响。吴静和斯荣喜采用实证研究得出结论,学生参与高校管理,有利于培养自身的社会责任感,而且对民主法治有推动作用。⑤ 杨咏梅认为学生参与学校治理的意义在于:第一,学校可以获得更多发展建议;第二,维护学校稳定;第三,促进学校的人事改革;第四,促进师生交流。⑥ 秦惠民和郑中华从反面来强调学生没有纳入治理结构的不利影响,包括生源危机、教育质量危机和创新能力危机以及声誉危机。⑦ 马培培认为,学生和学生组织是大学治理结构中的重要组成部分,对大学治理的有效性发挥着特殊影响作用。⑧

高校具有复杂的网络结构,因此高校治理也被看作一种网络治理,人与人之间、团队之间或者节点之间系统地建立、使用和管理内部联系和外部链接来交流、互动与合作。它不同于传统自上而下形式的网络或侧重于等级和科层模式,相反,在网络结构下,所有成员之间的地位是平等的,为了提高效能,为实现共同利益而联系,或者说是相对松散的合作关系。

---

① Johnstan S W. "Faculty Governance and Effective Academic Administrative Leadership". *New Direction for Higher Education*, 2003: 57 – 63.

② McCormick R E, Meiners R E. "University Governance: A Property Rights Perspective". *The Journal of Law and Economics*, 1988, 31: 423.

③ Brown R. "Rights and Responsibilities of Faculty". *AAUP Bulletin Summer*, 1966: 112.

④ Kaplan G E. "Do Governance Structures Matter". *New Direction for Education*, 2004 (4): 127.

⑤ 吴静、斯荣喜:《大学生参与学校管理的实证研究》,载《教育发展研究》2005 年第 10 期,第 109 – 111 页。

⑥ 杨咏梅:《从管治到善治——基于治理理论的高校学生管理模式创新研究》,华东师范大学 2006 年博士学位论文,第 13 页。

⑦ 秦惠民、郑中华:《网络舆情作用下的大学治理结构完善》,载《中国高教研究》2013 年第 5 期,第 21 – 25 页。

⑧ 马培培:《论美国大学治理中的学生参与》,载《高等教育研究》2016 年第 2 期,第 104 – 109 页。

二、成员互动促进知识信息资源共享

高校组织内部成员互动则应视为内部网络,属于整体网络结构的一部分。高校本身就是一个由教师、学生、群体和部门以及它们之间的知识、信息和资源等构成的网络,同时,高校网络又是嵌入在整个社会网络之中的。高校存在大量的子网络和局域网络。例如,以各个部门为单位的子网络,可以是按条块组成的子网络,如党群系统、行政系统、学术系统、学生系统等各自组成的网络;也可以是按照学科、专业、导师、研究领域建立的子网络,还可以是按照权力、资金、信息、项目、资源和设备等建立的子网络;另外还有许多潜在网络和大量存在以各种复杂形式结合等。从治理的角度来看,高校网络是多个社会行动者和他们之间关系组成的网络结构,共同促进高校的治理功能和目标实现。

首先,成员互动网络有助于信息传播。高校组织的部门、群体和个人网络互动等对信息资源获取影响较大。网络可以理解为一种资源交换产生的依赖关系网。居网络中间的行动者,通常可以控制和介导网络中信息流的频率。高校校长、职能部门负责人、二级学院院长等无疑处在高校治理网络中的中心位置。从部门角度来看,因为这些处于网络中心位置的部门可以获得诸多信息资源。虽然小道消息的主要缺点是传播谣言,但是在正式学校组织中,利用这种网络关系沟通也具有正面意义:第一,它能够反映学校各类活动的质量。通过这种网络可以把极其重要的信息向校长和其他管理者反馈。第二,这种网络能够满足正式沟通所无法满足的社会或其他需要。第三,这种网络信息量大,可以填补信息空缺。第四,这种网络赋予学校活动新的意义。① 就像奇达夫所言,个体行动者,如个人、单位、组织等,被描绘成试图通过构建跨越自我包容小集团的网络联结来增加他们的社会资本。②

其次,成员互动网络有助于知识共享。社会网络理论普遍强调,网络实体间的联结强度以及形式,对知识转移的效率具有非常作用。因为强联系有利于

---

① [美] 韦恩·K. 霍伊、塞西尔·G. 米斯克尔:《教育管理学:理论·研究·实践(第7版)》,范国睿主译,教育科学出版社2007年版,第350-351页。
② [美] 马汀·奇达夫:《社会网络与组织》,蔡文彬、王凤彬等译,中国人民大学出版社2007年版,第65页。

高校各群体开展科学研究和知识共享活动。① 维斯松指出，企业中组织成员之间的社会互动决定了部门或团队之间转移和应用知识的能力。② 高校各种网络在信息传递、知识共享等方面都具有独特的优势，为人才培养、科学研究提供了有利条件。在高校中，每个教师必须依靠与他人的互动来共享知识和资源。教师群体通常容易形成知识共享网络。教师的知识共享网络是一种以知识互动为载体的社会网络维度。张思等在研究教师工作坊后认为，互动关系网络以及知识关系网络两者都对知识共享的效率有显著影响。③ 还有人证实，教师知识共享网络是以教师知识互动为载体的社会参与网络，虚拟学习社区对教师专业发展和学生学习成绩具有正向影响作用。④

三、互相信任增强师生知识传授效果

人才培养是高校最核心的功能，教与学是高校系统中最重要的教育行动。教师和学生作为两个最重要的行动主体，教学行动的有效实施和开展以师生间的良好信任关系为基础。对教师的信任是学生学习活动正常进行的基础，而对学生的信任是教师教学活动顺利开展的保障。⑤

高校师生信任对教学的影响已被不少研究证明。翁异静、邓群钊和吴嫣然等以浙江省4所高校为样本，从人品、知识能力和情感三个维度，采用结构方程模型，探讨师生信任对高校教学质量的影响，并得出结论：教师人品、学生知识能力和学生人品都对教学质量有积极作用。⑥ 吴嫣然对江西省6所本科高等院校各300名师生进行实证研究，探讨高校教师信任和学生信任对教学质量

---

① 王才伟：《基于社会网络理论的大学生关系学习研究》，浙江师范大学2017年硕士学位论文，第43页。

② Vithessonthi C. "Social Interaction and Knowledge Sharing Behaviors in Multinational Corporations". *The Business Review*, 2008, 10 (2): 324 – 331.

③ 张思、刘清堂、朱姣姣等：《基于社会网络的教师工作坊知识共享研究》，载《现代远距离教育》2017年第3期，第77 – 84页。

④ Tsiotakis P, Jimoyiannis A. "Critical Factors Towards Analyzing Teachers' Presence in Online Learning Communities". *Internet and Higher Education*, 2015: 45 – 58.

⑤ 李长伟、宋以国：《现代社会中教育信任的式微与重建》，载《当代教育科学》2019年第2期，第6 – 12页。

⑥ 翁异静、邓群钊、吴嫣然等：《高校师生信任对教学质量影响的研究——以浙江省4所高校为例》，载《浙江科技学院学报》2018年第4期，第149 – 158页。

的影响机制，研究表明：高校教学质量受教师人品信任和学生知识能力信任的直接作用。[①] 张博等对高校教学质量影响因素进行实证分析，得出以下结论：按照重要性程度排序，教师因素、教学管理因素、学生因素、社会因素分别是影响高校教师教学质量的主要影响因素。[②] 可见，教师本身就是影响教学质量的主要因素。林广利等经实证研究表明，教学模式的改善实施受师生间信任的显著影响；师生信任和教学模式能够有效提升教学绩效；信任对教学绩效的直接作用效果弱于教学模式，但对教学绩效的总效应最强。[③] 肖冰果和许建经过实证研究得出结论：师生信任能够有效提高学生的满意度、学习积极性和学习成绩，能有效降低师生冲突，进而有效创建和谐校园。[④]

总之，信任所构建的教育环境，为教学活动的开展提供了重要的行动保障。在皮格马利翁效应的积极影响下，教师信任学生会促使学生建立起自信心、提高自我期望值和要求，从而改进他们的学习行为，提高他们的学习效果。

四、互相信任提升师生知识创新水平

师生之间的人际信任是"教师和学生在交往过程中，双方于评判基础上形成的，对双方能履行责任及被托付义务的一种保障感"[⑤]。学生信任教师，期望从教师那里学到知识，获得关怀；教师信任学生，希望学生好好学习，自己的付出有回报，学生学有所成。这种相互之间的信任、合作、诚实的互动规范，具有良性的、积极的效果。

信任为学术共同体成员之间的交流和共享营造了良好的氛围，有助于促进知识创新。知识创新的动力既在个人，也在个人之间的相互作用。科恩和莱文

[①] 吴嫣然：《高校师生信任对教学质量的影响机制——以江西省6所高校为例》，南昌大学2015年硕士学位论文，第80页。

[②] 张博、杨蕾、马丽岩等：《高校教师教学质量影响因素实证分析》，载《河北农业大学学报（农林教育版）》2009年第3期，第50–54页。

[③] 林广利、宫秀滨、苑宏宪等：《师生信任、教学模式与高校教学绩效影响关系的实证研究》，载《长春教育学院学报》2020年第2期，第55–59页。

[④] 肖冰果、许建：《师生信任在提高教学质量中的应用研究》，载《大学教育》2017年第4期，第168–169页。

[⑤] 孙五俊：《高校组织中师生信任研究》，广西师范大学2005年硕士学位论文，第17页。

斯认为,个体间的相互作用的创新能力远远大于个人的创新能力。① 康尼和克洛强调,交换信息或帮助他人的行为方便知识共享。② 扎拉和波奇指出,差异性知识在人与人之间传递与整合,从而形成新的知识。③ 宝贡敏和徐碧祥认为,知识共享可以帮助个体与组织学习,并且有益于创新能力的发展。④

野中郁次郎和竹内弘高明确指出,每个组织的特定内容的知识(包括显性知识和隐性知识),是通过其知识所有者个体间相互作用创造的。⑤ 在高校内部,知识的互动和转化都体现了这种创新过程。例如教学过程主要体现教师与学生、教师与教师、学生与学生之间的互动交流以达成显性知识和隐性知识共享。⑥ 根据调查证实,人们仅愿意与他们信得过的人分享知识。也有类似观点认为,合作团队成员愿意与其他成员分享知识。安德鲁和德哈耶强调,个体间的知识共享方式受信任决定。⑦ 也有学者认为不同的知识共享程度与相互关系之间的信任模式有关。⑧ 不仅是在个人与个人之间,团体、组织和组织之间拥有信任关系才可能致使互动行为持续下去。因此可以说,信任关系有助于知识学习、交流、转换、共享和创新。

对于高校而言,师生之间、群体之间和高校之间拥有信任前提,科学知识和信息就能够通畅、迅速地在各个合作成员之间流动。信任关系,为高校中师

---

① Cohen W M, Levinthal D A. "Absorptive Capacity: A New Perspective on Learning and Innovation". *Administrative Science Quarterly*, 1990: 128 – 152.

② Connelly C E, Kelloway E K. "Predictors of Employees' Perceptions of Knowledge Sharing Cultures". *Leadership Organization Development Journal*, 2003, 24 (3): 294 – 301.

③ Zarraga C, Bonache J. "Assessing the Team Environment for Knowledge Sharing an Empirical Analysis". *The International Journal of Human Resource Management*, 2003, 14 (7): 1227 – 1245.

④ 宝贡敏、徐碧祥:《国外知识共享理论研究述评》,载《重庆大学学报(社会科学版)》2007年第2期,第43 – 49页。

⑤ Nonaka I, Takeuchi H. "The Knowledge Creating Company". New York: Oxford University Press, 1995: 56.

⑥ 杨靖等:《大学隐性知识管理研究》,河北大学出版社2015年版,第45页。

⑦ Andrews K M, Delahaye B L. "Influences on Knowledge Processes in Organizational Learning: The Psychological Filter". *Journal of Management Studies*, 2000, 37 (6): 2322 – 2380.

⑧ Tasi W. "Social Structure of 'Cooperation' within a Multi Unit Organization: Coordination, Competition, and Intraorganizational Knowledge Sharing". *Organization Science*, 2002, 13 (2): 178 – 190.

生之间的知识分享确立了一种分享意愿,以及对于知识付出之后能得到相应回报的"公正性期待"。对于高校师生的知识共享行为而言,没有合约或制度对此进行规定,减少外部强制的制度、严格监控,降低垂直一体化压力,能加深彼此间的信任度,促进双方之间良好互信关系的建立,进而有助于彼此间的知识分享。而信任关系会促进成员间知识共享和创新。[①] 总之,信任关系可以改善知识分享和转移,促进知识创新。

五、共同愿景塑造师生集体共同行动

愿景为组织的前进和发展指明了方向,也为组织成员指引了方向。[②] 帕尔默和肖特经过研究后发现,愿景对高校的重要作用日益明显。[③] 古恩发现,高校通常把愿景和使命陈述融入自身的战略计划决策过程中。[④] 巴特等指出,愿景有助于企业实现战略目标。[⑤] 柯林斯和波拉斯经过对企业的多年研究后得出结论,企业基业长青靠的是愿景。[⑥]

愿景为高校成员在成长过程中的学习和思考提供启明指引。共同愿景的重要作用在于,把不可避免的问题和琐事的困惑和纠缠束搁,将注意力集中在创建未来。众所周知,需求产生动机。个人之所以参与集体行动,其主要动机:其一,争取自身利益最大化;其二,通过表达意愿和寻求共识,实现价值认

[①] 王丽丽、张亚晶:《高校科研团队知识共享动因及差异化实证》,载《科技管理研究》2009年第5期,第401–402页。

[②] 李效云、王重鸣:《领导愿景与企业绩效关系研究》,载《中国地质大学学报(社会科学版)》2004年第4期,第115–117页。

[③] Palmer T B, Short J C. "Mission Statements in U. S. Colleges of Business: An Empirical Examination of Their Content with Linkages to Configurations and Performance". *Academy of Management Learning & Education*, 2008 (7): 454–470.

[④] Guven O. "An Analysis of the Mission and Vision Statements on the Strategic Plans of Higher Education Institutions". *Educational Sciences: Theory and Practice*, 2011, 11 (4): 1887–1894.

[⑤] Bart C K, Baetz M C. "The Relationship between Mission Statements and Firm Performance: An Exploratory Study". *The Journal of Management Studies*, 1998, 35 (6): 823–853.

[⑥] Collins J C, Porras J I. "Building Your Company's Vision". *Harvard Business Review*, 1996 (5): 66–77.

同。① 愿景塑造并提升高校组织成员的动机。共同愿景描述了一个能够超越现在以及遥望可及的未来。② 未来愿景是促使组织迈向卓越,成为成功的最强动力。③ 组织成员在其中扮演了促进者、监督者、分析者等角色,激发了集体行动。因此,组织愿景是由众多个人愿景汇集而成,同时在众人的合力之下向前迈进。④

高校愿景是对高校美好前景的描绘,它制定了高远的目标让人备受鼓舞,促发了高校成员内心的思考,也会唤起学校成员对未来发展的"深层的愿望"。这种愿望经过互动成长而形成。"我愿(景)中有你,你愿(景)中有我"的凝聚,既是个人对高校的关切,也是高校成员集体共同的关切。愿景提供了一种令人深受感召的力量。通过识别环境中的关键因素,发现未来的机遇,并提出激励人心的共同愿景,能为组织行动提供持久而稳定的驱动力,使组织跳出传统、产生火花,吸引组织成员去追求更高层次的需求,激励组织成员强化和提升个体与团队实现自我超越的渴望与能力;能为实现高校愿景采取积极行动,使大学不断适应环境、改变自身,获得长期发展,同时也让高校成员在组织行动中体悟生命的意义。

六、共同愿景提高学校成员合作效能

本尼迪克特·安德森在讨论"民族"的概念时,独辟蹊径,提出一个令人印象深刻的专有词汇"想象的共同体"。假如把"民族"概念换成"组织"概念,那么,组织需要成员的认同,而共同愿景是对组织未来的意象,也是对组织认同和未来认知的"想象"。在这种"共同想象"或"愿景"框架下,组织成员都是共同体的一员,他们是一体的。社会资本是由"想象的"社群的身份创造的。所谓"想象的"社群,是指那种被个体们认同的,但我们从未在面对面的基础上实际互动过的社群。彼得·圣吉提出的共同愿景,为组织中

---

① 李黎明、王惠:《社会资本、制度供给与居民社区参与》,载《西安交通大学学报(社会科学版)》2016 年第 6 期,第 47-52 页。

② Bennis W, Nanus B. *Leaders: Strategies for Taking Charge*. New York: Harper Collins, 1997:55.

③ Nanus B. *Visionary Leadership*. San Francisco: Jossey-Bass, 1992:78.

④ [美] 彼得·圣吉:《第五项修炼——学习型组织的艺术与实务》,郭进隆译,上海三联书店 2002 年版,第 244 页。

人们所共同持有的意象或景象，能把组织中各种不同的活动融汇起来。①

从组织变革的角度来看，组织所处的社会条件和内外环境是不断变化的，但是组织惯性常常阻止组织变革，从而致使组织面临阶段性危机。在高校组织的发展过程中，经常会面临各种各样的环境变化和困难挫折，学校有时会出现停滞不前甚至倒退，有时会出现消极倦怠甚至迷茫无措。愿景是组织身处"黑暗"时探索前进的一束"微光"，能为组织的健康未来提供方向和指引。愿景是一种共同的愿望、理想，是组织发展未来的图像，能指引组织成员行动的方向，并发自内心主动履行承诺的意愿，有助于消释组织不良惯性，为组织的变革提供前瞻性指引。

愿景给予组织成员"在一起"的共同想象或"缘分"，愿景是黏合剂，能够产生凝聚力，把组织成员团结起来。因此，这对于组织成员之间的关系特别重要：组织成员愿景与个人工作满意度和留住组织的态度以及个人都有很大关联。② 也就是说组织愿景，不仅会提高个人工作满意度，也会促进个人的积极行动。也有人指出，共同愿景能够提升成员间协调水平，帮助组织避免误解并减少利益冲突，为组织提供一个稳定的内外部环境。③ 此外，愿景是成员间资源交换的必要条件，可以帮助成员准确评估资源交换与整合的潜在价值④，有利于缓和成员间的紧张状态、加强成员间的资源分享与交换。⑤ 共同愿景能够促进成员间的资源融合，提高组织在资源整合过程中的相对吸收能力。⑥ 共同愿景也决定了组织成员的共同价值观以及总体目标方向，能减少成员摩擦，降低行动成本，进而维护整个组织利益。一旦学校有了愿景，为了达成愿景目

---

① ［美］彼得·圣吉：《第五项修炼——学习型组织的艺术与实务》，郭进隆译，上海三联书店2002年版，第238页。

② 丁宁宁：《愿景构建：高绩效人力资源实践与企业绩效之间的关系研究》，载《工业技术经济》2013年第1期，第61-67页。

③ Inkpen A C, Tsang E W K. "Social Capital, Networks, and Knowledge Transfer". *Academy of Management Journal*, 2005, 30 (1): 146-165.

④ Li L. "The Effects of Trust and Shared Vision on Inward Knowledge Transfer in Subsidiaries' Intro-and Inter-organizational Relationships". *International Business Review*, 2005, 14 (1): 77-95.

⑤ Tsai W, Ghoshal S. "Social Capital and Value Creation: The Role of Intrafirm Networks". *Academy of Management Journal*, 1998, 41 (4): 464-476.

⑥ Lane P J, Lubatkin M. "Relative Absorptive Capacity and Inter-organizational Learning". *Strategic Management Journal*, 1998, 19 (5): 461-477.

标，大家行动更加一致，沟通协调更加有效，成员之间冲突摩擦减少，学校运行成本降低，同时学校可以将组织资源整合，并予以合理适当的分配，使人力、物力、财力等各项资源，有效整合并发挥相加相乘功能，学校团队更能通力合作，发挥"1+1>2"的最大效益。①

第三节 办学资源获取：助力高校治理的重要因素

通过前文的数据分析可知，资源获取在外部社会资本影响高校治理绩效过程中起到部分中介作用，资源获取的中介效应值为0.288，效应占比为58.119%。资源获取在内部社会资本和高校治理绩效之间起到部分中介作用，资源获取的中介效应值为0.327，效应占比为40.390%。通过效应值的分析表明，资源获取在高校社会资本（包括外部社会资本和内部社会资本）对治理绩效的影响中起到了部分中介作用。资源获取在量表题项中主要表现为高校外部和内部资源的获取，如从政府、企业、科研院所、社会组织以及校友和个人等获取的政策、资金、技术、信息和学术资源，还有从高校内部的部门、群体和个人交往中获得的信息、知识、情感资源。

显然，任何组织都需要足够的资源才能维持运行，高校亦是如此。它需要资源来支持它追求真理，探究学问。随着高校不断发展，高校需要大量的资金，这些资金通常来自政府财政支持和社会资助。但是仅仅依赖外界并不能完全解决资源短缺的问题，同时需要向内来挖掘和积累资源。正如其他组织一样，高校也面临资源有限性的问题，因此高校必须同时探究对外拓展资源和充分利用内部资源的课题。沃纳菲尔特明确指出，组织是由资源集合组成，组织资源的差异导致组织绩效产生差异，而组织竞争甚至可以说是资源和资源组合的竞争。这也意味着高校资源获取包括开发高校外部资源和获取高校内部资源。

一、外部资源是保障高校治理的重要基础

高等学校是一种需要消耗稀缺性资源的机构，资源对高校的发展尤为重

---

① 吴宗立：《学校愿景及愿景领导策略》，载《国教新知》2007年第1期，第66-73页。

要，在高校与社会互动当中，交换的目的常常指向资源。在办学中，资源既是系统性因素，也是非系统性因素，不仅是维持和组成高校的基本要素，还参与并服务着高校组织建设。教育不再是一个孤立系统，它与经济、政治、社会等有着诸多联系，并使其成为整个环境之中的有机组成部分，因此，教育系统与其他系统之间的资源交换状况以及教育系统内部的资源开发与利用共同决定着教育系统的绩效。如高等教育人力资源配置的目的是，希望通过对高等教育从业人员进行科学合理组合，将高校组织中众多成员的工作潜力充分发挥出来，从而使得高等学校在人才培养和科研产出方面实现收益最大化。

高校与社会的资源交换亦如此，高校为社会和企业输出人才和技术，社会为高校办学提供资金、物质等资源的支持，这些资源极大地影响高校的发展和创新。高校自身所拥有的资源，主要包括师资、技术、知识、声誉等，且需要通过资源交换获取自身需要的资源。高校获取资源的能力，与社会对高校的需求密切相关。而政府所拥有的资源包括政策和法律法规、资金、土地等。资金、设备、土地作为办学的必备资源在高校的发展过程中，发挥了极其重要的作用；政策、制度和法规等资源则为高校发展提供了重要的基础保障。从高校角度来看，高校与社会的网络结构是高校发展的重要外部环境，不仅可以为高校提供依赖的发展背景，还有利于高校加强与外部组织和个人的沟通、协调和合作，降低沟通和交易成本，同时还有助于在高校与社会组织和个人之间迅速传播知识信息、促进学术成果交流。政府和社会需要为人才培养提供重要政策支持和需求市场。高校与其他科研院所合作，将促进学术交流、知识共享，更有利于跨学科的发展，以及多学科的融合。一个客观现实已经被社会网络和结构理论证实，那就是，在网络关系中，占据的位置不同，所获得的资源也不尽相同。按照林南的观点，在一个非扁平的、结构性的社会关系网络中，存在着网络位置和结构位置带来的不同效应。这从理论上解释了不少高校积极争取国家重点项目以及努力成为国家重点院校的原因所在。高校处于复杂的社会关系之中，被政府和社会期待承担更多的使命和责任，因此需要大量外部资源做保障。

二、内部资源是推进高校治理的内在要素

通常在有关组织的诸多研究中，物资、资金和设备对组织的发展十分重要。如果这种传统被视为一种关于"硬"资源的研究，那么组织的人际关系、信息、声誉、信任、情感等资源，则被视为一种关于"软"资源的研究。恰

恰这些资源因其隐蔽性而被人们所忽视。但是内部社会资本理论说明了其存在以及对组织的重要性。非正式群体对工作绩效的影响早已被霍桑实验所阐述和证实。高校内部资源主要是指高校内部拥有的人力资源、学术资源、信息资源、声誉资源、情感资源以及心理资源等。这些资源主要来源于高校内部社会资本的转化。

高校内部成员互动，是因为高校本身就是一个由教师、学生、群体和部门构成的互动网络，在这种互动之间，依据互动频度和密度产生知识、信息等资源。通常来讲，高校中有共同业务关系的群体之间接触更加频繁，他们之间的交往也更顺畅，如教务处和科研处或高教研究所，辅导员和辅导员群体之间；同时，有共同兴趣爱好的团体之间联系更加密切，如网球爱好者群体之间、读书协会群体之间等；当然，高校中有上下级部门工作业务关系的联系更加紧密，如教务处和二级学院群体，但是这种联系更多的是一种上下级的权威等级之间的联系，也有一种非官方和平等合作关系的网络互动。不同于传统自上而下形式的网络或侧重于等级和科层模式，在网络结构下，所有成员之间的地位是平等的，他们是为促进实现共同利益而联系起来的，或者说是相对松散的合作关系。如学科专业群体的紧密联系，是为学科专业发展争取更多资源和平台。群体与群体的联系作用不仅在于信息传导、舆论导向，还在于对高校的工作绩效产生影响。通常，受群体成员的正面影响，该群体成员更加认同学校的决策，从而也会在行动中积极履职尽责。反之，高校决策的落实会大打折扣。

高校成员互相信任，主要体现为教师群体和学生群体的互相信任，以及学术群体和行政群体之间的互相信任。通过这种信任，师生之前产生的信息资源、声誉资源以及学术资源对知识的传授和创新都具有重要的推动作用，有助于提高教学水平和科研水平。按照心理学理论的解释，一个人自身价值的发现与实现往往源于他人对自己的信任与期望。师生间的彼此信任对于调动师生行动的积极性、增强师生间的合作互动、促进教学相长的效果、发挥教书育人的价值并最终优化教育教学成果有着不可估量的作用。学术群体和行政群体的互相信任，有助于高校建立高效的行政服务体系，以及卓越的知识创新体系，促进高校在人才培养、科学研究等获得更多成果。其实，高校之中除了这两大群体的互相信任，还有个人、群体、部门之间的互相信任，包括同事之间和同事对领导的信任都是信任的一部分。它们是一种极其复杂的机制，共同影响高校人才培养和科学研究的具体微观过程。信任对高校的创新和发展起到重要的推动作用，因为信任所体现的交流与互动、承诺与协作是高校学术共同体形成的黏合剂，对高校人才培养质量具有直接影响作用。

高校成员的共同愿景,是师生的共同意愿,能够引领师生奋斗的未来目标,描述了高校"向何处去"的景象。对"愿景"而言,使命、价值、战略、目标以及步骤等丰富了愿景的生命力。它们合而为一,作为组织信仰,引导组织向前发展。人才培养、科学研究和社会服务等理念,融合了高校发展目标、价值观和使命、发展定位的共同愿景,塑造了高校组织成员的共同行动,属于一种认知性社会资本。纳哈皮特和戈沙尔认为这种社会资本,提供了主体之间共同理解、解释与意义等。按照韦恩·贝克的观点,这类社会资本除了能打破隔阂、增加协作、创造价值、使人在精神和身体上更健康外,还可以改善知识管理。因为一个组织内的大部分知识都是隐含的,只有在日常的社会交往、故事讲述、指示、示范和观察中才能体现出来。[①] 而认知性社会资本包含的价值观、信念、符号甚至是仪式的内容,都有助于组织成员之间深入交流和建立共同叙事。高校内部因为共同愿景的存在,包括基于价值观和理念所建立的认同,有助于高校成员在心理上建立亲近感和信任感,有助于成员之间交流和互动,进行资源共享和集体行动。

---

① [美]韦恩·贝克:《新型社会资本及其投资》,罗雪群译,载曹荣湘编选《走出囚徒困境——社会资本与制度分析》,上海三联书店2003年版,第16-18页。

第九章 提升高校治理绩效的对策性建议

根据问卷调查所得数据统计分析显示,社会资本对高校治理绩效具有显著正向影响,社会资本对高校治理绩效的影响作用主要有两种,一种是直接影响作用,另一种是通过资源获取中介的间接影响作用。从广东省公办高校得出的调查结论,在某种程度上具有可推广性。因为政府对高校的影响非常大,在很大程度上,是从法律、政策和组织等方面塑造了公办高校的同质化。在中央集权的教育管理体制下,政府在高校的建立、发展和调整的集体行动中具有主导性,甚至是决定性的作用。"考察高校的行政组织设置,可谓大同小异,见一所高校的机构则知全部高校的组织设置。"[①] 还有人对594所院校进行了调查,从资源依赖理论和制度理论的角度来分析高等院校的组织趋同现象。[②] 这些反映出的普遍事实是:我国公办高校存在一种趋同现象。因此,基于广东省公办高校的调查研究具有一定的普遍性。本书尝试对提升我国公办高校治理绩效在综合内外因素、重视成员互动、优化组织结构、健全信任机制、塑造共同愿景,以及坚守大学理念等给出几点建议。

第一节 综合内外因素,共同提高治理绩效

高校已被认为是社会的轴心结构,逐渐在社会中占据中心位置。[③] 高校对

[①] 袁东、李爱民:《高校自主权缺失与同质化发展关联性分析》,载《湖南师范大学教育科学学报》2011年第5期,第11–15页。

[②] 王占军:《高等院校组织趋同行为的实证研究》,载《中国人民大学教育学刊》2011年第1期,第113–127页。

[③] 朱新梅:《政府干预与大学公共性的实现:中国大学的公共性研究》,教育科学出版社2007年版,第75页。

国家和社会越来越重要,因此,高校在整个社会网络中的地位不断上升。通过前文的研究可知,高校治理绩效的提升需要综合考虑内外部多方面的复杂因素,而绝不能只考虑某一个方面的作用,这显然不符合高校面临的现实环境。具体来说,一方面高校需与外部互动关系,向外拓展社会资本;另一方面通过科学管理手段,向内发展学术资本。① 高校向内发展最重要的是学术资本。从社会资本的角度来看,高校发展需要积累社会资本。资源的大力开发和有效利用,与高校内部有限资源和外部社会广泛资源有重要关联。

一、高度重视广泛外部联系

阿什比在《科技发达时代的大学教育》一书中,做出经典判断:"任何类型的大学都是遗传与环境的产物。"② 这里所谓的遗传就是指高校生存的内在逻辑,也就是高校发展的传统力量。但是,在时代变革和社会发展的环境下,高校需要像动物和植物一样进行更新和进化,以适应社会的新形势。高校除了开展正常的教育教学活动,进行人才培养和科学研究外,还要积极与社会进行密切接触,走出"象牙塔",与时俱进,与政府、社会、市场发生日益紧密的联系。

首先,高校需要加强与政府的联系。在教育体制改革之前,政府与高校之间完全是行政隶属关系,高校被视为政府的一个行政部门,单位制、身份制、等级制是政府对高校控制的制度方式。自从教育体制改革启动以来,政府需要重新定位其宏观调控职能,给予高校更多办学自主权。但是,政府和高校的关系受到传统依赖路径的影响,除了权力结构因素外,在政策和资金方面依然是双方建立联系的重要工具。政府通过教育方针、法律法规,尤其是政策来支持和指导高校发展;高校按照政府要求培养人才,并进入政府设定的政策框架,来获得政策支持和经费资助,从而为高校自身发展争取更大的发展空间。

其次,高校需要加强与市场的联系。高校应当调整办学方向,与社会经济结构相一致,做好专业设置、人才培养、科学研究等方面的工作,促使高校更

---

① 周进、吴文刚:《高等学校资源转化:内涵、意义与路径》,载《中国高等教育研究》2015年第8期,第45—49页。
② [英]阿什比:《科技发达时代的大学教育》,滕大春、滕大生译,人民教育出版社1983年版,第7页。

具活力和创新力。① 也就是说，把高校与社会经济联系起来的同时，也为高校的专业设置和科学研究，乃至整个高校的发展注入了活力。高校作为专业教育机构，是培养和训练从事某种职业的专门人才的教育场所，必须合理设置专业，满足市场对人才的需求，符合经济社会发展的期待。如果高校培养的毕业生无法适应市场需要，高校自身必然失去继续生存的可能。② 市场需求是人才培养的导向，当专业人才所具备的技能和市场需求不匹配时，就会造成企业找不到满足条件的员工和专业人才找不到合适工作的双重困境。林蕙青进一步强调，高校学科专业结构的设置和调整决不能等待和被动适应，而是要主动依据社会变化，充分发挥主动性，结合市场需求及时调整相关专业。③ 高校更应该利用好关系网络，主动与市场联系，加强与企业互动，使学科专业结构和人才培养目标能满足市场需求。

再次，高校需要加强与企业的联系。高校与企业的网络联系，主要体现在产学研合作方面。产学研合作的实质是以高校和企业为主体，涵盖诸多参与方，共同构建包括人才、信息、资源等多种要素组合的网络结构，以此推动技术研发和提高创新能力的集体行动。高校进行研究和人才培养，企业从事应用开发，两者需要合作互动进行科学发展和新产品研发并投入市场。西格尔等表示，大学与产业的技术转移是相互合作的过程，产业界与学术界互相支持，如实验室建设和课程设置改善。④ 李梅芳认为，产学研合作网络关系除了能提供设施、经济支持，改进课程设置，也可以促进知识和技术在高校和企业之间交流和共享。⑤ 邵燕波认为，大学与企业联盟通过共同研发项目，在合作过程中获得共享的知识和技术，从而构建能力协同效应和增加组合优势，最终发展和

---

① 高振强：《社会服务导向下的现代大学组织变革——基于美国威斯康星大学的实践》，载《教育发展研究》2014年第5期，第80-84页。

② 吴博达：《高等学校学科专业结构调整的若干思考》，载《中国高教研究》1998年第3期，第14-15页。

③ 林蕙青：《高等学校学科专业结构调整研究》，厦门大学2006年博士学位论文，第147页。

④ Siegel D, et al. "Assessing the Relative Performance of University Technology Transfer in the US and UK: A Stochastic Distance Function Approach". *Economics of Innovation and New Technology*, 2008 (10): 717-729.

⑤ 李梅芳：《产学研合作成效研究》，武汉理工大学2011年博士学位论文，第58页。

提升校企双方的能力。①

最后,高校需要加强与院校的联系。高校与其他院校的合作交流,主要有两种形式:校际合作和高校联盟。具体到合作交流包括:第一,召开学术论坛、学术年会、专题报告,邀请同行知名专家进行学术交流,就关心的共同主题进行探讨合作;第二,邀请知名学者担任客座教授,为高校师生讲授课程;第三,在同领域、同区域高校开设互选课程,让学生跨学校学习;第四,不同院校共同合作,联合进行课题研究。李松岩认为,高校国际联盟以人员交流、联合科研、技术分享等方式强化各联盟成员之间的交流与合作,可增强各自的竞争优势。② 无论是何种形式,高校之间以合作网络的形式建立的松散组织,能整合学术资源,开展项目合作,促进学术交流。

总之,无论是布鲁贝克提出的政治论的高等教育哲学观,还是威斯康星大学理念,都在强调高校要与社会保持紧密联系,服务社会和国家的发展。因为高校治理的先决条件是从外部环境中获得充足的资源保障。特别是在高校面临快速发展的新形势下,高校与社会的互动、合作与协同,可以带动社会参与高校治理,支持高校发展,构建合作互助网络,为高校准备好充实的资源库。

二、积极促进内部交流互动

一方面高校需要大力发展,另一方面政府投入有限,致使高校发展出现资源紧张的困局。为了缓解资源与需求不匹配的问题,高校通过两种方式来获取资源,一是大力开拓外部资源,二是充分利用内部资源,它们是助力学校发展的重要因素。

高校内部的个人、群体和部门等网络节点在高校治理过程中发挥着实质的作用,即使是外部资本,也是通过与内部网络节点的互动来发挥具体作用的。高校内部成员的交流和互动,可以获得知识信息和工作信息,也可以得到情感支持和更多的愉悦感。

优化组织结构促进成员互动。从以行政管理为导向的组织机构转向以知识管理为导向的机构设置,减少管理层级,使管理重心下移,减少行政审批流

---

① 邵燕波:《大学——企业知识联盟对高校科研能力提升研究》,载《浙江学刊》2007年第4期,第204 - 207页。
② 李岩松:《高等教育国际合作的新趋势——大学国际联盟的产生及其影响》,载《北京大学学报(哲学社会科学版)》2009年第5期,第153 - 157页。

程，给二级院系更多自主权，通过优惠组织结构设置，让师生之间进行更充分地交流和互动。完善制度安排，支持教师参与学术事务决策，在学科和专业发展方面共享力量；同时，正确引导高校学生组织发展，支持学生参与高校治理，在高校治理和学生管理过程中起到积极正面作用。

创造各种条件促进网络交流。高校网络嵌入在整个社会网络之中，高校组织内部成员互动应视为内部网络。高校本身就是一个由教师、学生、群体和部门以及它们之间的知识、信息和资源等构成的网络。高校存在大量成员互动交往的子网络和局域网络。例如，按条块组成的子网络，包括党群系统、行政系统、学术系统、学生系统等各自组成的网络，学科、专业、导师、研究领域建立的子网络，以许多大量的、潜在的、各种形式复杂的网络等。高校不仅要在制度和资金等方面支持这些子网络发挥正向作用，以充分发挥子网络的作用，促进知识信息的共享和交流，还要采取措施制度或技术手段，避免负面信息在网络上传播。

加强成员互动，构建信息网络；改善师生信任，提高教学质量。研究表明，高校教学质量受教师人品信任和学生知识能力信任的直接影响，师生信任能够有效提高学习的积极性和学生的学习成绩。因此，一方面要提高教师的个人修养和注重师德师风的培养，制定相关机制和政策，严厉惩罚侵犯学生权益的违反师德要求的行为，包括不对等权力结构作用下对学生的人身侵害等，切实树立教师的崇高形象，让学生信任教师。另一方面学生也要加强个人知识能力的提升，吸收教师所教知识，提高知识传授的有效性。总之，只有师生从各自角度出发，做好自己，才能在师生之间建立信任关系，促进交流和沟通，提高教学水平。

加强师生信任促进知识创新。信任为学术共同体成员的信息交流和共享营造了良好的氛围，有助于促进知识创新。对大学师生而言，双方之间良好互信关系的建立有助于彼此间的知识分享。师生之间信任的建立需要在一种平等的合作网络中进行，教师要充分认识知识信息的快速发展态势，如今知识呈现爆炸式增长，学生可以从多方面接收到知识信息，学生也有很多想法，可能学生的知识信息比教师还多。因此，教师要适应科学发展形势，坚持学习和掌握新技术，以一种平等的姿态，与学生沟通和交流，在信任的氛围中，促进知识创新。

运用愿景激发师生集体行动。在组织塑造共同愿景时，一定要集合个人愿景，在个人与个人之间、群体与群体之间，以及部门和部门之间达成充分共识，从而形成组织共同愿景。在坚守高校理念和塑造共同愿景的过程中，师生之间进行多次交流，分享自己的思考所得，贡献自己的智慧，对高校存在的问题有共同的关切，并为解决这些问题提出共同方案，这些都为组织行动提供了持久而稳定的驱动力，吸引组织成员去追求更高层次的需求，激励组织成员强化和提升个体与团队实现自我超越的渴望与能力，为实现高校愿景采取积极行动。

运用愿景减少集体行动阻碍。组织在发展过程中无可避免会面临各种问题，如环境变化、资金不足、前景模糊以及组织惯性等，因此，要学会运用愿景的感召力，在个人和部门之间，制定分解目标，并按照目标去执行。这有助于克服组织存在的惰性以及人心求稳的心态，激发工作热情，减少摩擦，缓和成员间的紧张状态，加强成员间的资源分享与交换，提升互相协作能力，提高工作满意度，从而维护高校的整体利益。

综上所述，在成员互动、互相信任和致力于共同愿景的基础上构建的高校内部网络，搭建起了相互关联、反应迅速的资源网络。通过资源的流动和分配，能有效降低资源共享成本，消除潜在利益冲突，从而促进高校内部各主体互相合作、互相配合，优化共同参与高校治理的协同效应。因此，高校治理以及高校治理绩效的达成，是高校内外部综合作用的结果。高校本身处在一个复杂的关系网络之中，或者高校本身就是一个开放的复杂的社会系统。系统综合影响高校的诸多要素，只有真正把握高校的本质特征，才能促进高校治理取得实效。

第二节　重视成员互动，建立合作治理网络

在格兰诺维特看来，各种经济活动是在社会网络的互动过程中做出决定的，也就是说，它们都受到其所处的社会网络结构的限制。不单单是经济活动，其他人类社会活动也镶嵌在社会网络之中。对于高校治理来说，高校作为国家和社会不可或缺的一类组织部门，不是孤立的行动个体，而是与政府和社会有密切联系的部门。高校治理行动也是嵌入在整个社会结构当中的，围绕高校所形成的治理网络，成为一种不可否认的实际存在。因此，在日益复杂的环境中，必须高度重视网络结构，加强网络联系，也就是非正式网络关系、人际关系。

一、高度重视治理节点作用

在社会网络中,网络节点是高校治理的参与者和行动者,是最基本的构成单位。由个人、群体、部门、组织,甚至社会和国家等社会行动者构成,包括学生、校友、校长、教授、中层干部、行政管理人员、辅导员、班主任,以及学生家长、合作校外专家、企业、供应商、主要生产厂家和其他有关人员,以及社会热心人士、奖学金捐赠者、资金提供者、行业协会、政府和半政府机构等,这些都是高校关系网络中重要的行动者。他们处在高校治理的网络节点,对高校治理具有实际或潜在的影响。从校外来看,政府部门、社会知名人士、校友、企业、项目合作者、校外合作专家等都是重要的节点。尤其是社会知名人士,给予大学大力支持,例如香港知名人士邵逸夫,全国许多大学都有他捐建的"逸夫楼",包括科技馆、图书馆、体育馆、教学楼等。从校内来看,高校党委书记和校长,还有学校办公室主任、教务处处长、人事处处长、财务处处长、学生处处长、二级学院院长、书记、教学秘书、辅导员等都是重要的节点人员。另外,教师和学生也是重要的节点,有的教师进修知识或科技创新,可以提高学校的知名度,为学校赢得重要声誉;而学生毕业以后为学校捐资助学,以及服务社会和国家,这是学校对社会最重要的贡献。由此可见,这些行动者的支持,对人才培养、科学研究都起着重要作用。

二、加强网络节点互动联系

重视网络节点联系,也就是加强治理行动者之间的联系。节点是网络的基本构成单位,节点之间的联系则是网络的核心。只有节点与节点之间通过线进行联系,才构成网络。高校组织及个人与其他组织和个人围绕实现高校治理的行动目标而建立起来的网络联系,是各网络节点长期通过社会关系互动、协商,形成信任和合作的过程。一方面,要加强师生之间个人与个人的联系。鼓励教师加强与学生交流互动,这种互动频率对教学效果、学生学习是有很大帮助的。鼓励科研人员与校内、校外同行进行学术交流,因为知识和思想是在交流和共享中发展和创新的。此外,作为高校主要领导者的高校党委书记和校长,需要加强拓展对外关系,利用个人关系和人脉资源,为学校争取项目、筹集经费、引进资源,促进学校发展。另一方面,要加强组织与组织的联系,建立支持制度,鼓励组织与异质性组织,学校与学校、研究机构,学校与企业进行合作交流，特别是能够与学校在人才培养和科学研究方面进行优势互补的组织合作。例如，中国九校联盟（C9）合作的主要内容包括互换本科生和研究生培养，互相承认所修学分；华为公司之前与牛津大学、斯坦福大学、加州大学伯克利分校等世界名校进行合作，后面又与国内多所大学进行产学研合作。

三、形成互动网络整体环境

网络整体是网络关系的一个部分，那些隶属于整体网络的个体网、三方组（三方关系）、小集团、初级群体和局域网，皆相当于子网络，也就是网络整体（非整体网络）。高校组织中存在诸多子网络，而这些子网络互相交织构成高校的整体网络。在高校治理过程中，应重视网络整体或子网络建设工作。一方面，学校要建立制度支持子网络良态发展。如组织体系中的四大主要系统：党群系统、行政系统、学术系统、学生系统，不仅在正式组织结构方面，而且这些组织系统中人与人之间建立的联系，共同构成了一个子网络或网络整体，它对提高工作效率、降低交易成本、促进知识创新有重要影响。学校师生与企业建立合作项目团队，他们之间的联系也可以看作一个子网络，在这个网络中，合作人要共同研发和协同创新。同一导师所带的学生，也组成一个子网络，这样有利于学生之间的思想交流。学校和学生及家长之间建立的联系，也可被视为一个子网络，这个网络关系的目的是及时反馈学生情况、共同促进学生的成长。另一方面，学校要监督引导子网络健康发展。在学校中有些子网络产生不良的影响，特别是群体、小集团或团伙中的个人能够对所出现的事情和问题快速达成一致。信息在强联系群体中的传播速度比在弱联系群体中的传播速度更快。传播内容包括真相、观点、态度、怀疑、流言蜚语、谣传和指令等都能快捷地通过子网络进行传播。应该说，非正式网络的信息传播和沟通，在高校校长之间、学院院长之间、教师之间和学生之间都有强大的生命力，尤其在学生群体性事件中。如果未能正确引导，有可能造成恶劣影响，甚至是群体事件，或伤害生命的自杀行为。

第三节 优化组织结构，推动管理重心下移

众所周知，我国高校管理同质化，组织结构具有一致性。高校组织体系存

在四个主要系统：党群系统、行政系统、学术系统、学生系统。这个组织体系，具有科层制结构和松散式结构二元特性，其主导形式是直线—职能型组织结构，具体来讲，学校下设的二级学院是直线部门，是相对独立的办学实体，而管理机构则是以职能为基础、具有科层制特征的职能部门。在"政府—社会—高校"框架下，高校不是一个封闭系统的象牙塔，它与外部环境的联系日益紧密，同时也面临着多重挑战；高校治理也变得愈加复杂化，直线—职能型主导结构形式已不能较好满足学校应对快速发展的外部环境的需要，需要做好"三个转向和一个转变"。

一、结构设计需"三个转向"

目前，高校组织结构或者内部治理结构的直线—职能型主导形式，虽具有科层制和松散式的特征，但总体是以科层制为主，而且主要问题在于权力高度集中和权力关系失调[①]，因而必须有所转向。一是从集权转向分权。目前，高校组织结构实质上依然是一种典型政府集权管理模式。按照这种传统逻辑，管理者和被管理者之间的控制和约束较多，而随着学校人数增多、机构增多、环境变化，这种模式已经很难适应学校发展，也不符合知识创新的需要。在现代的组织管理中，分权和授权是组织结构设计的普遍原则。在知识经济时代，组织结构将进一步扁平化。二是从封闭转向开放。传统封闭的组织结构囿于组织的内部，追求内部结构的严密性，包括正式结构、等级、规则和程序等。开放系统理论将组织的运行与环境紧密相连，打通了组织内部与外部壁垒。高校因为与外界合作共建项目，已经呈现越来越多的跨部门工作小组或委员会组织。三是从稳定转向灵活。在高校集权管理时期，统一模式，统一管理，高校对单一主体政府具有高度依赖性，因此，组织具有较强的稳定性。但是，随着市场变化和信息传递的速度加快，高校所面临的外部环境迅速变化，因此需要更具有灵活性的组织结构，以支持教师对外交流合作，吸收更多信息，满足知识多样化需要。

二、结构形式需"一个转变"

高校是研究高深学问和高深知识的场所。知识是高校的最核心要素，从总

---

① 李旭炎等：《现代大学内部治理结构研究》，人民教育出版社2016年版，第51-53页。

体上来说，目前的结构形式与知识并不匹配，需按照知识的特征来进行完善。因此，"直线—职能型"结构形式需要向事业部结构或总体矩阵型结构形式转变。正如克拉克所言，高校中的学科、专业和学术组织对知识领域进行有序分类，是高等教育机构的"建筑材料"。① 知识工作者围绕这些知识群类，建立若干学科组织、专业组织，并构成高校机构和组织，形成一个总体矩阵结构。具体来说，就是高校治理重心的下移，重视高校基层学术组织的建设，扩大院系以及基层学术组织的自主权。在高校院系管理层次中，应加速实现管理重心下移，把学科、专业和课程的调整设置、科研项目管理、人才招聘、经费使用等权力下放给学院，使学院真正成为拥有自主权的实体，进而激发基层组织学术活力，提升基层组织的学术创新能力。②

第四节 健全信任机制，营造和谐治理氛围

从专业角度来看，信任是涉及交易或交换关系的基础。可见，信任是用来处理关系的工具或手段。这种信任是组织运作的融合剂，是维持组织效能和维系组织生存的重要影响因素，对组织的意义重大。因此，要健全信任机制，营造信任氛围。

一、加强高校师生人际信任

高校中的人际信任，既有教师与学生的信任，也有科研人员和行政人员之间的信任，还有师生群体内部各自信任。其中，师生信任是高校中最核心和最重要的信任关系。作为师生关系的主导者——教师来讲，可以从两方面加强师生信任。首先，从信任的静态内容出发，需要加强自身素养和提升核心能力，特别是对教师来讲，为人师表，行为世范。教师的德行和专业水平，在学生看来是对教师信任最基础的要求。其次，从信任的动态过程来看，信任关系的建

---

① [美] 伯顿·R. 克拉克：《高等教育系统——学术组织的跨国研究》，王承绪等译，杭州师范大学出版社1994年版。
② 祁占勇：《高等学校内部治理结构的完善与办学自主权的实现》，载《陕西师范大学学报（哲学社会科学版）》2010年第7期，第21－26页。

立是在教育行动的过程中互动和交往时形成的。因此，教师在与学生交往过程中，信任通过双方主体之间的参与、对话以及合作得以生成和展开，应尽量做到主动沟通交流、倾听、情感分享、发自内心喜欢、相处自然，以此来赢得学生的理解和支持。学生在与教师的交往中，要努力做到尊师、真诚、友善和认真学习，积极回应来自教师的关切，认真体会教师的良苦用心。师生信任关系的建立，不仅有助于调动师生的积极性，提高教学效果，也有助于激发创新精神和能力。

二、完善高校组织系统信任

对高校信任，主要是对高校系统信任。高校系统信任是建立在完善教育制度和现代大学制度之上的。目前高校系统涉及四个层次系统：第一层次教育系统，其行动在于按照国家和社会对人才的要求，确定大学教育系统总方案，并对人才培养等方面进行监督。第二层次教育系统，其行动是把上一层次制定的总方案细化为各大学的具体行动方案。第三层次教育系统，其行动是将大学教育的总方案划分为每个教师的工作方案、教育认识与行为。第四层次教育系统，其行动是把教育内容内化为学生个人身心的发展。改善对高校系统的信任，主要是在政府、社会和高校框架关系下，政府、社会和高校各自确定自身定位，按照政策和制度行事，各司其职，不越位，不缺位，分工合作，形成合力，提升高校治理水平。对高校信任，意味着对学校领导的信任，其中党委书记和校长是关键，这既有对系统的信任，也有对个人的信任。因此，一方面是需要学校领导从自身领导力出发，进一步提高技术领导力、人际领导力、教育领导力、象征领导力和文化领导力五个方面的领导力；另一方面是学校领导应努力在高校治理的成效方面达到广大师生和社会的期望。

三、强化高校专家特殊信任

专家信任是对掌握了某种科学知识和科学技能的人群的信任。毫无疑问，高校是专家最为聚集和人数最多的场所，高校专家对社会进步和国家发展具有巨大的影响力，因而专家是一个十分重要的群体。对专家信任，既是对专家自身素养的信任，也是对科学知识和高校组织的信任。因此，强化专家信任需要从以下几个方面努力：首先，专家需要提高自身素养。专家应以科学的态度对待科学，以真理的精神追求真理，以执着奋斗、精益求精的精神，坚持知识创新,勇攀科学高峰,同时,也应该以客观、严谨的态度,全面看待科学技术,对科学技术的负面作用提出警告和反思。其次,应该正确看待学历文凭。专家的一个基本条件和首要前提是拥有较高学历文凭。它是专家在科学知识、学术水平和道德品质方面的通行证。同时,也应正确看待潜在能力和实际能力的区别,学历文凭只是代表具有潜在能力和技术水平,它还需要在实践中和现实中通过真正解决问题来证明。最后,在同行评价过程中,专家应该坚守评价标准,加强学术训练,以严谨的科学态度,客观公正对待同行的评价。因为同行的评议方式契合科学知识的可验证性及其专业性发展方式,可验证的知识为科学专家系统提供了唯一的理性的尺度,而且科学知识的专业性是外行无法判断和评议的,所以,同行评价对科学发展和社会影响是巨大的。特别需要注意,高校专家应谨慎涉足自己的非专业领域,以免贻笑大方,成为公众眼中的"砖家"。

第五节 注重行为规范,构建有序信任环境

信任关系的建立常常是基于动态的社会交往中遵守以社会角色为基础所建立的行为规范。规范是调节人与人关系的行为标准和准则。社会规范从表现形式上可以分为制度化规范(法律、法规、制度、章程等)和非制度化规范(风俗习惯等)。通常来说,制度化规范是对行为结果的最终约束和惩罚,非制度化规范是人们日常运用较多的行为准则。对于高校来说,参与治理的行动者,既有教师,也有学生,既有行政人员,也有科研人员,他们在法律法规的框架内,都有一套行为规范。由于行政人员的行为规范通常按照科层制要求进行约束,因而,高校人员的行为规范,主要集中在教育者、科研者和学习者三种角色规范。为建立更加有序的治理环境,规范主体行为,建立规范秩序,应做好以下几点:

一、遵守教育者的行为规范

教师职业行为规范和职业道德是对教师职业行为的基本规范与刚性要求,也是高校教师、教育工作者在履行教书育人岗位职责的全过程都要遵循的道德规范、专业操守和行为准绳。教育者,立德树人。主要是以下两个方面:一方

面，教师要形成规范意识，自觉遵守规范。如教师要遵守与职业关系的道德规范，热爱教育事业，尽职尽责、精益求精地做好教书育人工作。教师要遵守与学生关系的道德规范。关爱学生，真心投入，真情付出。教师还要遵循与其他关系的道德规范，包括与同事、学生家长、社会朋友等关系，做到互相尊重、互相理解、团结合作、礼貌待人、与人为善等。另一方面，为发挥行为规范的持续作用，学校要建立长效机制。如教师的准入机制，对违反师德师风情况进行相应惩罚；对在遵守行为规范方面做得好的教师，给予奖励，授予荣誉，同时，建立公正客观的评价标准和评价机制，让广大教师可以有所依循、有所畏戒。

二、遵守研究者的行为规范

大学教师既是教育者，也是研究者。高校作为研究高深学问的场所，对研究高深学问的行为必定有一定的准则要求。除了法律法规所禁止的学术规范，科学研究还有一套专门规范，这些规范是学术规范的元规范和基本规范。目前，在学术界，不少研究者出现了违背这些规范的行为，给科学事业和学校声誉带来极大影响。首先，研究者应当自觉自律遵守这些行为规范。遵守普遍主义的科学规范，确保公平性准入和客观性评价，不能搞"近亲繁殖""学术门阀"，对科研成果进行客观评价；遵守"公有主义"科学规范。科研成果和学术成果应当进行公开交流。当引用别人成果的时候，一定要标注引用来源，从而最大限度地促进科学价值的实现；遵守"非谋利性"科学规范。研究者的最高志趣在于追求知识、追求真理，而不掺杂其他目的；遵守"有组织的怀疑"科学规范，对怀疑知识进行严格的合理的质疑和审查，以同行评价形式进行判断。其次，建立相关制度保障这些行为规范。对"扩展被证实了的知识"实施奖励制度，如诺贝尔奖之类的科学奖励，是有物质性、荣誉性和精神性。在科学奖励保障下，"科学中的优势和劣势积累"自然会出现科学分层制度，同时要避免"科学中的马太效应"，即好的更好、差的更差。在科学研究中，要建立科学控制制度，包括对科学影响的控制、科学共同体的控制，以及科学之外的法律控制，让研究者在不违反人类伦理道德的前提下进行科学研究。

三、遵守学习者的行为规范

大学生是学习的主体,也是受教育者,需要遵循基本的行为规范。作为特殊群体,大学生遵守行为规范,主要体现在两个方面:一个方面是大学生要提高自觉遵守作为学习者角色行为规范的意识。其一,学生与学业关系中的道德规范。学生作为受教育者,应当认真学习知识、探究学问、掌握技能,注重培养综合意识与合作意识,以及综合和超越知识、能力、态度的核心素养。其二,学生与教师关系中的道德规范。学生在处理与教师的关系时,最根本的道德要求是尊师重道,同时应有自己的辨识力和思考力,应当从自身的角度来理性看待教师专业知识和教师道德素养。其三,学生与同辈关系中的道德规范。学生与同辈关系不仅包括同学关系、舍友关系、同乡关系、同门关系,还涉及社会中的血缘关系、朋友关系、伙伴关系等。学生在与同辈关系中应当真诚待人,诚实守信,互相尊重,相互包容,团结合作。另一个方面是学校与社会要进一步建立健全宣传引导机制。大学生的心智还未完全成熟,社会阅历还不太丰富,容易被社会上一些不良信息误导,形成不正确的价值观,甚至走上错误的道路。因此,作为高校来讲,要与政府和社会一道,形成合力,进一步加强宣传引导,多做学生的贴心人,想学生所想,急学生所急,共同营造有利于学生成长的健康氛围,助力学生成长成才。

第六节 塑造共同愿景,引领治理集体行动

"愿景"既是"一种共同的愿望、理想、远景或目标",也是一种心理建构,一种共同价值、信念和目标,一种理想,一种指引和目的地,甚至是一股感召力量。高校愿景就是大学未来一段时期内的远景目标,描绘了高校往何处去的景象。这种思想意识具有重要的能动作用,能指引高校组织的发展方向、激励高校师生共同行动,以及提高高校成员的合作效能。因而,应当重视共同愿景塑造,才能让师生为之共同努力。

一、准确把握愿景的基本内涵

共同愿景不是个人愿景,而是高校中各个成员发自内心的共同目标,也是高校中师生个人愿景互动成长而形成的、师生普遍接受和认同的共有的意象或景象。共同愿景的形成,需要经过不断交流和讨论协商。通过这种方式,师生之间自由自在表达各自愿望,在沟通和交流中描绘美好蓝图。不论是在学术研究中,还是在实际工作中,高校愿景经常包括使命、价值、目标、战略等,常常会放在一起进行整体表达。因为一个有效的愿景要具有强有力的基础,就必须赋予愿景真正的生命力,并且对组织内所有成员来说都是清晰可见的。也就是说共同愿景是未来可期,而非遥不可及的空中楼阁。高校愿景与使命、价值、战略、目标等合而为一,作为组织信仰,引导高校的前进方向。

二、合理确定愿景的主要内容

高校愿景与高校定位的概念内涵是一致的,包含所要确定的高校的责任和使命,以及高校的类别、类型、特色、水平等发展目标。因此,从这一层面理解,高校应合理制定共同愿景:办学类型,涉及知识门类划分的科学领域,包括文、理、工、农、医等,来确定高校类型;办学层次,涉及本科生教育、研究生教育、高等专科教育三类基本层次,在此基础上,本科院校分为985高校,211高校,非985、211高校等;办学目标,涉及设定高校在高等教育系统中的位置,包括世界一流、国内一流、省内一流等;办学特色,涉及办学内涵,例如管理方式、学科水平、专业设置等一个方面或多个方面;服务面向定位,涉及人才培养、科学研究和社会服务等方面的范围及层次,即服务面向的空间与层次,空间体现在地方、区域、全国,而层次如面向基层、面向生产第一线的高素质应用型人才等。高校应当结合周围环境、历史发展以及自身的优劣势,合理准确定位发展愿景。

三、建立达成愿景的良性机制

共同愿景的建立旨在促进高校师生的集体行动,它是一个在可期的范围内可以实现的远景目标。为了达成共同愿景,不仅需要全体师生和校外相关机构和人员的共同努力,更加需要以一系列制度机制来保障其实现。一是需要政府和社会共同支持为实现高校愿景所开展的积极行动。高校办学是政府主导和社会参与,因此,政府需要制定一套配套政策和措施来支持,包括政策、场地、人员、经费和制度等。二是社会各方力量积极参与到实现高校愿景的进程,如与高校专业关系紧密的市场和企事业部门,以及毕业生和优秀校友等。三是需要高校围绕共同愿景,制定战略和出台相关制度、措施,建立稳定和激励机制,有人员、有计划、有资源来保障此项工作的顺利和持续开展。无论如何,高校愿景的实现,需要学校内外的共同努力、集体行动。

第七节　坚持大学理念，恒守育人求知信仰

社会认知，是指个人对自我及所处社会环境（包括他人、社会群体、社会关系、社会规范、社会事件等）的知觉、理解、判断与解释的心理活动。认知的结果，成为驱动社会主体的"原动力"，启动社会行为，并进而指导社会行为。[①] 大学理念是对大学精神、性质、功能和使命的认知，具体体现在对"什么是大学""大学应该是什么""大学应该怎么办"等基本问题的理性认识、理想追求和教育观念。在复杂环境的影响下，高校治理过程肯定会受到诸多外部因素影响，但是作为高校来讲，要有教育愿景，要有教育信仰，要坚持大学理念：一类是认识论的大学理念，认为大学主要在于传授知识与发展知识；二类是政治论的大学理念，认为大学主要在于服务国家与社会；三类是生存论的大学理念，认为大学主要在于整体知识与全人教育。

一、应当崇尚知识、追求真理

知识不仅是学校活动的中心，也是高校活动的中心。纽曼说大学是教授普遍知识的地方。他认为，学校所教授的内容应是以"知识本身为目的"的知识，是包括一切学科的普遍知识和整体的自由知识。洪堡与纽曼的大学理念有所区别，他认为大学必须是研究中心，因此教师的首要目的是自由从事创造性的学问，不是传授知识，而发展知识。无论如何，他们都是大学理念论述方面非常典型的代表。虽在看待知识方面有所差别，一个认为大学应该传授知识，一个认为大学应该发展知识，但他们的共同之处都是把知识作为高校的活动中心，并崇尚知识和追求真理。作为一个追求真理、渴求真知而存在的机构——大学，万分需要一个真正属于自己的理念来指引其前进的方向，也只有前行的道路是清晰的，才能进一步在不断实践中推动这样的理念化为现实。反观目前不少大学，受到市场经济侵蚀，看过路边风景，就忘记了来时的路，忘却了大学的本来宗旨，违背了大学的根本使命。大学办学活动不再以崇尚知识和追求

[①] 陈晋胜、何卫平：《群体性事件社会成因分析》，载《山西大学学报（哲学社会科学版）》2003 年第 5 期，第 26–30 页。

真理为依归，因而变得不再卓越和缺少灵魂，剩下的只是生产机器和工具。故有必要坚守大学信仰，重审大学的核心要义——崇尚知识、追求真理，并应围绕这一核心理念，重构大学的组织结构体系。

二、育人重在优化生命存在

雅斯贝尔斯把大学的理念视为崇高的，各种学术研究和教学最终都在帮助生命成长。大学教育要培养在不断的体验中实现人自身的完善、不断超越、探求本源的真正的人。在大学里面对真理的追求需要全人的认真投入。大学教育、整体知识、交往、生命、全人和真理是具有内在联系的。如果把技术和人两者相比较看谁更重要，雅斯贝尔斯更倾向于后者。他认为人是技术的主人，因此教育是人的灵魂的教育，要具有启发人们精神和灵魂的重要作用。以往的大学过分注重大学的功能和工具价值，真正意义上的大学需要重新思考其本质所在，努力保护和强化大学的本质，思考人生存的深度价值。人的生成和发展是进行所有活动的终极价值。教育的目的就在于培养"全人"，为自己心中的真理不断追逐和探索，且对于学术有着不可动摇的献身精神。大学不但要有专业技能，还需要有"整体知识"，努力实现专业技能和整体知识的统一。无论是专业技能、实用知识或实践知识，它们都只是一种谋生手段。除了获得整体知识，还需要人与人的交流，而交流本身就是一种对真理的追求。作为生命的自我存在，唯有通过对生命来说是恰当的与合适的内在联系，生命才是完整的。大学的主要任务是追求真理，使人追求更高层面的精神发展和理想，塑造人的精神，健全人的人格，实现全人目标。

三、积极服务社会和国家

服务于大学所在的社会和国家，为附近社区民众生活的改善贡献知识和技术，这一威斯康星的大学理念已经在全世界产生深远的影响。学校走出"象牙塔"，走向社会，为社会和国家发展贡献了知识、技术和人才。作为中国高校来说，在传统的教育理念影响下，服务社会，奉献国家，更加贴合国情和办学宗旨，成为教师和学生的职责所在、理想所在。大学若要更好地服务社会和奉献国家，主要在于三点：一是作为学生来讲，扎实掌握知识技能，练就一身过硬本领。大学生应当掌握方法，做好规划，努力钻研，坚持不懈，加强专业知识和专业技能的学习。大学生只有具有专业的知识和特长，才有为社会和国家服务的基础和条件。二是作为教师来讲，需要爱岗敬业，爱护学生，不断探索，勤于学习，把专业知识、前沿技术传授给学生，以高尚的德行感染学生，让学生真正学有所获、学有所成，感恩师长、感恩学校。三是作为学校来说，要为学生的学习和研究创造良好的育人环境和制度条件，让他们安心学习、专心学习，在毕业以后才会服务社会，回馈国家。同时，学校一定要坚守教育理念，不受外界干扰，专心履行人才培养和科学研究职能，在此基础上，更好地去服务社会和国家。所以，学校不能忘记自己的使命，不能失去教育信仰。

第十章　结语

第一节　研究结论

　　据此,本书采用社会资本理论,从制约公办高校治理绩效的重点因素入手,通过文献梳理,厘清挖掘这些因素与社会资本和高校治理绩效之间的逻辑关系。通过理论分析与实证研究,阐释社会资本与高校治理绩效间的内在逻辑,以及内外部社会资本各维度与高校治理绩效间的作用机制,从而为提升高校治理绩效提供借鉴。

　　本书选取广东省的公办高校为调查对象,参考阿德勒和柯旺,以及莉娜和菲尔的划分方法,即将高校社会资本划分为外部社会资本和内部社会资本,又根据纳哈皮特和戈沙尔的观点,将内部社会资本划分为结构、关系及认知三维度,将之与资源获取相关理论相结合来构建理论模型和分析框架,分别从外部社会资本(外部联系)和内部社会资本:结构维度(成员互动)、关系维度(互相信任)、认知维度(共同愿景),以及资源获取进行测度与检验。包括解释变量(社会资本)、中介变量(资源获取)、被解释变量(高校治理绩效)等变量和相关假设关系。本书通过文献研究法,收集社会资本和高校治理绩效相关的理论文献;通过调研和访谈,进一步深入了解高校治理绩效的有关情况;通过对373份有效问卷的调查数据进行统计分析,证实社会资本对公办高校治理绩效的有关影响及作用机制。

　　总体结论:社会资本对高校治理绩效具有正向影响作用。

　　其一,外部社会资本对高校治理绩效具有正向影响作用。外部社会资本对高校治理绩效产生积极影响作用,其影响主要通过高校与外部进行联系互动而产生。在本书中,外部社会资本主要是指高校组织与校外机构和个人的积极互动。因此,外部社会资本对高校治理绩效是有正向影响的。

　　其二,内部社会资本对高校治理绩效具有正向影响作用。内部社会资本对高校治理绩效的影响要大于外部社会资本对高校治理绩效的影响。在本书中，内部社会资本主要包括结构、关系和认知三个维度，分别是成员互动、互相信任和共同愿景。这三个维度对高校治理绩效的教学绩效和科研绩效的影响存在差异。

其三，资源获取在社会资本与高校治理绩效之间起到部分中介作用。社会资本对资源获取产生正向影响作用，其中，内部社会资本对高校资源获取的影响要大于外部社会资本对资源获取的影响。而内部社会资本的结构维度、关系维度和认知维度对资源获取的正向影响存在差异：互相信任＞共同愿景＞成员互动。资源获取对高校治理绩效产生正向影响作用，其中，资源获取对高校科研绩效的影响要大于对教学绩效的影响。

第二节　研究展望

虽然本书的研究结果对丰富社会资本理论和高校治理实践具有一定建设价值，但有些问题仍需要在后续研究中继续深入。

一是需要对社会资本的负面作用进一步讨论。从理论来看，社会资本既有积极的一面，也有消极的一面。在本书中只讨论其积极方面，包括有利于获取资源，有利于提高高校治理绩效。但是其负面影响在于"排斥局外人、对群体成员的过度要求、限制个体自由、用规范消除异类（阻碍少数群体成员向上流动）"① 等。处在一个封闭网络关系之中，对外界的信息和人员比较排斥，可能会造成组织内成员思维僵化，导致组织的活性减少，对外界的信息不敏锐，这些都不利于高校的学术交流和人才培养。因此，在下一步研究中，应考察社会资本的局限作用，从而呈现更加全面的社会资本景象。

二是需要对资源获取进一步做更加细致的分析研究。资源获取对所有高校来说都非常重要，但在本书中把资源获取作为中介变量，进行比较粗线条的考察，没有对资本获取如政策、知识、信息、资金、物质、人才等具体资源的类型进行具体考察。同时也没有深究资源获取的微观方式。在高校网络结构中，通常来说占据核心位置和中心位置的行动本身拥有更多资源，也更容易获得资

---

① ［美］亚历山大·波茨：《社会资本：在现代社会中的缘起和应用》，杨雪冬译，载李惠斌、杨雪冬主编《社会资本与社会发展》，社会科学文献出版社2000年版，第137页。

源，但这些资源是如何通过交换获得的，特别是领导者，获得这些资源是为了实现个人取得教学和科研成就目的，还是为了拓展学校资源、促进学校发展等。对此，都需要进一步分析和讨论。

三是需要将调查对象拓展到广东省以外的公办高校。在考察社会资本时，需要结合当地的社会文化来进行。其他省份、自治区或直辖市的社会文化跟广东省的社会文化必然存在差异，本书实证检验的数据来源仅限于广东省公办高校，全国其他地区的公办高校没有涉及。在以后条件允许的情况下，可以选择更加广泛的区域，将不同区域的数据进行统一分析，以便进一步提高结论的说服力和普适性，从而使本书结论具有更普遍意义。

参考文献

一、中文著作类

［1］"985 工程"建设报告编研组. "985 工程"建设报告［M］. 北京：高等教育出版社，2011.

［2］阿拉斯戴尔·麦金太尔. 依赖性的理性动物：人类为什么需要德性［M］. 刘玮，译. 南京：译林出版社，2013.

［3］埃德加·莫兰. 复杂性理论与教育问题［M］. 陈一壮，译. 北京：北京大学出版社，2004.

［4］埃德加·莫兰. 迷失的范式：人性研究［M］. 陈一壮，译. 北京：北京大学出版社，1999.

［5］艾尼尔·K. 米什拉. 组织对于危机的反应：信任的核心地位［M］//罗德里克·M. 克雷默，汤姆·R. 泰勒. 组织中的信任. 管兵，等，译. 北京：中国城市出版社，2003.

［6］爱弥尔·涂尔干. 道德教育［M］. 陈光金，沈杰，米谐汉，译. 上海：上海人民出版社，2001.

［7］奥尔托加·加塞特. 大学的使命［M］. 徐小洲，陈军，译. 杭州：浙江教育出版社，2001.

［8］包亚明. 文化资本与社会炼金术：布尔迪厄访谈录［M］. 上海：上海人民出版社，1997.

［9］鲍嵘. 学问与治理：中国大学知识现代性状况报告（1949—1954）［M］. 上海：学林出版社，2008.

［10］彼得·M. 布劳，W·理查德·斯科特. 正规组织：一种比较方法［M］. 夏明忠，译. 北京：东方出版社，2006.

［11］彼得·M. 布劳. 社会生活中的交换与权力［M］. 李国武，译. 北京：商务印书馆，2008.

[12] 彼得·布劳, 马歇尔·梅耶. 现代社会中的科层制 [M]. 马戎, 时宪民, 邱泽奇, 译. 上海: 学林出版社, 2001.

[13] 彼得·德鲁克. 管理未来 [M]. 李亚, 等, 译. 北京: 机械工业出版社, 2006.

[14] 彼得·圣吉. 第五项修炼: 学习型组织的艺术与实务 [M]. 郭进隆, 译. 上海: 上海三联书店, 1998.

[15] 彼得·什托姆普卡. 信任: 一种社会学理论 [M]. 程胜利, 译. 北京: 中华书局, 2005.

[16] 伯顿·R. 克拉克. 高等教育系统: 学术组织的跨国研究 [M]. 王承绪, 等, 译. 杭州: 杭州大学出版社, 1994.

[17] 伯顿·克拉克. 探究的场所: 现代大学的科研和研究生教育 [M]. 王承绪, 译. 杭州: 浙江教育出版社, 2001.

[18] 卜长莉. 社会资本与社会和谐 [M]. 北京: 社会科学文献出版社, 2005.

[19] 布鲁贝克. 高等教育哲学 [M]. 郑继伟, 等, 译. 杭州: 浙江教育出版社, 1987.

[20] C·格鲁特尔特, T·范·贝斯特纳尔. 社会资本在发展中的作用 [M]. 黄载曦, 等, 译. 成都: 西南财经大学出版社, 2004.

[21] 曹荣湘. 走出囚徒困境: 社会资本与制度分析 [M]. 上海: 上海三联书店, 2003.

[22] 曹正善, 熊川武. 教育信任: 减负提质的智慧 [M]. 上海: 华东师范大学出版社, 2012.

[23] 查尔斯·霍默·哈斯金斯. 大学的兴起 [M]. 王建妮, 译. 上海: 上海人民出版社, 2007.

[24] 戴维·毕瑟姆. 官僚制 [M]. 2 版. 韩志明, 等, 译. 长春: 吉林人民出版社, 2005.

[25] 戴维·波普诺. 社会学 [M]. 11 版. 李强, 等, 译. 北京: 中国人民大学出版社, 2007.

[26] 范晓屏. 工业园区与区域经济发展: 基于根植性、网络化与社会资本的研究 [M]. 北京: 航空工业出版社, 2005.

[27] 菲利普·G. 阿特巴赫, 等. 21 世纪的美国高等教育: 社会、政治、经济的挑战 [M]. 2 版. 施晓光, 等, 译. 青岛: 中国海洋大学出版社, 2007.

[28] 弗朗西斯·福山. 信任：社会美德与创造繁荣 [M]. 郭华, 译. 桂林：广西师范大学出版社, 2016.

[29] 顾建民. 高校治理模式及其形成机理 [M]. 杭州：浙江大学出版社, 2017.

[30] 海斯汀·拉斯达尔. 中世纪的欧洲大学：大学的起源 [M]. 崔延强, 等, 译. 重庆：重庆大学出版社, 2011.

[31] 黑格尔. 小逻辑 [M]. 贺麟, 译. 北京：商务印书馆, 1980.

[32] 亨利·罗索夫斯基. 美国校园文化：学生·教授·管理 [M]. 谢宗仙, 等, 译. 济南：山东人民出版社, 1996.

[33] 侯志军. 社会资本与大学发展研究 [M]. 北京：现代教育出版社, 2012.

[34] 胡钦晓. 大学的社会资本论 [M]. 南京：南京师范大学出版社, 2008.

[35] 黄福涛. 外国高等教育史 [M]. 2版. 上海：上海教育出版社, 2008.

[36] 吉姆·柯林斯, 杰里·波勒斯. 基业长青：珍藏版 [M]. 4版. 真如, 译. 北京：中信出版社, 2009.

[37] 姜继红. 社会资本与就业研究 [M]. 北京：社会科学文献出版社, 2005.

[38] 金耀基. 大学之理念 [M]. 北京：生活·读书·新知三联书店, 2008.

[39] 经济合作与发展组织. 创新网络：走向学校管理和教育管理的新模式 [M]. 胡丽娟, 译. 北京：教育科学出版社, 2008.

[40] 卡尔·波兰尼. 大转型：笔者时代的政治与经济起源 [M]. 冯钢, 刘阳, 译. 杭州：浙江人民出版社, 2007.

[41] 卡尔·雅斯贝尔斯. 大学之理念 [M]. 邱立波, 译. 上海：上海人民出版社, 2007.

[42] 卡尔·雅斯贝尔斯. 什么是教育 [M]. 邹进, 译. 北京：生活·读书·新知三联书店, 1991.

[43] 克拉克·克尔. 大学之用 [M]. 5版. 高铦, 高戈, 汐汐, 译. 北京：北京大学出版社, 2008.

[44] 肯尼思·J. 格根. 关系性存在：超越自我与共同体 [M]. 杨莉萍, 译. 上海：上海教育出版社, 2017.

[45] 李福华. 高等学校资源利用效率研究 [M]. 北京：北京师范大学出版社, 2002.

[46] 李福华. 高校治理的理论基础与组织架构 [M]. 北京：教育科学出版社, 2008.

[47] 李惠斌, 杨雪冬. 社会资本与社会发展 [M]. 北京：社会科学文献出版社, 2000.

[48] 李旭炎. 现代大学内部治理结构研究 [M]. 北京：人民教育出版社, 2016.

[49] 梁莹. 社会资本与市民文化的成长 [M]. 北京：中国社会科学出版社, 2011.

[50] 林南. 社会资本：关于社会结构与行动的理论 [M]. 张磊, 译. 上海：上海人民出版社, 2005.

[51] 刘晖. 转型期的地方高校治理 [M]. 北京：中国社会科学出版社, 2008.

[52] 刘艳. 高校社会资本对办学绩效的影响 [M]. 北京：经济科学出版社, 2009.

[53] 龙献忠. 治理理论视野下的政府与大学关系研究 [M]. 长沙：湖南大学出版社, 2007.

[54] 罗伯特·D. 帕特南. 独自打保龄：美国社区的衰落与复兴 [M]. 刘波, 等, 译. 北京：北京大学出版社, 2011.

[55] 罗伯特·D. 帕特南. 流动中的民主政体：当代社会中社会资本的演变 [M]. 李筠, 等, 译. 北京：社会科学文献出版社, 2014.

[56] 罗伯特·D. 帕特南. 使民主运转起来 [M]. 王列, 等, 译. 南昌：江西人民出版社, 2001.

[57] 罗伯特·G. 欧文斯. 教育组织行为学 [M]. 7 版. 窦卫霖, 等, 译. 上海：华东师范大学出版社, 2001.

[58] 罗伯特·M. 赫钦斯. 美国高等教育 [M]. 汪利兵, 译. 杭州：浙江教育出版社, 2001.

[59] 罗伯特·伯恩鲍姆. 大学运行模式：大学组织与领导的控制系统 [M]. 别敦荣, 等, 译. 青岛：中国海洋大学出版社, 2003.

[60] 罗家德. 社会网分析讲义 [M]. 北京：社会科学文献出版社, 2010.

[61] 罗纳德·S. 伯特. 结构洞：竞争的社会结构 [M]. 任敏, 等,

译. 上海：格致出版社，2017.

[62] 罗素. 宗教与科学 [M]. 徐奕春，林国夫，译. 北京：商务印书馆，1982.

[63] M. 卡诺依教育经济学国际百科全书 [M]. 2版. 闵维方，等，译. 北京：高等教育出版社，2000.

[64] 马克·格兰诺维特. 镶嵌：社会网与经济行动 [M]. 罗家德，译. 北京：社会科学文献出版社，2015.

[65] 马克·利普顿. 愿景：引领成长 [M]. 范征，等，译. 广州：广东经济出版社，2004.

[66] 马汀·奇达夫，蔡文彬. 社会网络与组织 [M]. 王凤彬，等，译. 北京：中国人民大学出版社，2007.

[67] 马永斌. 生态网：大学、政府和企业的创新模式 [M]. 北京：清华大学出版社，2010.

[68] 迈克尔·吉本斯. 知识生产的新模式：当代社会科学与研究的动力学 [M]. 陈洪捷，等，译. 北京：北京大学出版社，2011.

[69] 帕萨·达斯古普特，伊斯梅尔·撒拉格尔丁. 社会资本：一个多角度的观点 [M]. 张慧东，等，译. 北京：中国人民大学出版社，2005.

[70] 潘懋元. 多学科观点的高等教育研究 [M]. 上海：上海教育出版社，2001.

[71] 潘懋元，王伟廉. 高等教育学 [M]. 福州：福建教育出版社，2007.

[72] 彭宇文. 中国高校法人治理结构研究 [M]. 北京：中国社会科学出版社，2006.

[73] 乔锦忠. 学术生态治理：研究型大学教师激励机制探索 [M]. 北京：教育科学出版社，2008.

[74] 全国十二所重点师范大学. 教育学 [M]. 2版. 北京：教育科学出版社，2008.

[75] R. K. 默顿. 科学社会学：上册 [M]. 鲁旭东，林聚任，译. 北京：商务印书馆，2003.

[76] 让-皮埃尔·戈丹. 何谓治理 [M]. 钟震宇，译. 北京：社会科学文献出版社，2010.

[77] 萨巴蒂尔，政策过程理论 [M]. 彭宗超，译. 北京：生活·读书·新知三联书店，2004.

[78] 斯蒂芬·P. 罗宾斯, 玛丽·库尔特. 管理学 [M]. 9版. 孙健敏, 等, 译. 北京: 中国人民大学出版社, 2008.

[79] 藤田英典. 走出教育改革的误区 [M]. 张琼华, 许敏, 译. 北京: 人民教育出版社, 2001.

[80] 托尼·布什. 当代西方教育管理模式 [M]. 强海燕, 译. 南京: 南京师范大学出版社, 1998.

[81] W·理查德·斯格特. 组织理论: 理性、自然和开放系统 [M]. 黄洋, 等, 译. 北京: 华夏出版社, 2002.

[82] W. 理查德·斯科特, 杰拉尔德·F. 戴维斯. 组织理论: 理性、自然与开放系统的视角 [M]. 高俊山, 译. 北京: 中国人民大学出版社, 2011.

[83] 王孙禺. 高等教育组织与管理 [M]. 北京: 高等教育出版社, 2008.

[84] 韦恩·K. 霍伊, 塞西尔·G. 米斯克尔. 教育管理学: 理论·研究·实践 [M]. 7版. 范国睿, 主译. 北京: 教育科学出版社, 2007.

[85] 维尔纳·叔斯勒. 雅斯贝尔斯 [M]. 鲁路, 译. 北京: 中国人民大学出版社, 2008.

[86] 徐小洲. 高等教育论: 跨学科的观点 [M]. 北京: 人民教育出版社, 2003.

[87] 薛天祥. 高等教育管理学 [M]. 上海: 华东师范大学出版社, 1997.

[88] 亚伯拉罕·弗莱克斯纳. 现代大学论 [M]. 徐辉, 等, 译. 杭州: 浙江教育出版社, 2001.

[89] 阎凤桥. 大学组织与治理 [M]. 北京: 同心出版社, 2006.

[90] 阎光才. 识读大学: 组织文化的视角 [M]. 北京: 教育科学出版社, 2002.

[91] 燕继荣. 投资社会资本: 政治发展的一种新维度 [M]. 北京: 北京大学出版社, 2006.

[92] 杨成名. 大学与高校治理: 基于利益相关者价值优化的视角 [M]. 北京: 经济管理出版社, 2017.

[93] 叶通贤. 国际视野下高等学校社会资本研究 [M]. 上海: 上海交通大学出版社, 2012.

[94] 于杨. 现代美国大学共同治理理念与实践 [M]. 北京: 中国社会

科学出版社，2010.

[95] 俞可平. 论国家治理现代化 [M]. 北京：社会科学文献出版社，2014.

[96] 俞可平. 治理与善治 [M]. 北京：社会科学文献出版社，2009.

[97] 俞可平. 走向善治 [M]. 北京：中国文史出版社，2016.

[98] 约翰·杜威. 民主主义与教育 [M]. 王承绪，译. 北京：人民教育出版社，2001.

[99] 约翰·亨利·纽曼. 大学的理念 [M]. 高师宁，等，译. 北京：北京大学出版社，2016.

[100] 詹姆斯·N. 罗西瑙. 没有政府的治理 [M]. 张胜军，刘小林，等，译. 南昌：江西人民出版社，2001.

[101] 詹姆斯·S. 科尔曼. 社会理论的基础 [M]. 北京：社会科学文献出版社，2008.

[102] 张斌贤，等. 外国高等教育名著研读 [M]. 北京：高等教育出版社，2010.

[103] 张克中. 社会资本：中国经济转型与发展的新视角 [M]. 北京：人民出版社，2010.

[104] 张其仔，邓欣. 中国农村可持续发展研究：发展的社会限制与社会资本的生产 [M]. 南宁：广西人民出版社，1998.

[105] 张其仔. 社会资本论：社会资本与经济增长 [M]. 北京：社会科学文献出版社，1997.

[106] 张维迎. 大学的逻辑 [M]. 北京：北京大学出版社，2004.

[107] 赵付春. 社会资本理论在管理学领域的应用 [M] // 上海市哲学社会科学规划办公室，上海社会科学院信息研究所. 国外社会科学前沿：第16辑（2012）. 上海：上海人民出版社，2013.

[108] 郑日昌，蔡永红，周益群. 心理测量学 [M]. 北京：人民教育出版社，1999.

[109] 郑也夫. 信任论 [M]. 北京：中国广播电视出版社，2011.

[110] 周红云. 社会资本与中国农村治理改革 [M]. 北京：中央编译出版社，2007.

[111] 朱长春. 公司治理标准：第一集 [M]. 北京：清华大学出版社，2014.

二、学位论文类

[1] 宾祖昌. 基于现代高校治理的校友资源开发管理研究［D］. 桂林：广西师范大学，2012.

[2] 常冠. 基于能力的资源获取与创业绩效关系研究［D］. 长春：吉林大学，2009.

[3] 车响午. 关系嵌入、资源获取与网络组织演化路径研究［D］. 天津：天津财经大学，2018.

[4] 陈睿. 教师本科教学工作投入及其影响因素研究［D］. 武汉：华中师范大学，2020.

[5] 陈晓旭. 网络治理视角下教师参与高校治理的机制研究［D］. 大连：东北财经大学，2013.

[6] 冯晖. 边疆少数民族地区高校教师社会资本与教学绩效关系研究［D］. 南京：南京大学，2011.

[7] 冯晖. 边疆少数民族地区高校教师社会资本与教学绩效关系研究［D］. 南京：南京大学，2016.

[8] 和飞. 地方大学办学理念研究［D］. 武汉：华中科技大学，2005.

[9] 侯耐荣. 高等学校社会资本的培育与利用［D］. 武汉：华中科技大学，2007.

[10] 侯志军. 社会资本与大学发展研究［D］武汉：华中科技大学，2008.

[11] 胡咏梅. 学校资源配置与学生学业成绩关系研究：基于西部五省区农村中小学的实证分析［D］. 上海：华东师范大学，2007.

[12] 黄甲寅. 农村个体工商户经营活动中社会资本运作研究［D］. 武汉：华中农业大学，2001.

[13] 黄艳. 新创企业社会资本与成长绩效关系研究：基于资源拼凑的视角［D］. 北京：对外经贸大学，2019.

[14] 刘羽哲. 埃莉诺·奥斯特罗姆的公共治理思想对我国高校治理的启示［D］. 呼和浩特：内蒙古农业大学，2014.

[15] 吕旭峰. 我国教育捐赠问题研究［D］. 郑州：河南大学，2011.

[16] 毛君君. 基于网络视角下的大学组织治理机制研究［D］. 大连：东北财经大学，2013.

[17] 孙丽娜. 资源依赖理论视角下的美国创业型大学发展模式研究[D]. 长春：东北师范大学，2017.

[18] 孙五俊. 高校组织中师生信任研究[D]. 桂林：广西师范大学，2005.

[19] 唐勇. 社会资本对创新型产业集群企业持续创新影响研究[D]. 广州：华南理工大学，2016.

[20] 陶丹. 地方高校产学研"I-U-R"协同创新机制研究[D]. 重庆：西南大学，2019.

[21] 王娟娟. 大学愿景管理研究[D]. 武汉：武汉大学，2011.

[22]. 王帅. 中小学教师学业乐观影响因素研究[D]. 上海：华东师范大学，2013.

[23] 吴冬梅. 公司治理结构运行与模式研究[D]. 北京：中国社会科学院研究生院，2000.

[24] 肖海涛. 中国现代大学的理想[D]. 武汉：华中理工大学，1999.

[25] 徐梅. 大学行政组织机构变革研究[D]. 武汉：华中科技大学，2015.

[26] 于剑波. 企业行动者的社会资本与社会成本[D]. 北京：中国社会科学院研究生院，2001.

[27] 张廷. 社会资本视角下的地方高校协同创新研究[D]. 武汉：华中科技大学，2013.

[28] 周娜. 学生主体参与大学治理的机制研究[D]. 重庆：西南大学，2017.

[29] 朱皆笑. 高校学生组织治理绩效评价及其影响因素研究：基于13所沪浙地区本科高校实践分析[D]. 上海：华东师范大学，2018.

三、中文期刊类

[1] 白逸仙. 大学教育：一种培养全人的精神交往：雅斯贝尔斯大学理念解读[J]. 辽宁教育研究，2008（5）：88-91.

[2] 别敦荣. 美国大学定位与个性化发展[J]. 高等教育研究，2003（1）：40-44.

[3] 别敦荣. 治理体系和治理能力现代化与高等教育现代化的关系[J]. 中国高教研究，2015（1）：29-33.

［4］蔡长昆. 自然灾害治理过程中社会资本的结构性差异［J］. 公共行政评论, 2016（1）: 55 - 85.

［5］蔡文伯. 高校治理与制度创新的反思与探索［J］. 高等教育研究, 2009（11）: 107 - 109.

［6］曹方. 高校办学目标定位必须考虑的几个问题［J］. 高教探索, 1998（1）: 22 - 26.

［7］曹方. 试论高等学校办学目标定位［J］. 中国高教研究, 1997（4）: 65 - 68.

［8］曹叔亮. 美国高校治理管窥及对中国的启示［J］. 航海教育研究, 2005（4）: 32 - 34.

［9］陈建国. 威斯康星思想与我国地方高校转型发展［J］. 高等教育研究, 2014, 12: 46 - 53.

［10］陈捷, 卢春龙. 共通性社会资本与特定性社会资本: 社会资本与中国的城市基层治理［J］. 社会学研究, 2009（6）: 87 - 104.

［11］陈乐. 理论视野现代大学的知识危机与知识转型［J］. 现代教育管理, 2020（10）: 45 - 51.

［12］陈武元, 洪真裁. 关于中国高校分类与定位问题的思考［J］. 现代大学教育, 2007（2）: 56 - 59.

［13］陈运超. 高校治理之痛与治［J］. 复旦教育论坛, 2015（3）: 17 - 20.

［14］程北南. 美国高校治理结构的启示和借鉴［J］. 高教探索, 2011（4）: 55 - 60.

［15］储著斌. 潘懋元教授现代高校治理思想述评［J］. 黑龙江高教研究, 2016（3）: 5 - 9.

［16］崔魏. 论社会资本与经济发展的关系［J］. 中国高校社会科学, 2016（4）: 85 - 95.

［17］丁万星, 申静, 王颖. 高校治理结构的法理探析［J］. 河南社会科学, 2008（3）: 134 - 135.

［18］丁月牙. 社会参与高校治理: 基于高校内部的视角［J］. 国家教育行政学院学报, 2014（8）: 71 - 76.

［19］董亲学. 高校治理结构中的权力冲突与组织设计［J］. 学术界, 2018（8）: 126 - 133.

［20］董向宇. 论现代大学内部"共同治理"中的学生参与［J］. 全球教育展望, 2015（1）: 76 - 82.

[21] 杜华,高伟. 基于价值流关系的高校利益相关者治理研究[J]. 江苏高教,2012(5):51-53.

[22] 段俊霞,蒋青. 学生参与高校治理:问题与对策[J]. 西南石油大学学报(社会科学版),2015(2):116-120.

[23] 段俊霞. 美国"CF"参与高校治理:现状、问题与走向[J]. 高教探索,2016(2):34-39.

[24] 方泽强,肖玮萍. 大学理念的分类、生成及运行[J]. 江苏高教,2011(5):14-16.

[25] 冯多. 高校治理中分院院长的社会资本研究[J]. 现代教育管理,2011(6):39-41.

[26] 冯向东. 高等学校定位:竞争中的抉择[J]. 北京大学教育评论,2004(4):15-17.

[27] 冯遵永,丁三青. 学生参与高校治理:理性检视与路径重构[J]. 社会科学家,2017(2):124-128.

[28] 付向梅,曹霞. 产学研联盟社会资本的形成机理及仿真分析:基于最优投资视角[J]. 科学学与科学技术管理,2015(1):99-107.

[29] 甘永涛. 高校治理结构的三种国际模式[J]. 高等工程教育研究,2007(2):72-76.

[30] 甘永涛. 美国大学共同治理界说及制度演进[J]. 外国教育研究,2008(6):20-24.

[31] 甘永涛. 美国大学教授协会:推动大学共同治理制度的重要力量[J]. 大学教育科学,2008(5):92-96.

[32] 甘永涛. 权威-目的两分法:大学治理模式解析[J]. 教育发展研究,2006(21):51-53.

[33] 甘永涛. 英国高校治理结构的演变[J]. 高等教育研究,2007(9):88-92.

[34] 高学德,于志敏,杨雯娣. 大学信任:何为与为何[J]. 当代教育科学,2019(3):13-18.

[35] 高永新,沈浩. 教师参与现代高校治理的困境与变革[J]. 现代教育管理,2016(3):8-14.

[36] 高振强. 社会服务导向下的现代大学组织变革:基于美国威斯康星大学的实践[J]. 教育发展研究,2014(5):80-84.

[37] 龚怡祖. 高校治理结构:建立大学变化中的力量平衡:从理论思考

至政府行动 [J]. 高等教育研究, 2010 (12): 49-55.

[38] 龚怡祖. 高校治理结构: 现代大学制度的基石 [J]. 教育研究, 2009 (6): 22-26.

[39] 龚怡祖. 漫说高校治理结构 [J]. 复旦教育论坛, 2009 (3): 47-53.

[40] 龚怡祖. 现代高校治理结构: 真实命题及中国语境 [J]. 公共管理学报, 2008 (4): 70-76.

[41] 龚怡祖. 学历的社会功能与历史形态初探 [J]. 教育研究, 2002 (2): 31-37.

[42] 顾承卫, 杨小明, 甘永涛. 关于大学定位的研究综述 [J]. 赣南师范学院学报, 2006 (4): 38-42.

[43] 顾建民, 刘爱生. 超越高校治理结构: 关于大学实现有效治理的思考 [J]. 高等教育研究, 2011 (9): 25-29.

[44] 管仲军. 高校推进法人治理结构完善的若干思考 [J]. 北京行政学院学报, 2013 (4): 6-9.

[45] 桂敏. 美国公立高校治理结构公司化趋势及其特征分析: 新管理主义视角 [J]. 比较教育研究, 2015 (1): 66-71.

[46] 郭碧坚, 韩宇. 同行评议制: 方法、理论、功能、指标 [J]. 科学学研究, 1994 (3): 63-73.

[47] 郭春甫. 公共部门治理新形态: 网络治理理论评介 [J]. 宁夏大学学报 (人文社会科学版), 2009 (4): 104-108.

[48] 郭桂英, 姚林. 关于我国高校办学定位的研究 [J]. 江苏高教, 2002 (1): 59-62.

[49] 郭卉. 反思与建构: 我国高校治理研究评析 [J]. 现代大学教育, 2006 (3): 29-33.

[50] 郭卉. 高校治理中教师与行政人员的关系: 基于社会资本的研究 [J]. 现代大学教育, 2005 (3): 48-52.

[51] 郭卉. 如何增进教师参与高校治理: 基于协商民主理论的探索 [J]. 高等教育研究, 2012 (12): 26-32.

[52] 郭卉. 我国公立高校治理变革的困境与破解: 基于路径依赖理论的分析 [J]. 湖南师范大学教育科学学报, 2011 (5): 22-26.

[53] 郭丽君, 蒋贵友. 高校教学同行评议的制度化困境研究: 新制度主义视角的分析 [J]. 湖南师范大学教育科学学报, 2019 (5): 100-104.

[54] 郭平,黄正夫. 大学内部治理结构的功能及其实现路径 [J]. 教育研究, 2017 (7): 68 – 73.

[55] 韩曙花,刘永兵. 西方教师知识与教师专业发展研究述评 [J]. 外国教育研究, 2011 (11): 62 – 67.

[56] 何维达. 论社会主义市场经济条件下资本存在的客观和功能 [J]. 当代财经, 1996 (2): 9 – 14.

[57] 何卫红. 去行政化背景下高校治理结构重构 [J]. 学海, 2011 (5): 149 – 153.

[58] 何晓芳. 高校治理场域中的资本、惯习与关系 [J]. 大连理工大学学报 (社会科学版), 2012 (3): 112 – 116.

[59] 贺国庆. 从莫雷尔法案到威斯康星观念: 美国大学服务职能的确立 [J]. 河北大学学报 (哲学社会科学版), 1998 (9): 88 – 94.

[60] 赫尔曼·勒尔斯. 经典的大学观念: 洪堡构想的大学观念的起源及其意义 [J]. 外国高等教育资料, 1990 (4): 20 – 25.

[61] 胡弼成,孙燕. 文化精神: 大学内部治理之魂 [J]. 清华大学教育研究, 2016 (3): 24 – 29.

[62] 胡炳仙. 权力集中与知识控制: "教育革命"时期的中国重点大学政策 [J]. 清华大学教育研究, 2008 (4): 105 – 113.

[63] 胡建华. 大学内部治理与外部治理关系分析 [J]. 江苏高教, 2016 (4): 1 – 5.

[64] 胡建华. 大学中两种组织的矛盾与调适 [J]. 教育研究, 2012 (5): 54 – 58.

[65] 黄彬,陈丁堂. 大学组织变革的困境与出路 [J]. 高等教育研究, 2011 (2): 34 – 38.

[66] 黄俊峰. 愿景领导理论与其实施策略之探讨 [J]. 学校行政, 2013 (11): 230 – 251.

[67] 黄荣贵,桂勇. 集体性社会资本对社区参与的影响: 基于多层次数据的分析 [J]. 社会, 2011 (6): 1 – 21.

[68] 黄英. 一般高校办学目标定位研究 [J]. 重庆大学学报 (社会科学版), 2000 (3): 101 – 103.

[69] 姜波. 高校校内纠纷的治理机制研究 [J]. 中国青年研究, 2014 (9): 97 – 101.

[70] 姜华. 泛化、虚化、理想化和空洞化: 高校治理研究的问题 [J].

现代教育管理, 2013 (6): 1-6.

[71] 姜晶. 美国高校治理的结构、特点及其启示 [J]. 当代教育科学, 2010 (1): 43-45.

[72] 蒋达勇, 王金红. 现代国家建构中的高校治理 [J]. 高等教育研究, 2014 (1): 23-31.

[73] 蒋洪池. 21世纪美国高校治理面临的挑战及其对中国的启示 [J]. 比较教育研究, 2006 (1): 5-11.

[74] 蒋涛. 我国社会网络研究简评 [J]. 社会科学论坛, 2005 (6): 10-12.

[75] 蒋馨岚, 徐梅. 牛津高校治理改革的行为过程透视: 基于支持联盟框架的分析 [J]. 高教探索, 2011 (3): 61-67.

[76] 金姗姗. 高校内部治理碎片化困境及其突破: 整体性治理的视角 [J]. 教育发展研究, 2014 (3): 36-41.

[77] 柯瑞清. 高校治理法治化的路径探析 [J]. 东南学术, 2015 (3): 234-238.

[78] 肯·布兰佳. 成功的愿景 [J]. 当代经理人, 2008 (5): 88.

[79] 兰军瑞. 中国特色现代高校治理的文化认同与体系建构 [J]. 河南师范大学 (哲学社会科学版), 2015 (5): 178-182.

[80] 劳凯声. 回眸与前瞻: 我国教育体制改革30年概观 [J]. 教育学报, 2015 (10): 3-12.

[81] 李成恩, 侯铁珊. 基于AHP的大学文化结构组成分析与评价: 兼论中西方大学文化的同分异构现象 [J]. 国家教育行政学院学报, 2014 (11): 16-21.

[82] 李福华. 高校治理与大学管理: 概念辨析与边界确定 [J]. 北京师范大学学报 (社会科学版), 2008 (4): 19-25.

[83] 李福华. 利益相关者理论与大学管理体制创新 [J]. 教育研究, 2007 (6): 36-39.

[84] 李福华, 尹增刚. 论高校治理的理论基础: 国际视野中的多学科观点 [J]. 比较教育研究, 2007 (9): 51-56.

[85] 李洪修. 高校治理的制度逻辑及其选择 [J]. 大学教育科学, 2016 (6): 18-22.

[86] 李黎明, 王惠. 社会资本、制度供给与居民社区参与 [J]. 西安交通大学学报 (社会科学版), 2016 (6): 47-52.

[87] 李立国. 高校治理：治理主体向治理规则的转向 [J]. 江苏高教, 2016（1）：8-12.

[88] 李立国. 国际视野下的中国高等教育体制改革 [J]. 大学教育科学, 2012（1）：43-52.

[89] 李曼. 高校治理：背景解析、实践迷思与变革路向 [J]. 教育研究与实验, 2015（2）：59-64.

[90] 李奇. 美国高校治理的边界 [J]. 高等教育研究, 2011（7）：96-101.

[91] 李维安, 林润辉, 范建红. 网络治理研究前沿与述评 [J]. 南开管理评论, 2014（5）：42-53.

[92] 李晓红, 黄春梅. 社会资本的经济学界定、构成与属性 [J]. 当代财经, 2007（3）：17-20.

[93] 李雨潜, 何志伟."大学领导力与高校治理现代化"高峰论坛会议综述 [J]. 探索与争鸣, 2015（6）：94-95.

[94] 林杰. 美国院校组织理论中的科层制模型：以斯特鲁普的理论为原型 [J]. 北京大学教育评论, 2009（2）：143-161.

[95] 林闽钢. 社会学视野中的组织间网络及其治理结构 [J]. 社会学研究, 2002（2）：40-50.

[96] 林润辉, 李维安. 网络组织：更具环境适应能力的新型组织模式 [J]. 南开管理评论, 2000（3）：4-7.

[97] 林润辉, 张红娟, 范建红. 基于网络组织的协作创新研究综述 [J]. 管理评论, 2013（6）：31-46.

[98] 刘爱东. 利益相关者理论视界下的高校治理价值取向分析 [J]. 中国高教研究, 2008（5）：38-41.

[99] 刘宝存. 洪堡大学理念述评 [J]. 清华大学教育研究, 2002（1）：63-69.

[100] 刘宝存. 威斯康星理念与大学的社会服务职能 [J]. 理工高教研究, 2003（5）：17-18.

[101] 刘宝存. 雅斯贝尔斯的大学教育理念述评 [J]. 外国教育研究, 2003（8）：60-64.

[102] 刘广明. 中国高校治理模式的特点、困境与出路 [J]. 郑州大学学报（哲学社会科学版）, 2013（5）：143-147.

[103] 刘进, 沈红. 教学评议：从"以学生为中心"到"以同行为中心" [J]. 高等教育研究, 2016（6）：59-67.

[104] 刘献君. 论高等学校定位 [J]. 高等教育研究, 2003 (1): 24 - 28.

[105] 刘献君, 周进. 大学核心理念: 意义、内涵与建构 [J]. 教育研究, 2012 (11): 50 - 55.

[106] 刘向东, 陈英霞. 高校治理结构剖析 [J]. 中国软科学, 2007 (7): 97 - 104.

[107] 刘亚敏. 高校治理文化: 阐释与建构 [J]. 高教探索, 2015 (10): 5 - 9.

[108] 刘尧. 高校治理: 制度比校长更重要 [J]. 高校教育管理, 2015 (1): 6 - 10.

[109] 刘永武, 张兴. 组织结构理论的发展与大学组织结构的调整 [J]. 教育科学研究, 2000 (3): 46 - 51.

[110] 刘志民, 龚怡祖, 李昌新. 大学定位与农科院校的抉择 [J]. 高等农业教育, 2003 (5): 7 - 9.

[111] 刘志忠. 高职教育层次上移的路径、条件与策略 [J]. 职业技术教育, 2013 (25): 16 - 20.

[112] 龙献忠, 周晶, 董树军. 制度逻辑下的高校治理能力现代化探析 [J]. 江苏高教, 2015 (3): 32 - 35.

[113] 卢晓中. 高等教育发展目标的定位视角与大学发展的分层定位: 从战略规划的角度 [J]. 华南师范大学学报 (社会科学版), 2010 (5): 75 - 76.

[114] 吕丹. 文化转型高校治理结构的问题与调适 [J]. 现代教育管理, 2014 (4): 59 - 64.

[115] 罗红艳. 我国公立高校治理政策变迁的制度逻辑: 基于历史制度主义的分析 [J]. 中国高教研究, 2014 (30): 16 - 21.

[116] 罗红艳. 我国公立高校治理政策变迁的制度逻辑: 基于历史制度主义的分析 [J]. 中国高教研究, 2014 (3): 16 - 21.

[117] 罗泽意. 高校治理成本的生成与控制 [J]. 高教探索, 2012 (3): 38 - 42.

[118] 罗泽意. 高校治理的逻辑与性格 [J]. 高教探索, 2010 (3): 18 - 21.

[119] 罗志敏. 高校治理的制度供给逻辑 [J]. 教育发展研究, 2014 (5): 1 - 7.

[120] 马得勇. 社会资本: 对若干理论争议的批判分析 [J]. 政治学研究, 2008 (5): 74 - 81.

[121] 马培培. 论美国高校治理中的学生参与 [J]. 高等教育研究,

2016 (2): 104-109.

[122] 马廷奇. 大学管理的科层化及其实践困境 [J]. 清华大学教育研究, 2006 (1): 33-38.

[123] 马文·彼得森. 大学和学院组织模型: 历史演化的视角 [J]. 北京大学教育评论, 2007 (1): 109-137.

[124] 马晓龙, 都健. 新公共管理视野下的国外高校治理转型: 以英、德、法、荷四国为例 [J]. 现代教育管理, 2015 (5): 37-42.

[125] 孟韬. 高校治理的本质、机制与国际经验: 高校治理及国际比较高层研讨会综述 [J]. 教育研究, 2011 (2): 110-111.

[126] 穆瑞杰, 朱春奎. 复杂性网络治理理论研究 [J]. 河南社会科学, 2005 (5): 81-84.

[127] 南志涛. 高校治理的实证分析框架: 建构与运用 [J]. 现代教育管理, 2014 (7): 21-25.

[128] 欧阳光华. 美国高校治理结构中的校长角色分析 [J]. 教育研究与实验, 2011 (3): 68-71.

[129] 潘懋元, 吴玫. 高等学校分类与定位问题 [J]. 黄河科技学院学报, 2005 (3): 1-5.

[130] 庞维国, 罗良, 杨洁, 等. 教师职业行为规范的国际比较及其启示 [J]. 北京师范大学学报 (社会科学版), 2019 (1): 47-52.

[131] 祁占勇. 高等学校内部治理结构的完善与办学自主权的实现 [J]. 陕西师范大学学报 (哲学社会科学版), 2010 (7): 21-26.

[132] 秦惠民, 郑中华. 网络舆情作用下的高校治理结构完善 [J]. 中国高教研究, 2013 (5): 21-25.

[133] 屈潇潇. 世界一流高校治理结构的有效性分析: 以美国密歇根大学为例 [J]. 云南师范大学学报 (哲学社会科学版), 2015 (3): 36-43.

[134] 施晓光. 文化重塑: 高校治理能力现代化之锥 [J]. 探索与争鸣, 2015 (7): 54-56.

[135] 石中英. 知识增长方式的转变与教育变革 [J]. 教育研究与实验, 2001 (4): 1-7.

[136] 史利平. 高校治理的内在逻辑及其生态构建: 从人治、法治到善治的历史演变 [J]. 大学教育科学, 2015 (5): 26-29.

[137] 宋波. 我国高校治理结构的基本特点与问题矫治 [J]. 安徽师范大学 (人文社会科学版), 2014 (3): 358-363.

[138] 宋全喜. 中国行政体制改革的理论定位 [J]. 理论与改革, 2000 (5): 5-9.

[139] 宋伟. 大学组织设计层级模型分析 [J]. 现代大学教育, 2006 (5): 45-53.

[140] 苏君阳. 论高校治理权力的来源 [J]. 人文杂志, 2007 (3): 165-169.

[141] 苏君阳. 论高校治理权力结构的基本类型 [J]. 江苏高教, 2007 (4): 1-3.

[142] 苏林琴. 公共性: 高等教育的基本属性 [J]. 现代教育科学, 2009 (3): 71-73.

[143] 眭依凡. 大学使命: 大学的定位理念及实践意义 [J]. 教育发展研究, 2000 (9): 18-22.

[144] 孙百亮. 高校治理改革的"内卷化"及其规避 [J]. 当代教育与文化, 2014 (2): 99-104.

[145] 孙涛, 董双慧. 高校慈善捐赠的重要性、可能性及其路径选择 [J]. 教育学术月刊, 2008 (5): 50-56.

[146] 孙天华. 高校治理结构中的委托-代理问题: 当前中国公立大学委托代理关系若干特点分析 [J]. 北京大学教育评论, 2004 (4): 29-33.

[147] 谈松华, 谢维和. 教育改革与制度创新研究 [J]. 教育研究, 2010 (7): 45-50.

[148] 唐汉琦. 高校治理结构下学术自治与科层制的矛盾冲突及其消解 [J]. 现代大学教育, 2014 (2): 73-76.

[149] 陶凤翔. 国外高校治理的变迁与其借鉴意义: 以迪特玛·布劳恩的三角模型为视角 [J]. 大学教育科学, 2011 (4): 47-51.

[150] 田爱丽. 专业劳动视角下师德建设研究 [J]. 华东师范大学学报 (教育科学版), 2013 (6): 19-24.

[151] 田友谊, 张悦. 后现代视域下教师知识权威的消解与重构 [J]. 江汉学术, 2020 (12): 95-103.

[152] 王保星. 威斯康星理念的诞生及对美国高等教育的影响 [J]. 河北师范大学学报 (教育科学版), 2000 (1): 50-54.

[153] 王飞, 王运来. 大学校长主体性生成的文化环境治理 [J]. 江苏高教, 2012 (5): 54-55.

[154] 王红岩, 张瑞林. 大学内部治理改革存在的问题与发展趋势 [J].

东北师大学报（哲学社会科学版），2015（3）：191-194.

[155] 王洪才. 高校治理的内在逻辑与模式选择[J]. 高等教育研究，2012（9）：24-29.

[156] 王洪才. 高校治理：理想·现实·未来[J]. 高等教育研究，2016（9）：1-7.

[157] 王怀勇，杨扬. 学生组织参与现代大学内部治理的反思与重构[J]. 国家教育行政学院学报，2015（5）：54-58.

[158] 王建华. 从自治到合作：联合国教科文组织关于大学理念的新观点[J]. 外国教育研究，2004（2）：22-25.

[159] 王陆庄，周虹. 高校治理模式分析[J]. 教育发展研究，2008（17）：77-80.

[160] 王秋敏. 社会资本建设与国家治理现代化[J]. 兰州大学学报（社会科学版），2016（4）：144-153.

[161] 王向华，王金燕. 我国高校治理研究的问题与趋势[J]. 当代教育科学，2010（1）：37-39.

[162] 王亚南. 大学理念的发展、功能及其当代启示[J]. 南京师大学报（社会科学版），2009（5）：97-105；

[163] 王一兵. 如何走出高校放权"一放就乱，一乱就收，一收就死"的怪圈[J]. 苏州大学学报（教育科学版），2016（1）：124-128.

[164] 王英杰. 大学基础组织结构的建构：传统与创新[J]. 探索与争鸣，2013（6）：4-6.

[165] 王英杰. 共同治理：世界一流高校治理的制度支撑[J]. 探索与争鸣，2016（7）：8-11.

[166] 王英杰. 规律与启示：关于建设世界一流大学的若干思考[J]. 比较教育研究，2001（7）：1-8.

[167] 威廉·冯·洪堡. 论柏林高等学术机构的内部和外部组织[J]. 高等教育论坛，1987（1）：93.

[168] 魏杰，王韧. "二元化"困境与中国的教育体制改革[J]. 学术月刊，2006（8）：22-27.

[169] 魏潘婷. 误读与审思：雅斯贝尔斯生存论大学理念述评[J]. 比较教育研究，2020（10）：106-112.

[170] 温正胞，谢芳芳. 学术资本主义：创业型大学的组织特性[J]. 教育发展研究，2009（5）：28-33.

[171] 吴康宁. 学校的社会角色：期待、现实及选择：基于社会学的审视 [J]. 教育研究与实验, 2005 (4)：1-8.

[172] 向东春. 从时空因素谈大学师生信任关系的阻力与对策：以课堂教学为例 [J]. 教师教育研究, 2016 (2)：6-12.

[173] 肖海涛. 大学理想演变的历史轨迹 [J]. 高等教育研究, 2000 (1)：104-108.

[174] 肖芸. 论高校治理权的制度性危机与合法性重建 [J]. 郑州大学学报（哲学社会科学版）, 2010 (4)：171-173.

[175] 谢艳娟. 学术资本主义与高校治理结构变革 [J]. 现代教育管理, 2014 (6)：59-62.

[176] 熊庆年, 代林利. 高校治理结构的历史演进与文化变异 [J]. 高教探索, 2006 (1)：40-43.

[177] 徐蕾. 系统治理：现代高校治理现代化的现实路径 [J]. 复旦教育论坛, 2016：23-29.

[178] 许慧清. 复合共治视域下高校治理体系建构 [J]. 教育发展研究, 2014 (7)：18-22.

[179] 宣勇, 郑莉. 大学校长遴选与高等教育治理能力的现代化 [J]. 中国高教研究, 2015 (8)：23-26.

[180] 宣勇, 钟伟军. 论我国高校治理能力现代化进程中的校长管理专业化 [J]. 高等教育研究, 2014 (8)：30-36.

[181] 荀渊. 治理的缘起与高校治理的历史逻辑 [J]. 全球教育展望, 2014 (5)：97-104.

[182] 闫树涛, 李颖. 大学组织结构及其运行机制研究综述 [J]. 河北大学学报（哲学社会科学版）, 2009 (4)：129-133.

[183] 杨桂华. 大学理念与大学发展战略 [J]. 中国高教研究, 2010 (11)：12-15.

[184] 杨红霞. 大学组织模式研究评述 [J]. 江苏高教, 2012 (4)：42-44.

[185] 杨纳名. 高校治理的必要与可能：治理理论的大学实践 [J]. 河南师范大学学报（哲学社会科学版）, 2009 (6)：239-241.

[186] 杨艳蕾. 当代"威斯康星理念"的新发展及其启示：以威斯康星大学为例 [J]. 外国教育研究, 2012 (5)：114-119.

[187] 杨中芳, 彭泗清. 中国人人际信任的概念化：一个人际关系的观

点[J]. 社会学研究, 1999（2）：1-21.

[188] 叶澜. 教育改革浅析[J]. 未来教育家, 2015（8）：45.

[189] 叶澜. 社会教育力：概念、现状与未来指向[J]. 课程·教材·教法, 2016（10）：3-10.

[190] 叶文明. 教师参与大学内部治理的渠道：一个"组织—制度"分析框架[J]. 中国高教研究, 2017（3）：32-36.

[191] 于媚. 文化视野下的高校治理研究[J]. 江苏高教, 2015（3）：41-44.

[192] 于杨. 高校治理结构与教育质量保障机制关系探析[J]. 江苏高教, 2012（1）：76-78.

[193] 余承海, 程晋宽. 当代美国大学共同治理的困境、变革及其启示[J]. 高等教育研究, 2014（5）：92-96.

[194] 袁广林. 我国公立高校治理结构的改革：新制度经济学的视角[J]. 清华大学教育研究, 2006（2）：52-57.

[195] 湛中乐, 徐靖. 通过章程的现代高校治理[J]. 法制与社会发展, 2010（3）：106-124.

[196] 张海滨, 郗永勤. 高校治理现代化的价值逻辑、现实困境和路径选择[J]. 中国行政管理, 2016（2）：83-87.

[197] 张红梅. 我国高校治理结构中的内部主体矛盾关系[J]. 现代教育管理, 2015（3）：78-83.

[198] 张华. 大学：求真的生存共同体：雅斯贝尔斯大学理念之哲学解读[J]. 河北师范大学学报（哲学社会科学版）, 2009（9）：46-50.

[199] 张慧洁. 利益、责任、信仰：世界一流高校治理结构的梳理与检讨[J]. 高教探索, 2011（3）：5-10.

[200] 张继明. 略论高校治理现代化的逻辑与实践[J]. 中国地质大学学报（社会科学版）, 2016（2）：150-155.

[201] 张继明, 王希普. 大学权力秩序重构与高校治理的现代化：基于社会参与高校治理的视角[J]. 高校教育管理, 2017（1）：21-32.

[202] 张建初. 现代大学制度下的高校治理结构[J]. 教育评论, 2009（5）：20-22.

[203] 张天勇, 张娇. 公共理性精神与高校治理的探索[J]. 黑龙江高教研究, 2014（11）：14-16.

[204] 张万宽, 陈佳. 网络和组织理论视野下的高校治理：兼论我国高

校去行政化 [J]. 清华大学教育研究, 2011 (1): 25 – 32.

[205] 张伟. 美国大学教师参与共同治理合法性危机探析 [J]. 清华大学教育研究, 2017 (2): 36 – 42.

[206] 张伟. 美国大学募款制度及其对高校治理结构的建构 [J]. 高等教育研究, 2012 (12): 96 – 103.

[207] 张文宏. 中国社会网络与社会资本研究 30 年（下）[J]. 江海学刊, 2011 (3): 96 – 106.

[208] 张文修. 大学的知识特性与一流高校治理 [J]. 陕西师范大学学报（哲学社会科学版）, 2006 (7): 229 – 231.

[209] 张云霞. 高校治理的目的与实现 [J]. 教育与经济, 2012 (4): 54 – 57.

[210] 张震旦, 韩欣汝. 洪堡的大学理念 [J]. 学海, 2011 (6): 218 – 220.

[211] 赵成. 高校治理的含义及理论渊源 [J]. 现代教育管理, 2009 (4): 35 – 38.

[212] 赵玄. 高校治理中行政权力与学术权力关系的规范化解读 [J]. 学术探索, 2015 (5): 144 – 148.

[213] 赵玄. 罗马传统的高校治理结构研究：基于大学章程的考察 [J]. 理论月刊, 2015 (2): 72 – 76.

[214] 赵玄. 英美传统高校治理结构研究：基于大学章程的考察 [J]. 现代教育管理, 2014 (7): 12 – 16.

[215] 赵延东. "社会资本"进行的理论述评 [J]. 国外社会科学, 1998 (3): 18 – 21.

[216] 赵彦志, 周守亮. 网络视域下的大学组织特征与治理机制 [J]. 教育研究, 2013 (12): 84 – 90.

[217] 赵云. 高校治理中行政权力与学术权力关系的规范化解读 [J]. 学术探索, 2015 (5): 144 – 148.

[218] 甄月桥. 高校师生信任关系现状及差异分析：基于教师可信度视角 [J]. 浙江理工大学学报（社会科学版）, 2016 (1): 83 – 89.

[219] 中国科学院领导力课题组. 愿景领导力研究 [J]. 领导科学, 2009 (2): 26 – 29.

[220] 周湖勇. 高校治理中的程序正义 [J]. 高等教育研究, 2015 (1): 1 – 11.

[221] 周进,吴文刚. 高等学校资源转化:内涵、意义与路径 [J]. 中国高等教育研究,2015(8):45-49.

[222] 周玉容,沈红. 大学教学同行评价:优势、困境与出路 [J]. 复旦教育论坛,2015(3):47-52.

[223] 周远清. 对高等教育两个理念的再认识:在宁波"大学校长与企业家论坛"高峰会上的讲话 [J]. 高等工程教育研究,2007(6):1-2.

[224] 周志太. 知识经济时代协同创新网络的内涵与特性 [J]. 社会科学研究,2019(6):41-47.

[225] 朱达. 社会资本和环境资本在可持续发展中的作用 [J]. 中国人口、资源与环境,1998(3):15-18.

[226] 朱桂兰. 标杆管理:重新诠释大学办学定位 [J]. 清华大学教育研究,2006(3):111-113.

[227] 朱家德. 提高高校治理的有效性:20世纪60年代以来西方高校治理结构变化的总趋势 [J]. 中国地质大学学报(社会科学版),2012(6):123-130.

[228] 朱玉山,王运来. 法国大学外部治理权力的历史嬗变与价值诉求 [J]. 高教探索,2016(3):46-52.

四、英文文献类

[1] AAUP. Policy documents, reports [M]. Washington, D. C.: AAUP, 1995: 180.

[2] BARNETT R. The idea of higher education [M]. Landon: Open University Press, 1997: 16-26.

[3] BOGUE A G. The wisconsin: one hundred and twenty-five years [M]. Madison: University of Wisconsin Press, 1965: 252.

[4] BRUBACHER J S. On the philosophy of higher education [M]. San Francisco: Jossey Bass Inc, 1982: 16.

[5] BRUBACHER J S, RUDY W. Higher education in transition: an American history (1636-1956) [M]. New York: HarPer, 1955: 167.

[6] BULLEN P, ONYX J. Measuring social capital in five communities [J]. The journal of applied behavioral science, 2000, 36(1): 23-42.

[7] CARTER K. Teachers' knowledge and learning to teach [M] //Houston

W R. Handbook of research on teacher education. New York: Macmillan, 1990: 295.

[8] CIALFINI B, KALLGREN A, RENO R. A focus theory of normative conduct [J]. Advances in experimental social psychology, 1991 (24): 201 -234.

[9] CORSON J J. Governance of colleges and universities [M]. New York: McGraw Hill, 1960: 78.

[10] DONALDSON L, DAVIS J. Stewardship theory or agency theory: CEO governance and shareholder return [J]. Australian journal of management, 1991 (16): 49 - 65.

[11] EMIRBAYER M, GOODWIN J. Network analysis, culture and the problem of agency [J]. American journal of sociology, 1994, 99: 1411.

[12] FAIRHURST G T. Dualisms in leadership research [M] //JABLIN F M, PUTANAM L L. The new handbook of organizational communication. Thousand Oaks, CA: Sage, 2001: 379 -439.

[13] FISCHER H M, POLOCK T G. Effects of social capital and power on surviving transformational change: the case of initial public offerings [J]. Academy of management journal, 2004, 47 (4): 463 -481.

[14] GITTELL R, VIDAL A. Community organizing: building social capital as a development strategy [M]. Thousand Oaks, CA: Sage, 1998: 123.

[15] HANIFAN L J. The rural school community centre [J]. Annals of the American academy of political and social sciences, 1916, 67: 130 -138.

[16] HANNAN M T, FREEMAN J. Organizations and social structure in organizational ecology [M]. Cambridge: Harvard University Press, 1989: 3 -27.

[17] JASPERS K. Reason and existenz [M]. Milwaukee: Marquette University Press, 1997: 11.

[18] KRISHNA A. Active social capital: tracing the roots of development and democracy [M]. New York: Columbia University Press, 2002: 57 -62.

[19] LAUMAN E O, GALASKIEWICZ J, MARSDEN D. Community structure as interorganizational linkages [J]. Annual review of sociology, 1978 (4): 454 -484.

[20] LEWIS J D, WEIGERT A. Trust as a social reality [J]. Social forces, 1985, 63 (4): 146.

[21] LIN N. Building a network theory of social capital [J]. Connections, 1999 (1): 28-51.

[22] LIN N, COOK K, BURT R S. Social capital: theory and research [M]. New York: Aldine De Gruyter, 2001: 8.

[23] NADEL S F. The theory of social structure [M]. London: Cohen and West, 1957: 33.

[24] NAHAPIET J, GHOSHAL S. Social capital, intellectual capital, and the organizational advantage [J]. Academy of management review, 1998 (2): 242-266.

[25] NYHAN R C, MARLOWE H A. The psychometric properties of the organizational trust inventory [J]. Evalualion review, 1997 (21): 614-635.

[26] PERROW C. Complex organizations [M]. New York : McGraw Hill Higher Education, 1986: 85-89.

[27] SABATIER. Policy change over a decade or more, policy change and learning: an advocacy coalition approach [M]. Colorado: Westview Press, 1993: 220-221.

[28] SENGE P M. The leader's new work: building learning organizations [J]. Sloan management review, 1990 (1): 7-23.

[29] TSAI W, GHOSHAL S. Social capital and value creation: the role of intrafirm networks [J]. The academy of management journal, 1998, 41 (4): 464-476.

[30] UPHOFF N. Understanding social capital: learning from the analysis and experience of participation [M] // Dasgupta D, Serageldin I. Social capital: a multifaceted perspective. Washington, D.C.: The World Bank, 1999: 215-249.

[31] WOOLCOCK M. Social capital and economic development: towards a theoretical synthesis and policy framework [J]. Theory and society, 1998 (27): 151-208.

附 录

附录一 访谈邀请函

尊敬的领导/老师：

　　您好！

　　我是高校治理研究课题组成员，正在进行"社会资本和高校治理关系"的课题研究。本次研究活动旨在帮助描述和解释社会资本对公办高校治理绩效的影响，为丰富高校治理理论、提升高校治理绩效提供参考。本研究已进入访谈阶段，在此诚挚邀请您参与本课题组的研究。

　　本研究采用深度访谈，根据您的时间方便，访谈预计需要 40～60 分钟。访谈内容包括"绩效""结构""关系""认知"等方面。为便于资料的整理与分析，访谈前将会先征求您的同意，再对访谈全程进行录音。访谈所得的所有内容仅供本研究使用，内容绝对保密并在研究论文中对受访者的个人信息做匿名处理。在访谈过程中，您的参与完全出于自愿。您不需要任何理由，可随时退出，可拒绝作答，也可随时要求中止录音。在访谈结束后，为确保您的陈述不被研究者误解，录音的逐字稿会以电子邮件发给您检核。

　　感谢您拨冗参与此次访谈，诚祝您身体健康、生活愉快、工作顺利！

高校治理研究课题组　敬邀

附录二 访谈提纲

Part 1：绩效

1. 您认为学校治理绩效主要体现在哪些方面？影响因素有哪些？

Part 2：结构

2. 您在日常工作中与校外哪些组织（政府、企业、院校和组织等）或个人联系或交流比较多？

3. 您认为与校外的交流会给您的工作和学校带来哪些影响？

4. 您通常与校内哪些机构部门打交道比较多？在办理业务过程中感觉顺畅吗？

5. 您会参加同事举办的非正式活动（如聚餐、运动、旅游、网上讨论等）吗？这对您的工作会带来什么影响？

Part 3：关系

6. 您认为信任对师生关系构建有什么作用？您认为师生信任现状如何？

7. 您认为同事之间信任会对您的工作产生什么影响？无信任会产生什么影响？

8. 您最欣赏学校制度的哪些方面？您觉得哪些方面需要改进？

9. 您如何看待教师职业师德规范？您如何看待学生行为规范？

Part 4：认知

10. 您如何在工作中贯彻人才培养、科学研究和社会服务理念？

11. 您在学校工作期间，学校发生了哪些重大事件或项目让您印象深刻？

12. 您认为学校未来发展前景如何？

13. 您认为学校发展的总体目标是什么？为实现这些目标需要在哪些方面加强努力？

访谈结束。非常感谢您的参与！

附录三 调查问卷(预测版)

社会资本与公办高校治理绩效关系的调查问卷

尊敬的领导/老师:

您好!我们正在进行一项关于社会资本对公办高校治理绩效的影响研究,非常需要您的帮助,万分感谢您能耽误几分钟填答此份问卷!本问卷实行匿名制,所有统计结果仅为学术研究所用,请您放心填写。题目选项无对错之分,请您根据您的实际感受填写,您的真实回答对此研究非常重要。

诚挚感谢您的耐心和帮助!衷心祝愿您生活愉快!

高校治理研究课题组

一、个人信息

请您根据自己的实际情况,在每题后的空格处填写相应的选项。

1. 您所在公办高校名称:＿＿＿＿＿＿＿＿
2. 您的性别:＿＿＿＿＿＿
   A. 男　　　　　　B. 女
3. 您的年龄:＿＿＿＿＿＿
   A. 20～30岁　　B. 31～40岁　　C. 41～50岁　　D. 51岁以上
4. 您的最高学历:＿＿＿＿＿＿
   A. 博士研究生　B. 硕士研究生　C. 本科　　　　D. 专科
5. 您的职称:＿＿＿＿＿＿
   A. 初级　　　　B. 中级　　　　C. 副高级　　　D. 正高级
6. 您的工作年限:＿＿＿＿＿＿
   A. 1～5年　　　B. 6～10年　　 C. 11～20年　　D. 21年以上
7. 您的岗位性质:＿＿＿＿＿＿
   A. 学校领导　　B. 中层管理人员　C. 行政教辅人员
   D. 专任教师　　E. 辅导员

8. 您所在高校类型：_____

A. 985 高校

B. 211 高校

C. 除 A、B 选项外的公办普通本科院校

D. 公办高职高专院校

9. 您所在高校学生规模：_____

A. 10000 人及以下

B. 10001～20000 人

C. 20001～30000 人

D. 30001～40000 人

E. 40001 人及以上

二、问题项目

请您根据自己对所在学校的观察和感受，评价和判断下面项目描述的程度，并在您认为合适的数字上划"√"。

序号	项目	非常不同意	不同意	有点不同意	不确定	有点同意	同意	非常同意
1	本校教职工在交往中，获得信息资源，增进见闻见识。	1	2	3	4	5	6	7
2	本校教职工通过交往互动，增进感情理解，获得心理支持。	1	2	3	4	5	6	7
3	本校部门（院系）之间相互交流，获得教学和科研相关信息。	1	2	3	4	5	6	7
4	本校从与其他院校、科研院所和社会组织等交流中，获得知识信息、师资资源。	1	2	3	4	5	6	7
5	本校与企业合作，获得资金支持、行业发展和人才需求信息。	1	2	3	4	5	6	7
6	本校与校友、社会人士捐助者互动联系，获得资金捐赠。	1	2	3	4	5	6	7

续表

序号	项目	非常不同意	不同意	有点不同意	不确定	有点同意	同意	非常同意
7	本校依据政府政策引导和资金支持，开展教育教学活动。	1	2	3	4	5	6	7
8	本校通过与校外合作，扩大社会影响力，提高学校知名度。	1	2	3	4	5	6	7
9	本校内部院系之间有互动交流。	1	2	3	4	5	6	7
10	本校内部管理部门之间有互动联系。	1	2	3	4	5	6	7
11	本校内部管理部门与院系之间有互动联系。	1	2	3	4	5	6	7
12	本校教职工通过学校内部有关部门和工作流程办理相关业务。	1	2	3	4	5	6	7
13	本校教职工在学校内部的工作会议、研讨会和座谈会等有关会议上进行交流。	1	2	3	4	5	6	7
14	本校教职工经常参加同事组织的聚餐、聚会、运动、出游、网上讨论等非正式活动。	1	2	3	4	5	6	7
15	本校教职工经常通过电话、微信、QQ、电子邮件等方式进行沟通和联系。	1	2	3	4	5	6	7
16	本校教职工在学校食堂、电梯、校道和运动场等非正式场合交谈。	1	2	3	4	5	6	7
17	本校教职工认为师生信任非常重要。	1	2	3	4	5	6	7
18	本校教职工之间整体上是互相信赖的。	1	2	3	4	5	6	7
19	本校教职工总体上是相信学校领导的。	1	2	3	4	5	6	7
20	本校教职工总体上是信赖学校制度的。	1	2	3	4	5	6	7
21	本校教职工相信在工作中努力付出总会有回报。	1	2	3	4	5	6	7
22	本校教职工应该为人师表，爱岗敬业，关心学生。	1	2	3	4	5	6	7
23	本校教职工认为学生应当认真学习，勤奋努力，尊敬师长。	1	2	3	4	5	6	7

附 录

续表

序号	项目	非常不同意	不同意	有点不同意	不确定	有点同意	同意	非常同意
24	本校教职工认为在人与人的交往中，应该相互尊重，相互帮助，遵守规范，共同维护集体秩序。	1	2	3	4	5	6	7
25	本校教职工对学校的性质、理念和职能的认识一致。	1	2	3	4	5	6	7
26	本校教职工对学校的校训和办学宗旨的认识一致。	1	2	3	4	5	6	7
27	本校教职工对学校人才培养、科学研究和社会服务三大理念的重要性的理解一致。	1	2	3	4	5	6	7
28	本校教职工对学校活动（如开学典礼、毕业典礼等）的重要性的理解一致。	1	2	3	4	5	6	7
29	本校教职工对学校未来发展前景的想法一致。	1	2	3	4	5	6	7
30	本校教职工对学校总体发展目标的想法一致。	1	2	3	4	5	6	7
31	本校教职工对学校的办学层次的看法一致。	1	2	3	4	5	6	7
32	本校教职工对影响学校发展的重大事件的看法一致。	1	2	3	4	5	6	7
33	本校与政府相关部门有互动联系，如办理相关业务、申报研究课题、开展合作项目等。	1	2	3	4	5	6	7
34	本校根据政府政策和社会需求，进行人才培养。	1	2	3	4	5	6	7
35	本校与科研院所或其他院校合作进行人才培养和学术交流活动。	1	2	3	4	5	6	7
36	本校参加或组织相关学术论坛、学术会议、年会和竞赛等，与同行进行交流。	1	2	3	4	5	6	7
37	本校从政府、企业界、学术界和社会邀请知名人士进校举行讲座，与师生互动交流。	1	2	3	4	5	6	7

续表

序号	项目	非常不同意	不同意	有点不同意	不确定	有点同意	同意	非常同意
38	本校与企业间有合作往来,如毕业生招聘、共建实习基地、进行产学研合作、采购教学实训实验设备等。	1	2	3	4	5	6	7
39	本校与社会机构第三方合作,对本校毕业生培养质量进行跟踪调查等。	1	2	3	4	5	6	7
40	本校与校友、社会人士有互动联系。	1	2	3	4	5	6	7
41	本校招收全日制学生的入学平均成绩要比同类院校的成绩高。	1	2	3	4	5	6	7
42	本校毕业生就业综合指标(就业率、薪酬水平、社会满意度、学生满意度等)比同类院校高。	1	2	3	4	5	6	7
43	本校特色专业或优势学科(省级、国家级)数量在增加。	1	2	3	4	5	6	7
44	本校课程及教材(精品课程、视频公开课、国家级规划教材)数量在增加。	1	2	3	4	5	6	7
45	本校教学成果(省级、国家级)获奖数量在增加。	1	2	3	4	5	6	7
46	本校学生参加各类竞赛(省级、国家级)获奖数量在增加。	1	2	3	4	5	6	7
47	本校科研成果数量在增加。	1	2	3	4	5	6	7
48	本校科研成果质量在提高。	1	2	3	4	5	6	7
49	本校科研成果转化率在提升。	1	2	3	4	5	6	7
50	本校发明专利授权数在增加。	1	2	3	4	5	6	7
51	本校论文或著作被引数在提高。	1	2	3	4	5	6	7
52	本校产学研合作项目数量在增加。	1	2	3	4	5	6	7

本次问卷结束,非常感谢您的参与!

附录四 调查问卷（正式版）

社会资本与公办高校治理绩效关系研究调查问卷

尊敬的领导/老师：

您好！我们正在进行一项关于社会资本对公办高校治理绩效的影响研究，非常需要您的帮助，万分感谢您能耽误几分钟填答此份问卷！本问卷实行匿名制，所有统计结果仅为学术研究所用，请您放心填写。题目选项无对错之分，请根据您的实际感受填写，您的真实回答对此研究非常重要。

诚挚感谢您的耐心和帮助！衷心祝愿您生活愉快！

高校治理研究课题组

一、个人信息

请您根据自己的实际情况，在每题后的空格处填写相应的选项。

1. 您所在公办高校名称：_____
2. 您的性别：_____
   A. 男　　　　　　　　B. 女
3. 您的年龄：_____
   A. 20～30 岁　　B. 31～40 岁　　C. 41～50 岁　　D. 51 岁以上
4. 您的最高学历：_____
   A. 博士研究生　　B. 硕士研究生　　C. 本科　　　　D. 专科
5. 您的职称：_____
   A. 初级　　　　　B. 中级　　　　　C. 副高级　　　D. 正高级
6. 您的工作年限：_____
   A. 1～5 年　　　 B. 6～10 年　　　C. 11～20 年　　D. 21 年以上
7. 您的岗位性质：_____
   A. 学校领导　　　B. 中层管理人员　C. 行政教辅人员
   D. 专任教师　　　E. 辅导员

8. 您所在高校类型：_____

A. 985 高校　　　　　　　　　　　B. 211 高校

C. 除 A、B 选项外的公办普通本科院校　　D. 公办高职高专院校

9. 您所在高校学生规模：_____

A. 10000 人及以下

B. 10001～20000 人

C. 20001～30000 人

D. 30001～40000 人

E. 40001 人及以上

二、问题项目

请您根据自己对所在学校的观察和感受，评价和判断下面项目描述的程度，并在您认为合适的数字上划 "√"。

序号	项目	非常不同意	不同意	有点不同意	不确定	有点同意	同意	非常同意
1	本校教职工在交往中，获得信息资源，增进见闻见识。	1	2	3	4	5	6	7
2	本校部门（院系）之间相互交流，获得教学和科研相关信息。	1	2	3	4	5	6	7
3	本校从与其他院校、科研院所和社会组织等交流中，获得知识信息、师资资源。	1	2	3	4	5	6	7
4	本校与企业合作，获得资金支持、行业发展和人才需求信息。	1	2	3	4	5	6	7
5	本校与校友、社会人士捐助者互动联系，获得资金捐赠。	1	2	3	4	5	6	7
6	本校依据政府政策引导和资金支持，调整人才培养方向、开展相关科学研究。	1	2	3	4	5	6	7
7	本校内部院系之间有互动交流。	1	2	3	4	5	6	7

附 录

续表

序号	项 目	非常不同意	不同意	有点不同意	不确定	有点同意	同意	非常同意
8	本校内部管理部门与院系之间有互动联系。	1	2	3	4	5	6	7
9	本校教职工通过学校内部有关部门和工作流程办理相关业务。	1	2	3	4	5	6	7
10	本校教职工在学校内部的工作会议、研讨会和座谈会等有关会议上进行交流。	1	2	3	4	5	6	7
11	本校教职工经常通过电话、微信、QQ、电子邮件等方式进行沟通和联系。	1	2	3	4	5	6	7
12	本校教职工在学校食堂、电梯、校道和运动场等非正式场合交谈。	1	2	3	4	5	6	7
13	本校教职工应该为人师表，爱岗敬业，关心学生。	1	2	3	4	5	6	7
14	本校教职工认为学生应当认真学习，勤奋努力，尊敬师长。	1	2	3	4	5	6	7
15	本校教职工认为在人与人的交往中，应该相互尊重，相互帮助，遵守规范，共同维护集体秩序。	1	2	3	4	5	6	7
16	本校教职工对学校的校训和办学宗旨的认识一致。	1	2	3	4	5	6	7
17	本校教职工对学校人才培养、科学研究和社会服务三大理念的重要性的理解一致。	1	2	3	4	5	6	7
18	本校教职工对学校活动（如开学典礼、毕业典礼等）的重要性的理解一致。	1	2	3	4	5	6	7
19	本校教职工对学校未来发展前景的想法一致。	1	2	3	4	5	6	7
20	本校教职工对学校总体发展目标的想法一致。	1	2	3	4	5	6	7
21	本校教职工对学校的办学层次的看法一致。	1	2	3	4	5	6	7

续表

序号	项目	非常不同意	不同意	有点不同意	不确定	有点同意	同意	非常同意
22	本校教职工对影响学校发展的重大事件的看法一致。	1	2	3	4	5	6	7
23	本校与政府相关部门有互动联系，如办理相关业务、申报研究课题、开展合作项目等。	1	2	3	4	5	6	7
24	本校根据政府政策和社会需求，调整专业学科建设和开展教育教学活动。	1	2	3	4	5	6	7
25	本校与科研院所或其他院校合作进行人才培养和学术交流活动。	1	2	3	4	5	6	7
26	本校参加或组织相关学术论坛、学术会议、年会和竞赛，与同行进行交流。	1	2	3	4	5	6	7
27	本校从政府、企业界、学术界和社会邀请知名人士进校举行讲座，与师生互动交流。	1	2	3	4	5	6	7
28	本校与企业间有合作往来，如共建实习基地、进行产学研合作、采购教学实训实验设备等。	1	2	3	4	5	6	7
29	本校与社会机构第三方合作，对本校毕业生培养质量进行跟踪调查等。	1	2	3	4	5	6	7
30	本校与校友、社会人士有互动联系。	1	2	3	4	5	6	7
31	本校招收全日制学生的入学平均成绩要比同类院校的成绩高。	1	2	3	4	5	6	7
32	本校毕业生就业综合指标（就业率、薪酬水平、社会满意度、学生满意度等）比同类院校高。	1	2	3	4	5	6	7
33	本校特色专业或优势学科（省级、国家级）数量在增加。	1	2	3	4	5	6	7
34	本校课程及教材（精品课程、视频公开课、国家级规划教材）数量在增加。	1	2	3	4	5	6	7

续表

序号	项目	非常不同意	不同意	有点不同意	不确定	有点同意	同意	非常同意
35	本校教学成果（省级、国家级）获奖数量在增加。	1	2	3	4	5	6	7
36	本校学生参加各类竞赛（省级、国家级）获奖数量在增加。	1	2	3	4	5	6	7
37	本校科研成果质量在提高。	1	2	3	4	5	6	7
38	本校科研成果转化率在提升。	1	2	3	4	5	6	7
39	本校发明专利授权数在增加。	1	2	3	4	5	6	7
40	本校论文或著作被引数在提高。	1	2	3	4	5	6	7
41	本校产学研合作项目数量在增加。	1	2	3	4	5	6	7

本次问卷结束，非常感谢您的参与！

后　　记

　　在我的博士学位论文即将付梓之际，掩卷之余，仍不禁万分感慨。回首走过的读博之路，各种学习情景犹如昨日，历历在目。自入学以来，希冀与兴奋，压力与迷茫，烦恼与纠结，交谈与共聚，时而高兴，时而苦闷，时而奋进，时而煎熬，问候、鼓励、安慰和督促相伴而行……与家人、老师、同学和朋友的交流以及伴之的情绪感受，构成了跋山涉水前往知识殿堂的一路风景，唯愿在知识金庙里置放一块砖石。

　　一路走来，满身泥泞，但内心无比纯净，我对知识的渴求、对学问的追求，不曾有丝毫动摇。虽然一路踽踽而行，但幸得诸多师友给予的教导、支持与鼓励，让我一直坚持而不孤单，始终坚信而不放弃。万般思绪凝聚笔端，感念之情涌上心头。在此，感谢我的导师谢少华教授，他心胸宽广、大度包容，让我自由选题、自由写作，从不以任何其他事情来干扰我的学习生活；他睿智达观、自信淡然，让我自由把控、自由安排，充分尊重我的想法；他专业细心、耐心教导，把握总体方向，及时指出问题所在，悉心给予解答。同时，感谢师母黄英，时常给予我鼓励和支持，一直在默默关心着我的学习生活。在此也特别感谢我的硕士生导师葛新斌教授，是他引导我迈入博士之门，为我读博之事操心不少，对我读书关心甚多。他的为人为师，一言一行，点点滴滴，让我终身难忘。

　　与此同时，感谢胡劲松教授，我攻读博士学位的推荐信是他亲笔题名。他授课时的风采自信、优雅气度让我永远难以忘怀。感谢黄甫全教授，他的研究方法课程，让我对方法论和系统性文献综述有了清晰的理解，获益良多。还要感谢扈中平教授、卢晓中教授、胡中锋教授、方征教授、齐梅教授、邹晓平教授等为我的学习、课程、写作、研讨与答辩给予的思想点拨和建议。博士研究生的学习和毕业论文研究过程，犹如行路登山。初始于山脚下，可能对老师们的教导感触不深，随着研究的不断深入，逐渐攀高后，方才发现各位老师的善意点拨，字字珠玑，句句箴言，段段入心。老师们的指导和意见开阔了我的眼界，令我茅塞顿开，鼓舞我继续投入研究的信心。感

后 记

谢老师们的教导!

特别要感谢东北师范大学的本科同学、现就职于江苏理工学院的孔博鉴博士。在毕业论文的写作过程中,每当我向他寻求帮助的时候,他总是有求必应,倾囊相授。他以深厚的学识修养、严格的专业标准,耐心为我答疑解惑。他的解答常常由浅入深,融会贯通,令人敬佩,使我受益匪浅。还要特别华南师范大学的硕士研究生同学、现就职于广东技术师范大学的黄茂勇副教授。正是在他的支持下,我才得以下定决心采用量化研究方法开展博士学位论文研究,而且在研究的每一个关口,都得到了他及时的帮助和鼓励。他们的真诚友善、严谨治学和勤奋努力让我深受感动与鼓舞。在此,还要感谢我的同事们和博士生同学们,以及葛门和谢门的各位同学,特别是孙洪凤、李佳、刘艳华、黄娉婷、贺璞同学,我在毕业论文的研究和写作过程中一直得到他们的支持和鼓励。他们的关心,犹如黑夜中的闪闪星光,照亮了我前行的路程。

在攻读博士学位期间,特别感谢家人的支持。感谢我的父母,他们对我的学业给予深情的厚望和期待,给予我深切的理解和关爱,给予我无私的支持和勉励。感谢我的妻子,她在精神上给予我研究写作以极大的支持和鼓励。母亲和妻子默默地承担着家中琐事,使我得以全身心投入研究,在我苦苦思索、搜肠刮肚之时依然感受着家庭的温暖。

非常感谢华南师范大学和教育科学学院,为我顺利完成学业提供了良好的学习条件。在我的博士学位论文出版之际得到中山大学出版社杨文泉编辑及各位编校人员的细心和耐心的指导与帮助。

回顾整个博士学位论文的研究和出版过程,我感触颇深:一个人只要有信念、有目标并且积极行动,总会得到很多人的帮助,建立诸多关系网络,汇聚众多信息资源,从而形成前行的动力。正所谓,人必自佑而后天佑之。论文研究和出版过程,有幸得到许多老师、同学和同事的指导与帮助。有些同学毕业后虽多年未曾联系,但是在我尝试与他们联系之时,他们都欣然应允并竭力提供帮助。在此过程中,通过同学和同事,我与很多未曾谋面和不相识的人得以建立了联系。整个论文的研究和出版行动,使得一个更大范围的关系网络得以形成,这就是社会资本的神奇力量。可以说,此书的出版是集体行动的结果。在此,再一次对给予我支持和帮助的所有老师、同学、同事和朋友表示衷心感谢!

迟日江山丽,春风花草香。只有在熬过寒冬之后,才能迎来温暖和煦的春光。在博士学位论文研究和写作的艰难时刻,每一份关心和鼓励都是一道光——希望之光。带着希望之光,我将踏上新的征程,怀着一颗虔诚之心,继续追寻神圣的"知识殿堂"!

袁 勇

2024 年 1 月于广州凤凰山下